本书为 2019 年教育部人文社会科学研究青年基金项目"新闻i
（项目编号：19YJC860009）的研究成果

龚新琼 著

新闻记忆理论

核心概念与关键问题

ZHEJIANG UNIVERSITY PRESS

浙江大学出版社

·杭州·

图书在版编目(CIP)数据

新闻记忆理论:核心概念与关键问题 / 龚新琼著
. —杭州:浙江大学出版社,2022.10
ISBN 978-7-308-22935-7

Ⅰ.①新… Ⅱ.①龚… Ⅲ.①新闻学－研究 Ⅳ.
①G210

中国版本图书馆 CIP 数据核字(2022)第 150482 号

新闻记忆理论:核心概念与关键问题
XINWEN JIYI LILUN：HEXIN GAINIAN YU GUANJIAN WENTI
龚新琼 著

责任编辑	许艺涛	
责任校对	陈思佳	
封面设计	雷建军	
出版发行	浙江大学出版社	
	(杭州市天目山路 148 号　邮政编码 310007)	
	(网址:http://www.zjupress.com)	
排　　版	浙江时代出版服务有限公司	
印　　刷	广东虎彩云印刷有限公司绍兴分公司	
开　　本	710mm×1000mm　1/16	
印　　张	15.75	
字　　数	250 千	
版 印 次	2022 年 10 月第 1 版　2022 年 10 月第 1 次印刷	
书　　号	ISBN 978-7-308-22935-7	
定　　价	68.00 元	

浙江大学出版社市场运营中心联系方式　(0571)88925591;http://zjdxcbs.tmall.com

目　录

引　言

　　"我们从未处于记忆之外,因为除非根据过去,否则我们不能体验现在。……而记忆,反过来,就是当下的一种行动。"①尽管记忆无处不在,有关新闻最普遍的观念却认为,新闻与记忆无关——因为新闻总是聚焦于现在,而记者亦公开宣称其为现实的而非过去的记录者和见证人。显而易见的是,无论是新闻的个体生产者,还是新闻的组织机构,抑或是新闻的接受者(参与者),都处于特定时代、历史、社会的记忆之中,从而决定了新闻生产必然渗透、包含着特定社会、历史的过去,新闻文本也必然体现、承载着过去的记忆,而有关新闻的接受、阐释与解读,亦必然在过去的文化框架中进行。或者说,从记忆的角度来观照新闻,不仅新闻文本浸润着记忆的色彩,新闻的生产和接受(参与)亦充满了记忆。

　　事实上,新闻常常回到过去。无论是大屠杀、"9·11"的纪念性活动,还是名人诞辰或逝世的纪念性报道②,又或是媒体自身的周年纪念等纪念性新闻③,都将过去置于报道的中心和焦点。不仅如此,在社会的危机、灾难时刻,新闻业的真正力量,常常是把事件向后,而不是向前联系起来。④ 当我们需要理解危机及其正在发生的事件和问题的不确定性时,对记忆的依赖往

---

　　① Hall, J. D. (1998). You must remember this: Autobiography as social critique. *The Journal of American History*, 85(2), 439-465.

　　② Edy, A. J. (2014). Collective memory in a post-broadcast world. In Zelizer, B., & Tenenboim-Weinblatt, K. *Journalism and memory* (pp. 66-79). New York: Palgrave Macmillan.

　　③ Kitch, C. (2002). Anniversary journalism, collective memory, and the cultural authority to tell the story of the American past. *Journal of Popular Culture*, 36 (1), 44-68.

　　④ Zelizer, B. (2016). Journalism's deep memory: Cold War mindedness and coverage of Islamic State. *International Journal of Communication*, 10, 6060-6089.

往会激增。① 重写和重温旧事,不仅是必需的,而且是有效的,因为它们可以在集体意义的层面为个人、社会提供稳定性和联系。

过去也越来越多地出现在非纪念性的新闻实践创新中。无论是解释性新闻(interpretive journalism)②、语境新闻(contextual journalism)③,还是慢新闻(slow journalism)④,都强调将新闻置于特定的语境或背景中,通过为受众提供更加深入的解释和分析,以帮助其理解复杂、快速变化的社会现实。这些新的新闻实践和理念显示了过去对于现在的重要性与影响,以及新闻中的过去与现在之间密不可分、相互作用的关系状态。

即使是那些并非新闻创新实践的普通、日常的新闻报道,其表达亦悄然发生了变化。有研究指出,很长一段时间以来,新闻业已不再以事件为中心,而是变得更具分析性、解释性和语境性。⑤ 新闻报道变得越来越长,越来越复杂,记者们也变得越来越积极地将自己更突出地插入报道中。这并不是一下子就发生的——事实上,这一过程如此缓慢,以至于尽管有证据,许多记者仍然拒绝相信。⑥

由此可见,过去,并非与新闻无关,而是在相当程度上作为新闻可用的资源为新闻所调用和组织,并带来了过去在新闻报道中可见性(visibility)程度的差异——在纪念性报道⑦中过去是高度可见的,在类比报道⑧中过去则若隐若现,而在日常报道中过去已隐而不彰。正如有研究指出的,并非所有的记忆都是通过明确意识到的、专门的记忆项目来进行的,相反,过去总是

---

① Zelizer, B. (2016). Journalism's deep memory: Cold War mindedness and coverage of Islamic State. *International Journal of Communication*, 10, 6060-6089.

② De Burgh, H. (2008). *Investigative journalism* (2nd ed). Oxon: Routledge.

③ Fink, K., & Schudson, M. (2014). The rise of contextual journalism, 1950s—2000s. *Journalism*, 15, 3-20.

④ Le Masurier, M. (2015). What is slow journalism? *Journalism Practice*, 9(2), 138-152.

⑤ Barnhurst, K. G., & Mutz, D. (1997). American journalism and the decline of event centered reporting. *Journal of Communication*, 47(4), 27-53.

⑥ Barnhurst, K. G. (2011). The problem of modern time in American journalism. *Krono Scope*, 11(1-2), 98-123.

⑦ Neiger, M., Zandberg, E., & Meyers, O. (2014). Reversed memory: Commemorating the past through coverage of the present. In Zelizer, B., & Tenenboim-Weinblatt, K. *Journalism and memory* (pp. 113-127). New York: Palgrave Macmillan.

⑧ Edy, A. J. (1999). Journalistic uses of collective memory. *Journal of Communication*, 49 (2), 71-85.

以某种并非旨在纪念的方式被纳入现在中。①

认识新闻记忆问题，就是要突破仅仅聚焦于纪念性记忆的思维窠臼，将纪念性记忆与非纪念性记忆、新闻生产与记忆实践、现在与过去视作是连续的统一体，通过将新闻报道视作记忆文本，以及将新闻的生产与接受（参与）视作记忆实践过程，以展开对新闻记忆问题全面、深入的思考与探讨。

本书的主体部分共六章，第一章梳理、分析新闻记忆研究的理论基础及核心概念，随后五章则分别以文本、实践、网络、场域、伦理这五大关键词为中心组织和展开论述。就如有研究指出的，关键词不仅是思维形式中具有象征意义的词语，而且是组织我们经验和讨论的核心词汇。② 作为公开表达的记忆形式③，文本（text）是记忆研究的核心概念之一。文本是为我们制造意义的东西。④ 或者说，文本是意义建构实践所留下的物质痕迹——是我们所掌握的关于其他人如何理解世界的唯一经验证据。⑤ 将文本视作意义建构实践的物质痕迹和他人理解世界的经验证据，极大地拓展了文本概念的理论适用性与实践解释力。尤其是在记忆研究的视域下，文本的痕迹性和证据性，赋予记忆以物质性与可见性。以此来关照新闻记忆，我们会发现，作为特定历史时期社会现实记录的新闻文本，具有显形社会记忆、经验社会世界的巨大力量。此外，正是经由文本的中介，作者与读者、生产者与消费者、现实与历史才建立起特殊的联系和关系。因此，分析记忆文本，不仅要分析记忆的表达、修辞等文本形态，还要超越具体、特定的文本形态，对记忆的生产与消费、历史与现实的关系状态进行理解和把握。

虽然文本分析在记忆研究中至关重要，但是"文本"一词所蕴含的固化、稳定的形式内涵却常常招致对文本分析乃是一种静态分析，无法反映动态、变化的记忆现实的批评。随着理论家们给予"实践"（practice）概念以与"结

---

① Schudson, M. (2014). Journalism as a vehicle of non-commemorative cultural memory. In Zelizer, B. , & Tenenboim-Weinblatt, K. *Journalism and memory*(pp. 85-96). New York：Palgrave Macmillan.

② Williams, R. (2015). *Keywords：A vocabulary of culture and society*(p. 27). New York：Oxford University Press.

③ Neiger, M. , Meyers, O. , & Zandberg, E. (2011). *On media memory：Collective memory in a new media age*(p. 2). New York：Palgrave Macmillan.

④ McKee, A. (2003). *Textual analysis：A beginner's guide*(p. 4). CA：Sage Publications.

⑤ McKee, A. (2003). *Textual analysis：A beginner's guide*(p. 15). CA：Sage Publications.

构""系统""事件""行动"等概念相提并论的荣誉,[1]实践成为社会研究的核心概念之一。实践不仅是"常规"和"做什么",实践理论还允许对由活动(特别是日常活动)和围绕这些活动的话语所构成的社会秩序进行复杂的、批判性的理解,[2]从而帮助我们认识实践的连续性:活动随着时间的推移而成为标准,反过来又作用于理解,反之亦然。同时,也能帮助我们认识变化性:如果任何一种理解或活动随着时间的推移而发生变化,那么其就能够设定新的标准并建构新的实践。[3] 因此,以实践理论来关照新闻记忆研究,就能突破以往研究更多聚焦于记忆的产品或文本的局限。通过将新闻记忆实践视作开放、多样、变化的实践过程,通过考察新闻记忆实践的特征及其实践组织和实践逻辑,我们能够从根本上把握新闻记忆实践的建构性、动态性本质。

"网络"(network)概念是一种强有力的表达方式,可以重新表述社会理论、认识论和哲学的基本问题。这一概念指出了行动被定位和被分配方式的转变。过去不可见的现在变得可见了,以前看似自给自足的东西现在被广泛地重新分配。[4] 进行记忆网络分析,就是要突破记忆研究中主体与客体、精神与物质、理性与情感、身与心、人与物等的二元对立格局,以及将新闻实践理解为由记者到受众、由生产到消费的单向、线性思维模式,以使新闻记忆过程中那些过去不可见、被忽视的因素被挖掘和凸显出来。就像有研究指出的,将新闻生产设想为一个行动者网络,对新闻学研究具有重大的认识论意义。[5] 当我们开始"跟随行动者自身"[6]去追踪它们的关系,我们的研究对象将迅速拓展至"新闻室的机制,其工作人员、新闻技术、技能和工作

① Schatzki, T. R. (2001). Introduction: Practice research. In Schatzki, T. R., Cetina, K. K., & Von Savigny, E. (eds.). *The practice turn in contemporary theory* (pp. 10-23). London: Routledge.

② Couldry, N. (2004). Theorising media as practice. *Social Semiotics*, 14(2), 115-132.

③ Schatzki, T. R. (2001). Practice minded orders. In Schatzki, T. R., Cetina, K. K., & Von Savigny, E. (eds.). *The practice turn in contemporary theory* (pp. 50-63). London: Routledge.

④ Latour, B. (2011). Networks, societies, spheres: Reflections of an Actor-Network theorist. *International Journal of Communication*, 5(1), 796-810.

⑤ Domingo, D., & Wiard, V. (2016). News Networks. In Witschge, T., Anderson, C. W., Domingo, D., & Hermida, A. (eds.). *The SAGE handbook of digital journalism* (pp. 397-409). London: Sage.

⑥ Latour, B. (2005). *Reassembling the social* (p. 12). Oxford: Oxford University Press.

实践,并超越新闻室进入混乱的世界"①。拉图尔(Bruno Latour)指出,行动者通过"创造世界的活动"表达了他们的存在感,"行动者不是沉默的事物,而是由大量行动者是谁,谁属于行动者的相互矛盾的声音持续不断地制造出来"②。因此,行动者网络理论将新闻研究的注意力转向了新闻生产和消费背后的复杂网络,其中包括非人类的"参与者"。

场域(field),不仅是一个在经验上更有用的概念,也是一个开启新的知识探索类型的工具。③ 场域被理解为一种社会空间和社会力量。④ 在空间的层面,场域不仅有一定边界,而且是相邻、共存和连接的。同时,场域也是一个具有地形学特征的空间。地形学是指某一地区的形状和特征,而不仅是它的边界。所以,某个场域并不是任何事情都可能发生的简单区域,场域的地形学提供了特定的可供性(affordances),决定场域活动的是该场域的结构。因此,布尔迪厄将场域视作结构化的社会空间。⑤ 在力量的层面,"场论假定一个四周包围的引力场,我们既无法看到,也不能测量"⑥。相互联系和相互作用是这个貌似看不见的引力场的特征。但是,力量之间的相互作用并不意味着各场域是平等的。事实上,各场域之间的力量作用关系及其自治性在斗争中改变。⑦ 用场域理论来分析新闻记忆,就是要既承认新闻记忆作为自治场域的独立性与自主性,又试图展示新闻记忆场域与社会政治、经济、技术场域等的相互影响与相互作用关系。

伦理(ethic)是记忆研究中的关键概念。有研究为了区分记忆伦理和记忆道德,将伦理和道德进行了明确的区分:伦理规定我们的浓厚关系,道德规定我们的浅淡关系。⑧ 但是通常情况下,伦理和道德意义相近,是可以互

① Hemmingway, E. (2008). *Into the newsroom: Exploring the digital production of regional television news*(p. 27). London: Routledge.

② Latour, B. (2005). *Reassembling the social*(p. 31). Oxford: Oxford University Press.

③ Bourdieu, P. (1993). *The field of cultural production*(pp. 30-32). Cambridge: Polity.

④ Vos, T. P. (2016). Journalistic fields. In Witschge, T., Anderson, C. W., Domingo, D., & Hermida, A. (eds.). *The SAGE handbook of digital journalism*(pp. 383-396). London: Sage.

⑤ Bourdieu, P. (1998). On television. New York: New Press.

⑥ Martin, J. L. (2003). What is field theory?. *American Journal of Sociology*, 109(1), 1-49.

⑦ Bourdieu, P. (1993). *The field of cultural production*(p. 30). Cambridge: Polity.

⑧ 玛格利特:《记忆的伦理》,贺海仁译,北京:清华大学出版社,2015年,第7页。

换的。① 最重要的是，我们必须意识到，记忆的伦理不仅指对与我们有亲密关系的人负有记忆责任，对那些陌生和疏远关系的人我们同样负有记忆责任，因为，正是在"想象的共同体"②的层面上，我们才形成了拥有共同历史与过去的记忆的共同体③。就如有研究指出的，我们不仅需要道德来反对邪恶，更需要道德来反对冷漠。④ 尤其是对那些想象的、遥远的、陌生的他人或群体所经历和遭遇的痛苦、灾难、创伤的记忆，不仅是反对冷漠的伦理要求，亦是抵抗遗忘的伦理选择。而新闻在相当程度上都是对遥远、陌生的个人或群体的关注和报道，从而对其提出了记忆伦理的要求。新闻记忆的伦理分析不仅要洞悉现实的记忆伦理失范现象，还须在记忆伦理与新闻伦理的基础上探讨新闻记忆伦理的规范原则，而思考新闻记忆伦理的实现路径亦成为讨论新闻记忆伦理问题的必然要求。

概而言之，文本、实践、网络、场域和伦理五个关键词，形成了全书结构的关键理论节点。如果说文本分析侧重于新闻记忆文本形态的解析，那实践分析则着力于新闻记忆动态过程的阐述，或者说，只有把握作为文本的"news"和作为实践的"journalism"之新闻的双重意义维度，才能准确地理解新闻记忆概念。网络分析通过借鉴行动者网络和网络分析有关理论，意在突破记忆研究和新闻研究中主—客、身—心、人—机等二元对立、单向线性的思维模式，反映和揭示新闻记忆实践过程中原有身份、界限逐渐消弭、不断转换的客观现实。与网络分析立足于新闻记忆内部节点、关系、系统的描述不同，场域分析更强调新闻记忆场域与整个社会的政治、经济、技术场域等的相互影响和相互作用，但并不因此否定新闻记忆场域的自治性与自主性。网络分析和场域分析共同构成了对新闻记忆内部及其与外部社会系统关系、状态的描述。如果说有关文本、实践、网络和场域的分析立足于新闻记忆的实然状态，那对记忆伦理规范及实现路径的探讨则是基于新闻记忆的应然假设，亦即理想的、善的记忆应该如何。因为，道德就是一个有理性东西能够作为自在目的而存在的唯一条件，只有通过道德，有理性东西才能

---

① 郎劲松、初广志：《传媒伦理学导论》，杭州：浙江大学出版社，2007 年，第 1-2 页。

② Anderson，B. (1983). *Imagined Communities*. London：Verso.

③ Zerubavel，E. (1996). Social memories：Steps to a sociology of the past. *Qualitative Sociology*，19(3)，283-299.

④ 玛格利特：《记忆的伦理》，贺海仁译，北京：清华大学出版社，2015 年，第 30 页。

成为目的王国的一个立法成员。① 而对新闻记忆伦理问题的思考，某种程度上亦体现了这一希冀。

---

①　康德：《道德形而上学原理》，苗力田译，上海：上海人民出版社，2002年，第42页。

第一章　新闻记忆的理论基础

索伦·克尔凯郭尔(Søren Kierkegaard)很久以前就写道,生活的向前取决于理解的向后。① 由于庞大而复杂的记忆工作一直由与记忆本身无关的制度环境(如政治、法律和教育等)来完成,记忆悄无声息地、战略性地渗透到集体生活中,使得制度环境中的个人通过调整被记住的过去的方式和内容来影响其与现在的接触。②

与历史关注过去③不同,新闻专注于现在④。新闻的重点是此时此刻,过去似乎超出了新闻记者在完成其工作目标方面能够和应该做的范围。⑤ 但是,在集体记忆的确立和维持所涉及的众多社会、文化安排中,跟新闻相连的环境或许属于最不起眼的记忆媒介之列。对于塑造我们思考过去的方式而言,新闻发挥着系统性的、持久的作用。⑥

---

① Kierkegaard, S. (1843/1997). *Søren Kierkegaards Skrifter*. Copenhagen: Søren Kierkegaard Research Center.

② Zelizer, B. (2016). Journalism's deep memory: Cold War mindedness and coverage of Islamic State. *International Journal of Communication*, 10, 6060-6089.

③ 布洛赫:《历史学家的技艺》,张和声译,北京:北京师范大学出版社,2014 年,第 37 页。

④ Kitch, C. (2018). Journalism as memory. In Vos, T. P. (ed.). *Journalism, handbooks of communication science* (pp. 169-186). Boston/ Berlin: Walter de Gruyter.

⑤ Zelizer, B. (2008). Why memory's work on journalism does not reflect journalism's work on memory. *Memory Studies*, 1(1), 79-87.

⑥ 塞里泽:《新闻的记忆工作》,埃尔、纽宁主编:《文化记忆研究指南》,李恭忠、李霞译,南京:南京大学出版社,2021 年,第 470-482 页。

第一节　集体记忆的研究轨迹与领域

在我们获取知识的过程中,也许没有什么比揭示知识的时间和空间维度更重要的。本书借用芭比·泽利泽(Barbie Zelizer)的轨迹(trajectories)和领域(domains)概念来指代时间和空间两个维度中所发生的运动、变化。在泽利泽的理解里,轨迹,标志着记忆的时间方面,其被定义为物体在空间中移动的路径,即用空间来定义时间。与之相反,领域,则标志着记忆的空间方面,被定义为行为、思想或影响的领域,因为它们已经演变成某种可识别的形式,即用时间来定义空间。① 此即是说,轨迹侧重于两个或多个时间点之间事物运动路径的考察,而领域则侧重于某一时间点上具有某种一致性的平面焦点的考察。

一、从记忆到集体记忆

什么是记忆? 在个体层面上,记忆似乎是我们头脑中随身携带的东西,或者说指的是我们的大脑,还是说我们的身体?② 常识告诉我们,记忆是一种基本的个体现象,当我们独自一人或者跟别人对话时,还有什么比记忆更加个人化的? 记忆——连带着还有遗忘——看来不仅基本上是个体性的,而且根本上就是个体性的,就像疼痛一样原始和孤单。③ 那么,当我们说到社会记忆或者集体记忆的时候,我们到底在说什么呢?

1. 作为个体内观的记忆

记忆兴衰的历史表明,古希腊和古罗马人对记忆是高度评价的。④ 在古

---

① Zelizer, B., & Tenenboim-Weinblatt, K. (2014). Journalism's memory work. In Zelizer, B., & Tenenboim-Weinblatt, K. *Journalism and memory* (pp. 1-14). New York: Palgrave Macmillan.

② Garde-Hansen, J., Hoskins, A., & Reading, A. (2009). Introduction. In Garde-Hansen, J., Hoskins, A., & Reading, A. *Save as... digital memories* (pp. 1-21). London: Palgrave Macmillan.

③ 奥立克:《从集体记忆到关于记忆实践和记忆产品的社会学》,埃尔、纽宁主编:《文化记忆研究指南》,李恭忠、李霞译,南京:南京大学出版社,2021 年,第 187-201 页。

④ Radstone, S. (2000). *Memory and methodology* (p. 2). London: Berg Publishers.

希腊，记忆受到最高的尊重和最严格的训练。① 对古希腊人而言，语言和思想产生于记忆。② 记忆女神摩涅莫辛涅（Mnemosyne），同时也是智慧女神，是艺术女神（Muses）之母，因此也是所有艺术和科学的先驱。同样的，罗马人也把记忆置于所有教育、学习和思想的核心。③ 在 12 世纪，书写仍然只被看作记忆的附庸。④ 被赋予权威的是记忆，而不是书写。⑤ 自文艺复兴以后，对记忆的评价急剧下降。⑥ 直到 20 世纪 70 年代初以来，人们对记忆重新产生了兴趣，并对其进行了重新评估。⑦

记忆兴衰的历史相当程度上反映了对记忆的概念，也就是记忆究竟是个人的，还是集体的问题的认识。柏拉图和亚里士多德所开启的是一个记忆的内观传统，即将记忆视作一个完完全全自我模式的主体性问题域。⑧ 在此视域下，记忆是彻底私人性的：我的记忆不是你们的记忆，一个人的记忆也不可能移植到另一个人的记忆中，对于主体的所有亲历体验来说，记忆，作为"我的"，是属我性、私有财产的一个典型。⑨ 心理学和神经科学在较长的一段时间里将记忆视作个人，甚至是整个动物界的神经和心理活动。有研究指出，直到 20 世纪 70 年代，心理学和神经科学领域基本上都认为记忆是普遍存在于整个（绝大部分）动物王国的统一功能，虽然在获得（习得）记忆的梯度、能力、差异化以及行为—认知灵活性等方面有所不同——"巴甫洛夫的狗"能够表现出习惯性或者经典条件反射，系统发育程度更高级的物种可以进行操作性条件反射，而一些哺乳动物（如海豚、猿猴等）和鸟类则表

---

① Casey, E. S. (1987). *Remembering: A phenomenological study* (p. 11). Bloomington: Indiana University Press.

② 翁：《口语文化与书面文化：语词的技术化》，何道宽译，北京：北京大学出版社，2008 年，第 131 页。

③ Samuel, R (1994). *Theatres of memory* (p.7), London: Verso, Vii.

④ Fentress, J., & Wickham, C. (1992). *Social memory* (pp. 8-9). Oxford: Blackwell.

⑤ Smith, B. (1966). *Memory*. London: Allen and Unwin.

⑥ Casey, E. S. (1987). *Remembering: A phenomenological study* (p. 11). Bloomington: Indiana University Press.

⑦ Huyssen, A. (1995). *Twilight memories: Marking time in a culture of amnesia*. London: Routledge.

⑧ 利科：《记忆，历史，遗忘》，李彦岑、陈颖译，上海：华东师范大学出版社，2018 年，第 118-120 页。

⑨ 利科：《记忆，历史，遗忘》，李彦岑、陈颖译，上海：华东师范大学出版社，2018 年，第 121 页。

现出了模仿能力或者观察学习能力。①

2.集体记忆概念的提出

巴特利特(Frederic Charles Bartlett)通常被认为是第一位关注记忆的社会维度的现代心理学家,他认为群体动力学在个体记忆中具有决定性的作用。② 第一个明确使用"集体记忆"(collective memory)这一术语的是奥地利小说家和散文家霍夫曼施塔尔(Hugo von Hofmannsthal),他提到了"在我们体内神秘祖先的构筑力量和层层累积的集体记忆"③,此时的"集体记忆"一词还只是一种诗性的暗示,而非社会学意义上的记忆理论的种子。

集体记忆这个术语在当代的使用,可以追溯到法国社会学家、哲学家莫里斯·哈布瓦赫(Maurice Halbwachs)。④ 19世纪晚期两位法国学者——哲学家柏格森和社会学家涂尔干对哈布瓦赫产生了重要影响。柏格森的哲学分析认为,记忆是时间体验的核心特征。其不是将记忆视为消极存储之举,而是将记忆视作一种积极的参与;其不是将记忆视为对过去的客观复原,而是认为记忆具有流变不居的特征。柏格森不仅以强有力的方式为哈布瓦赫及其后的理论家提出了记忆这一问题,而且让其注意到了对于过去的主观理解与客观理解之间的差异。⑤ 跟柏格森一样,涂尔干也认为对时间和空间的客观主义叙述是不合理的,不过,与柏格森不同,涂尔干将知觉范畴的可变性定位于不同社会组织形态之间的差异,而不是主观体验的变幻莫测。在涂尔干看来,标准化和客观主义是正在走向现代化的社会用来应对日益差别化和个性化倾向的核心方式。涂尔干将认知秩序(时间感)与社会秩序(劳动分工)联系起来,从而为哈布瓦赫提供了从社会学的框架研究

　①　马科维奇:《文化记忆与神经科学》,埃尔、纽宁主编:《文化记忆研究指南》,李恭忠、李霞译,南京:南京大学出版社,2021年,第341-352页。

　②　Bartlett, F. C. (1932). *Remembering: A study in experimental and social psychology.* Cambridge: Cambridge University Press.

　③　Schieder, T. (1978). The role of historical consciousness in political action. *History and Theory*, 17(4), 1-18.

　④　Gensburger, S. (2016). Halbwachs' studies in collective memory: A founding text for contemporary "memory studies"? *Journal of Classical Sociology*, 16(4), 396-413.

　⑤　奥立克:《从集体记忆到关于记忆实践和记忆产品的社会学》,埃尔、纽宁主编:《文化记忆研究指南》,李恭忠、李霞译,南京:南京大学出版社,2021年,第187-201页。

记忆问题的理论资源。①

　　正是哈布瓦赫开启了记忆研究的外观传统。② 其将记忆研究的焦点从个体记忆的心理学转向集体记忆的社会学，认为集体记忆作为一种社会活动，根据群体当前的需要和关切重建过去。③ 继哈布瓦赫的开创性著作《论集体记忆》出版之后，集体记忆的研究迅速发展。尽管不同的学者提出了不同的观点和案例来理解集体记忆概念，但是他们拥有一个共同的基本主张：任何社会共同体的一个本质性的构成部分就是通过构建他们对过去的看法来巩固其身份。通过这些叙事，群体可以形成共同体，因为其成员是那些接受过去的事件和过程的解释边界的人。④

二、从集体记忆到中介与媒介记忆

　　集体记忆不存在于抽象中，其存在和影响只能通过它们的持续使用来识别。没有公开的表达就不可能有集体记忆，因此，从本质上来看，集体记忆是一种中介的现象。⑤

1. 中介的记忆

　　"中介"（mediation）成为人文社会科学的关键词，与近代大众媒介的发展密切相关——随着报业等大众化媒介的制度化，中介通常被用来与直接、真实进行对照。⑥ 另一种对中介的认识则强调了中介作为介于不同种类的行动或意识直接且必要的行动的必然性。⑦ 汤普森在《媒介与现代性》一书中指出，大众传播媒介已经成为理解现代社会"中介的社会性"（mediated

---

① 奥立克：《从集体记忆到关于记忆实践和记忆产品的社会学》，埃尔、纽宁主编：《文化记忆研究指南》，李恭忠、李霞译，南京：南京大学出版社，2021 年，第 187-201 页。
② 利科：《记忆，历史，遗忘》，李彦岑、陈颖译，上海：华东师范大学出版社，2018 年，第 152-153 页。
③ Halbwachs，M.（1992）. *On collective memory*（p. 40）. Chicago：University of Chicago Press.
④ Neiger，M.（2020）. Theorizing media memory：Six elements defining the role of the media in shaping collective memory in the digital age. *Sociology Compass*，14(3)，1-11.
⑤ Neiger，M.，Meyers，O.，&.Zandberg，E.（2011）. *On media memory：Collective memory in a new media age*（p. 3）. New York：Palgrave Macmillan.
⑥ Williams，R.（2015）. *Keywords：A vocabulary of culture and society*（pp. 152-154）. New York：Oxford University Press.
⑦ 唐士哲：《重构媒介？"中介"与"媒介化"概念爬梳》，《新闻学研究》2014 年第 121 期。

sociality)的一个无法忽视的建制。①

事实上,当我们从字面上考察集体记忆的矛盾本质时,媒介在集体记忆中的作用会变得非常突出:个人可以处理和储存记忆,但是社会没有大脑,因此,"记忆"和"记住"的生理和心理能力在集体层面是陌生的。集体记忆的概念借用并隐喻性地用来指代"一个社会所同意的过去的版本,即社会及其制度以一种个体和社会对事件的解释相一致的方式,形成和改变共同体成员关于过去的共同叙事",因此,当这些叙事在公共舞台上通过中介的过程形成时,就变成了集体的。② 媒介,成为研究中介和社会建构问题的一个重要而独特的领域,因其在日常生活中的主导地位与无所不在③,以及它们在塑造集体记忆中所起的决定性作用④。

2. 理解媒介记忆的四个维度

随着集体记忆领域的研究愈益清晰地意识到集体记忆对媒介的高度依赖,有关媒介的记忆,特别是媒介与记忆之间关系的议题才开始受到研究者的关注。有研究将记忆研究的历史划分为三个阶段,认为只有在第三个阶段上,媒介与记忆之间才开始获得崭新和紧迫的连接。但是,正是20世纪末有关媒介与记忆的一些研究观点带来了21世纪初凸显媒介与记忆之间的清晰关联。⑤

有关媒介记忆(media memory)的研究,主要是从媒介作为技术、形式、机构和实践这四个维度来进行把握和理解。从媒介的技术维度来看,媒介记忆显然是一种记忆技术。媒介作为记忆的辅助、工具或设备,与记忆密不可分,⑥其历史与记忆的历史一样古老。⑦ 在麦克卢汉看来,媒介作为"人的

---

① Thompson, J. B. (1995). *The media and modernity: A social theory of the media* (pp. 18-37). Stanford: Stanford University Press.

② Neiger, M. (2020). Theorizing media memory: Six elements defining the role of the media in shaping collective memory in the digital age. *Sociology Compass*, 14(3), 1-11.

③ Silverstone, R. (1994). *Television and everyday life*. London: Routledge.

④ Huyssen, A. (2000). Present pasts: Media, politics, amnesia. *Public Culture*, 12 (1), 21-38.

⑤ Garde-Hansen, J. (2011). *Media and memory* (pp. 23-28). Edinburgh: Edinburgh University Press.

⑥ 德拉埃斯马:《记忆的隐喻:心灵的观念史》,乔修峰译,广州:花城出版社,2009年,第4页。

⑦ 叶芝:《记忆的艺术》,钱彦、姚了了译,北京:人民文学出版社,2018年,第4-22页。

延伸",同时也是"记忆的延伸"①,媒介补充、增强,甚至替代了人类在生物有机体层面的有限记忆能力。以技术维度来理解媒介记忆就会发现,记录、生产和传递文化与个人记忆的媒介技术至关重要,因为它"放大或加速了现存的过程设计与模式的精神和社会后果"②。

从媒介形式逻辑的维度来看,媒介形式是多种多样的,随着新的媒介形式的出现,记忆会呈现出不同的面貌。从新闻③、新闻业④、纪录片⑤被认为与"真实的""真正的"历史密切相关,到文学作品、戏剧、电影被认为是虚构的⑥,记忆外化(externalization)⑦的不同媒介形式赋予其所生成的媒介记忆以不同的真实性等级。报纸⑧、杂志⑨、广播⑩、电视⑪,以及互联网、手机⑫等不同的媒介类型形塑了不同的记忆景观,造就了假肢记忆⑬、后记忆⑭、连接

---

① McLuhan, M. (1994). *Understanding media: The extensions of man*. Cambridge: MIT Press.

② Garde-Hansen, J. (2011). *Media and memory*(p. 60). Edinburgh: Edinburgh University Press.

③ Lang, K., & Lang, G. E. (1989). Collective memory and the news. *Communication*, 11, 123-139.

④ Edy, A. J. (1999). Journalistic uses of collective memory. *Journal of Communication*, 49 (2), 71-85.

⑤ Rosenthal, A. (eds.) (1999). *Why docudrama? Fact-fiction on film and television*. Carbondale: Southern Illinois University Press.

⑥ Rosenstone, R. R. (1994). *Revisioning history: Film and the construction of a new past*. Princeton: Princeton University Press.

⑦ Garde-Hansen, J., Hoskins, A., & Reading, A. (2009). Introduction. In Garde-Hansen, J., Hoskins, A., & Reading, A. *Save as … digital memories*(pp. 1-21). London: Palgrave Macmillan.

⑧ Lang, K., & Lang, G. E. (1989). Collective memory and the news. *Communication*, 11, 123-139.

⑨ Kitch, C. (2002). Anniversary journalism, collective memory, and the cultural authority to tell the story of the American past. *Journal of Popular Culture*, 36 (1), 44-67.

⑩ Kaplan, D. (2009). The songs of the Siren: Engineering national time on Israeli radio. *Cultural Anthropology*, 24, 313-345.

⑪ Edgerton, G. R., & Rollins, P. C. (eds.) (2001). *Television histories: Shaping collective memory in the media age*. Lexington: University Press of Kentucky.

⑫ Reading, A. (2011). The London bombings: Mobile witnessing, mortal bodies and globital time. *Memory Studies*, 4(3), 298-311.

⑬ Landsberg, A. (2004). *Prosthetic memory: The transformation of American remembrance in the age of mass culture*. New York: Columbia University Press.

⑭ Hirsch, M. (2001). Surviving images: Holocaust photographs and the work of postmemory. *Yale Journal of Criticism*, 14(1), 5-37.

记忆①、全球数字记忆②等诸多记忆形态。

从媒介机构的维度来看,研究者所理解的记忆的媒介机构,是对过去进行有意或无意的记录、保存、展示的各种专业组织,不仅包括新闻公司、报纸和广播电视机构,也包括记录过去的电影业、纪录片行业,以及博物馆、档案馆等。③ 这些机构、企业、行业大量参与记录、生产、存储、归档、创建和制作本地的、国家的和全球意义上可获得的记忆。媒介记忆的机构研究特别关注机构的运行方式,以及"社会制度内的权力结构嵌入大众媒介机构中的方式"④,显示出机构化的媒介记忆研究将焦点集中于记忆与权力即记忆政治⑤问题的价值取向。

从媒介实践的维度来看,通过实践,记忆被定义为一个动态的过程,是个体和群体共同作用、行动的结果。⑥ 正是通过记忆,个体、集体或文化参与、生产、再生产和赋予记忆以意义。作为媒介实践的媒介记忆,不仅是一个动态的、建构的过程,也是更大范围的社会和文化协商的一部分——当然也会存在意义的斗争。对媒介实践的关注,将有关媒介记忆的研究导向两个不同的面向,一是将媒介实践置于社会实践的背景中,探讨媒介记忆实践与个体、群体,以及社会记忆实践之间的作用关系;二是聚焦于媒介内部,将媒介从业者作为专业的记忆社群⑦,对其记忆实践活动展开研究。

对媒介不同维度的解析,展示了媒介是复杂、动态的系统,而不是离散、

① Hoskins, A. (2011). Media, memory, metaphor: Remembering and the connective turn. *Parallax*, 17(4), 19-31.

② Reading, A. (2011). The London bombings: Mobile witnessing, mortal bodies and globital time. *Memory Studies*, 4(3), 298-311.

③ Garde-Hansen, J. (2011). *Media and memory* (p. 51). Edinburgh: Edinburgh University Press.

④ Turow, J. (1991). The challenge of inference in interinstitutional research on mass communication. *Communication Research*, 18, 222-239.

⑤ Hacking, I. (1995). *Rewriting the soul: Multiple personality and the science of memory*. Princeton: Princeton University Press.

⑥ Sturken, M. (2008). Memory, consumerism and media: Reflections on the emergence of the field. *Memory Studies*, 1(1), 73-78.

⑦ Zelizer, B. (1993). Journalists as interpretive communities. *Critical Studies in Mass Communication*, 10(3), 219-237.

稳定的技术组合的新认识①，其与记忆研究的重心由"场"（sites）向动态（dynamics）、由产品（products）向过程（processes）的转向是并行的。②

三、从媒体记忆到新闻与记忆

与媒介概念着力凸显技术、中介特征不同，媒体概念更多强调机构、制度属性。③ 由此就形成对"media memory"两种不同的理解角度：侧重于记忆的技术、形式特征的媒介记忆和侧重于记忆的制度、机构属性的媒体记忆。本部分之所以特别凸显媒体记忆，意在强调其记忆生产的机构、制度色彩。新闻的采集、生产、流通都具有鲜明的制度性、机构性特征，新闻与记忆的关联也只可能在此种制度化、机构化的背景下展开。

1. 新闻与记忆的关系

新闻是我们这个社会最公开、传播最广泛且最易获取的记忆的薄膜。④ 虽然有关集体记忆的研究尚未充分认识到新闻作为记忆的记录机构的中心地位，记忆却常常在新闻中蔓延，以至于新闻的记忆工作既广泛又多面。从而使新闻成为记忆工作的一个重要的代理人，即使新闻媒体和新闻记者都不愿意承认这是他们所做事情的一部分，即使记忆学者也并没有给予新闻在记忆研究中应有的地位。⑤ 但是，正如新闻需要记忆工作来将公共事件的叙述定位于其语境中一样，记忆也需要新闻来提供有关过去的最公开的草稿。⑥

对新闻与记忆关系的思考，是推动新闻与记忆研究开展的基础和前提。

---

① Wardrip-Fruin, N. , & Montfort, N. (eds.) (2003). *The new media reader*. Cambridge：MIT Press.

② Erll, A. , & Rigney, A. (2009). *Mediation, remediation, and the dynamics of cultural memory*(p. 3). Berlin：Walter de Gruyter.

③ 赵炎秋：《媒介与媒体：传媒的两种涵义及其区分》，《湖南社会科学》2009 年第 5 期。

④ Schudson, M. (2014). Journalism as a vehicle of non-commemorative cultural memory. In Zelizer, B. , & Tenenboim-Weinblatt, K. *Journalism and memory*(pp. 85-96). New York：Palgrave Macmillan.

⑤ Olick, J. K. (2014). Reflections on the underdeveloped relations between journalism and memory studies. In Zelizer, B. , & Tenenboim-Weinblatt, K. *Journalism and memory*(pp. 17-31). New York：Palgrave Macmillan.

⑥ Zelizer, B. (2008). Why memory's work on journalism does not reflect journalism's work on memory. *Memory Studies*, 1(1), 79-87.

新闻与记忆之间的关系复杂而重要，对其关系的理解亦经历了一个认识不断深入与推进的过程。对于大多数公众来说，新闻是关于过去的信息和对过去的共同理解的主要来源。它也是公众记忆预期的主要场域：作为"历史的初稿"，新闻也是记忆的初稿。① 关于未来应该考虑什么在今天至关重要，新闻业在一开始就非常公开地作出了判断。更重要的是，新闻本身充满了过去。记者通过使用能够引起文化共鸣的原型和叙事来讲述当前的故事。新闻机构也重复使用以前时代的新闻作为当今事件的背景，并制作回顾性的"特刊"②。新闻跨越时空和新闻类型建构记忆，形成了凯瑞（James Carey）所称的新闻记忆"教程"（curriculum）。③

　　新闻与记忆既相互倚重，亦相互服务。新闻内部的复杂性、与其他机构的共生关系、对公众的服务意识，以及塑造历史的关键事件和问题的必须在场——所有这些都帮助新闻服务于记忆。但是记忆也服务于新闻，通过记忆的可塑性、对共同体的建构能力、其视觉和叙事资源，以及集体想象中具体事件和机构的象征性与合法性。④

　　2. 新闻与记忆研究的主要议题

　　如果将新闻与记忆的关系理解为共生共存、彼此倚重和相互服务的话，那么新闻媒体或新闻记者作为记忆代理人（agents）的角色与作用问题就会凸显出来。一方面，新闻业的特殊地位使记者通常自视为事件的"特权见证人"（privileged witnesses），使其能够向那些需要知道或不知道的人传达重要事件的相关信息。媒体见证表现为三个层面的实践："媒体报道中证人的出现，媒体自身见证的可能性，以及媒体受众作为事件的证人的定位。"⑤媒体见证反映了新闻报道与现实事件的见证关系，使其能够对过去、现在和未

　　① Kitch, C. （2008）. Placing journalism inside memory and memory studies. *Memory Studies*, 1(3), 311-320.

　　② Kitch, C. （1999）. Twentieth-century tales: Newsmagazines and American memory. *Journalism & Communication Monographs*, 1(2), 119-155.

　　③ Carey, J. W. （1989）. *Communication as culture*(pp. 151-152). Boston: Unwin Hyman.

　　④ Zelizer, B. , & Tenenboim-Weinblatt, K. （2014）. Journalism's memory work. In Zelizer, B. , & Tenenboim-Weinblatt, K. *Journalism and memory* (pp. 113-127). New York: Palgrave Macmillan.

　　⑤ Paul, F. , & Amit, P. （2009）. *Media witnessing: Testimony in the age of mass communication*(p. 1). Basingstoke: Palgrave Macmillan.

来作出真相说明。另一方面,记者或媒体作为故事讲述者,总是根据生产和消费的社会文化语境来编制故事、进行叙事。当记者或媒体担任记忆代理人时,他们从事的工作存在三个相辅相成的维度:在基础层面,他们做着一直在做的事情,即告诉公众超出其直接接触之外的现实;在第二个层面,有关过去的新闻报道总是将其置于更大的文化和社会语境中;在第三个层面,记者或媒体在叙述过去时,会告诉我们关于他们工作的故事和他们所发挥的作用,及其在形塑社会记忆中扮演的角色。①

在争夺讲述过去并注入意义的权威的竞争中,新闻媒体扮演着独特的角色:一方面,新闻媒体是社会文化斗争的舞台,为各种代理人(如政治活动家、学术界、当地社区)赋予权威,这些代理人希望影响有关集体的过去的叙述和理解。另一方面,新闻媒体作为一个特别的记忆代理人,同时也是这个竞争舞台上的演员之一,其将自身视作社会权威的故事讲述者,同样希望提供他们自身对集体过去的解读。②

新闻与记忆领域最突出的研究成果是有关社会历史进程中的重大事件和重要人物的记忆研究,如对"9·11"恐怖袭击③、水门事件④、越南战争⑤、林肯⑥等的新闻记忆研究。此外,对大屠杀纪念⑦、伦敦"7·7"爆炸案纪念⑧

---

① Meyers, O. (2007). Memory in journalism and the memory of journalism: Israeli journalists and the constructed legacy of "Haolam Hazeh". *Journal of Communication*, 57(4), 719-738.

② Meyers, O., Neiger, M., & Zandberg, E. (2011). Structuring the sacred: Media professionalism and the production of mediated Holocaust memory. *The Communication Review*, 14 (2), 123-144.

③ Simpson, D. (2006). 9/11: *The culture of commemoration*. Chicago: University of Chicago Press.

④ Schudson, M. (1992). *Watergate in American memory: How we remember, forget, and reconstruct the past*. New York: Basic Books.

⑤ Edy, J. A. (2005). Trends in American collective memory: The lessons of Vietnam. *International Communication Association*, 1-28.

⑥ Schwartz, B. (1997). Collective memory and history: How Abraham Lincoln became a symbol of racial equality. *The Sociological Quarterly*, 38(3), 469-496.

⑦ Meyers, O., Zandberg, E., & Neiger, M. (2014). *Communicating awe: Media memory and Holocaust commemoration*. Houndmills: Palgrave Macmillan.

⑧ Allen, M. J. (2011). Remembering the 2005 London bombings: Media, memory, commemoration. *Memory Studies*, 4(3), 263-268.

等重要纪念活动,对名人的诞辰和逝世的纪念报道①,以及对媒体纪念自身的世纪纪念②、周年纪念③等的研究,也反映出新闻媒体事实上扮演的纪念机构角色④。

　　针对现有的记忆研究主要关注有目的的纪念活动的现象。舒德森(Michael Schudson)一针见血地指出,此种研究倾向就像"醉汉在路灯下找钥匙":我们之所以在自我意识的记忆场中寻找有效的公共记忆,并非因为那里能找到我们要找的东西,只是因为那里最光亮,最方便我们去找而已。在舒德森看来,非纪念性(non-commemorative)记忆才是记忆研究的首要问题。⑤ 因为,并非所有的记忆都是通过明确意识到的、专门的记忆项目来进行,相反,过去总是以某种并非旨在纪念的方式纳入现在中。⑥ 或者说,所有人的行为都与记忆相关,并且通常并非以纪念为目标,组织如此,社会如此,新闻亦如此。⑦

　　由此可见,"过去",作为新闻可用的资源,其被使用的程度及其所带来的在新闻报道中的可见性程度都是存在显著差异的。作为教程的"过去"在日常报道中是隐而不宣的,作为标尺的"过去"在类比报道⑧中若隐若现,而

　　① Edy,A. J.（2014）. Collective memory in a post-broadcast world. In Zelizer,B.,& Tenenboim-Weinblatt,K. *Journalism and memory*（pp. 66-79）. New York：Palgrave Macmillan.

　　② Kitch,C.（1999）. Twentieth-century tales：Newsmagazines and American memory. *Journalism & Communication Monographs*,1（2）,119-155.

　　③ Kitch,C.（2002）. Anniversary journalism, collective memory, and the cultural authority to tell the story of the American past. *Journal of Popular Culture*,36（1）,44-67.

　　④ Edy,A. J.（1999）. Journalistic uses of collective memory. *Journal of Communication*,49（2）,71-85.

　　⑤ Schudson,M.（1997）. Lives, laws and language：Commemorative versus non-commemorative forms of effective public memory. *The Communication Review*,2（1）,3-17.

　　⑥ Schudson,M.（2014）. Journalism as a vehicle of non-commemorative cultural memory. In Zelizer,B.,& Tenenboim-Weinblatt,K. *Journalism and memory*（pp. 85-96）. New York：Palgrave Macmillan.

　　⑦ Schudson,M.（2014）. Journalism as a vehicle of non-commemorative cultural memory. In Zelizer,B.,& Tenenboim-Weinblatt,K. *Journalism and memory*（pp. 85-96）. New York：Palgrave Macmillan.

　　⑧ Edy,A. J.（1999）. Journalistic uses of collective memory. *Journal of Communication*,49（2）,71-85.

作为报道焦点的"过去"在纪念性报道中则是高度可见的。[①] 因此,也就不难理解纪念性新闻与非纪念性新闻所获得的记忆研究重视程度的差别了。

新闻所宣称的"新鲜性"(newness)[②],与过去以多种形式同时存在于新闻中,并不矛盾。正是新闻在记录现在的过程中不同程度地提及和使用过去,使新闻记忆议题以一种无法回避的方式得到呈现。

第二节　新闻记忆的研究历程：认识论的视角

认识论,传统的定义是人类知识的哲学。[③] 作为一个整体,认识论有很多种——经验的、科学的、数学的、伦理的、宗教的和人文的。对认识论更专业的定义是"关于知识的性质、可能性、范围和一般基础的哲学分支"[④]。

认识论通常讨论的是真实世界、物质世界和宇宙的本质。也就是说,认识论可能隐含着一种本体论。它也对真实世界和我们对这个世界实际的或可能的认识之间的关系发表意见。总之,认识论说明或者暗示真实世界、我们对真实世界的认识,以及我们通过语言充分表达这种认识的能力之间相符合的程度。[⑤]

从认识论的视角切入和关照新闻记忆的研究历史,就是通过聚焦新闻与记忆领域的主要认识论及其发展、演变的历史过程,对新闻与记忆二者所呈现的疏离、接近、交叉等关系变化状态及其背后的深层原因形成一个较全面、深入的把握和理解。

---

① Neiger, M. , Zandberg, E. , & Meyers, O. (2014). Reversed memory: Commemorating the past through coverage of the present. In Zelizer, B. , & Tenenboim-Weinblatt, K. *Journalism and memory*(pp. 113-127). New York: Palgrave Macmillan.

② Shoemaker, P. J., & Cohen, A. A. (2006). *News around the world: Content, practitioners, and the public*. New York: Routledge.

③ Ward, S. J. A. (2018). Epistemologies of journalism. In Vos, T. P. (ed.). *Journalism, handbooks of communication science*(pp. 63-82). Boston/ Berlin: Walter de Gruyter.

④ Honderich, T. (2005). *The Oxford companion to philosophy*(p. 260). Oxford: Oxford University Press.

⑤ 哈克特、赵月枝:《维系民主:西方政治与新闻客观性》,沈荟、周雨译,北京:清华大学出版社,2005 年,第 82 页。

一、两种主要的认识论简介

纵观哲学史,有关真理和知识的认识论有两种代表性的观点:实在论
(realism)和建构论(constructivism)。① 实在论的代表性学者有柏拉图、笛
卡尔、洛克、罗素等。实在论认为,知识是关于现实的知识,是正确描述外部
世界的真实命题,是信念和世界的对应,而不是人类的偏见和观点。认识论
的标准是帮助我们发现(discover)而不是建构(construct)这个世界是怎样
的。是世界,而不是人类的建构,使信念成真。因此,实在论者把真理
(truth)作为他们的首要概念,并把它与人类如何建构真理的理论相分离。
实在论者也认可各种各样的"知识来源"立场,如经验主义者或理性主义者,
他们可以在他们认为实在(real)是什么的方面有所不同,如一个完全是物质
的世界,一个是由科学描述的世界,或一个是由神和精神创造、指导的世界。

建构论对人类建构知识和真理的主张感兴趣。在建构论者看来,在陈
述我们最好的探究方法和形式的结果之外,没有其他方法可以说明什么是
真理。我们只能通过我们的概念图式和证据标准来认识这个世界,正当性
和合理性比对现实的绝对真理的哲学探索更为首要。对于一些建构论者来
说,真理被定义(或简化)为理性的证明。也就是说,一种信念是真实的,就
是说它是一种合理可靠的建构方法的结果。此外,建构论还强调社会在接
受信念规范方面的作用。

所有形式的哲学认识论,无论是实在论还是建构论,都是规范性
(normative)的,试图确定那些我们应该肯定的信念。但是,建构论往往比实
在论更为经验主义和"立场相关"(position-relative),因为它们关注的是人们
如何在不同的情况下实际形成和应用认知规范。而实在论者,在其历史的
大部分时间里,一直都是"非立场论者",因为它假定理性探究有一般的正确
规范,而与探究者的性别、国籍或生活状况无关。

这种实在论和建构论之间的紧张关系在很大程度上决定了哲学和新闻
学的认识论历史。尤其是近年来,认识论在社会科学、文化研究和媒介认识
论中显示出强大的建构主义意义。认识论是一种社会建构,人们在追求各

---

① Ward, S. J. A. (2018). Epistemologies of journalism. In Vos, T. P. (ed.). *Journalism,
handbooks of communication science* (pp. 63-82). Boston/ Berlin: Walter de Gruyter.

种实践、目标的同时，还对不同的"知识生产"领域（从实验室到新闻编辑室）提出知识主张，并重点聚焦于实践、惯例、社会价值观、政治目标和形成这种主张的制度结构。

二、认识论的转变：从新闻客观性到基于特定语境的认识论

认识论既有理论的，也有实践的。从理论上讲，认识论研究人类如何寻求知识并证明他们对知识的主张是正确的。从实践来看，认识论指人们实际用来评价信念和探究真理的方法的规范证据。① 对新闻认识论的历史考察，必须将有关新闻认识的理论观点与实践规范结合起来，从理论和实践的双重维度来理解新闻认识论的演化与转变。

1. 新闻客观性的演变与生成

当现代新闻报刊在 16、17 世纪出现的时候，其出版商就试图用原始的新闻和政治观点汇编来吸引读者。在审查员的监督下，编辑们为他们的报道和观点辩护，声称他们的报道和观点是不偏不倚的。但是，在当时的政党报刊时代，②他们的观点只可能是支持或反对其政党的党派立场表达。

18 世纪启蒙运动期间，报纸成为公共领域的传播渠道，承担起公众启蒙的任务，与之相应的新闻认识论将报刊视作通过基于科学事实和公共理性的知情观点来告知和代表公众。同时，许多报纸通过向渴望新闻的公众提供事实来赚钱。对于公众来说，他们接受事实报道，但是拒绝接受观点报道。正如夏皮罗（Barbara Shapiro）所指出的，当时的新闻业是欧洲日益增长的"事实文化"——由需要确定无偏见的事实的法律实践，受到地理大发现时代刺激的旅游文学，以及寻求自然事实的实验经验科学共同组成——的一部分。③

19 世纪上半叶，"给所有人看的新闻"——从美国的便士报刊到伦敦的小报，使得大众报刊成为第一种大众性的媒体。新闻业成了新闻的生意，报道者被派去收集新闻、进行采访，并使用新技术如电报来传递和发送新闻。

---

① Ward, S. J. A. (2018). Epistemologies of journalism. In Vos, T. P. (ed.). *Journalism, handbooks of communication science* (pp. 63-82). Boston/ Berlin: Walter de Gruyter.

② 陈力丹：《世界新闻传播史》（第三版），上海：上海交通大学出版社，2016 年，第 35-36 页。

③ Shapiro, B. J. (2000). *A culture of fact*. Ithaca: Cornell University Press.

这一时期的报道规范最主要的是强调事实性（factuality）与政治独立。当时华盛顿特区美联社的戈布里特（Lawrence Gobright）这样解释他的事实风格："我的工作仅仅是传达事实……不允许我对我所传达的事实发表任何评论……我的报道仅仅是枯燥的事实和细节问题。"[①]与此同时，编辑们声称，新闻摄影的出现证明新闻报道代表了真实的世界。

尽管新闻是每个社会都会生产的东西。但是直到19世纪后半叶，人们才普遍认为新闻业是一套由专业标准和理想支配的新闻实践。[②] 19世纪后半叶所确立的专业标准和实践规范，突出了对新闻而不是言论的注重，究其根源，乃在于报纸提供事实性的信息，人们由此可以得出关于公共生活的独立判断。[③]

到20世纪初，新闻业的认识论开始被新闻客观性（objectivity）的认识论所主导。就如有研究指出的，记者们将19世纪非正式的事实经验主义（empiricism of facts）转变为基于事实与价值、事实与解释二元论的严格的方法论（methodological）经验主义。[④] 新闻客观性成为一种明确的、受规则约束的、严格执行的故事建构的理想和方法。

新闻客观性对记者的报道提出了明确的规范和要求，比如真实性，将观点、解释或评论与事实明确分开，报道中要引用有名有姓的信息来源，避免模棱两可和累赘冗长；准确性，报道要忠于现实，或忠于其他可靠的对现实的说法，尤其是在具体的事实上；完整性，叙述要完整，记者的报道要提供理解新闻所需的最起码的事实信息。[⑤]

以新闻客观性为主导的新闻认识论具有鲜明的实证主义色彩。实证主

---

① Mindich，D. T. Z. (1998). *Just the facts：How "objectivity" came to define American journalism*(p. 109). New York：New York University Press.

② Nerone，J. (2015). Journalism's crisis of hegemony. *Javnost-The Public*，22(4)，313-327.

③ 哈克特、赵月枝：《维系民主：西方政治与新闻客观性》，沈荟、周雨译，北京：清华大学出版社，2005年，第15页。

④ Ward，S. J. A. (2018). Epistemologies of journalism. In Vos，T. P. (ed.). *Journalism，handbooks of communication science*(pp. 63-82). Boston/ Berlin：Walter de Gruyter.

⑤ McQuail，D. (1992). *Media performance：Mass communication and the public interest*(p. 197). London：Sage.

义建立在世界本质是以感官观察的证据为基础的本体论观点之上，①认为真实世界是独立于观察者的存在意识的。以此来看，新闻记者作为独立的观察者能够站在客观世界的事件之外，能够把世界的真相和涵义通过运用诸如标准报道格式这样的职业报道技巧和中性的语言传达给接受对象。因此，新闻具有不偏不倚、清晰、中立地表达外部世界的潜能。②

　　2. 基于特定语境的新闻认识论

　　客观性新闻认识论在其建立之初及以后，常常面临来自新闻业系统内部和社会现实外部的不断挑战和冲击，其中比较有影响力和代表性的是解释性新闻（interpretive journalism）、新新闻（new journalism）、倡导性新闻（advocacy journalism）、参与式新闻（participant journalism）、公民新闻（citizen journalism）、建设性新闻（constructive journalism/ news）等新闻理念和实践活动。

　　尽管解释的冲动在新闻中久已存在，但是解释性新闻被认为出现在 20 世纪 20 年代的美国，以回应对记者未能确保公众理解其所传播的新闻的批评。③ 20 世纪 60 年代末和 70 年代初，随着政治暗杀、越南战争和水门丑闻的出现，解释性新闻的热度再次上升。解释性新闻将新闻置于一个适当的语境中，并用相关的背景材料装备起来，以为受众提供解释和分析。④

　　新新闻则用直接命名的形式标记了一种与那个时期主流新闻业所使用的风格、方法、重点、主题或技巧不同的变化。在美国，"新新闻"一词通常用来指 20 世纪 60 年代的文学性新闻（literary journalism），其主要采用小说的技巧和第一人称叙事，对社会问题和政治事件，如越南战争、民权运动和妇女运动等进行主观性解释。⑤ "新记者"拒绝客观性目标，其将自身视作新闻

　　① Lovell，T．(1980)．*Pictures of reality：Aesthetics，politics and pleasure*(p. 10)．London：British Film Institute.

　　② 哈克特、赵月枝：《维系民主：西方政治与新闻客观性》，沈荟、周雨译，北京：清华大学出版社，2005 年，第 85 页。

　　③ Zelizer，B．，& Allan，S．(2010)．*Keywords in news and journalism studies*(pp. 59-60)．New York：Open University Press.

　　④ De Burgh，H．(2008)．*Investigative journalism*(2nd ed)．Oxon：Routledge.

　　⑤ Schudson，M．(1978)．*Discovering the news：A social history of American newspapers*(pp. 187-188)．New York：Basic Book.

报道中"活生生的一部分",寻求"隐藏在人们意识与记忆之中的真相"。①

倡导性新闻是一种刻意逃避中立、不偏不倚和客观性原则的新闻类型。为了更大的社会或政治目标,倡导性新闻有目的地对新闻中的事件和议题采取战略立场。倡导性新闻记者相信,好的新闻是通过表明立场和观点实现的,在这种情况下,他们以公开透明的方式宣布他们的偏见。②

参与式新闻是记者积极参与被报道的事件或议题的一种新闻类型。参与性记者将自己视为变革的代理人,而将中立性和客观性视为好的新闻实践的障碍。近年来,在全球范围内,另类新闻、公共新闻都依赖新闻记者对问题和事件的高度参与。③

公民新闻是一种普通公民为了参与到新闻制作中而自发地扮演记者角色的新闻形式。公民新闻包括提供第一人称目击证人的叙述、录音或录像、手机和数码相机的快照等,通常通过博客、维基百科、个人网页、社交网站和网络社区在网上分享。④

建设性新闻是一种努力创造有效的和参与性的报道,同时又忠于新闻的核心功能的新兴新闻形式。⑤ 建设性新闻与 20 世纪西方历史上出现过的许多新兴新闻类型,如行动新闻(action journalism)、解困新闻(solutions journalism)、和平新闻(peace journalism)、参与式新闻等具有内在关联。⑥ 无论是行动新闻的核心在于唤起公民参与社会的主动性,进而推动社会问题的实际解决,还是解困新闻强调在传统的新闻报道五要素之外增加"现在怎么办"来实现对现实问题的回答,以推动社会在不同层面的细微变革,⑦ 又

① Altschull, J. H. (1990). *From Milton to McLuhan: The ideas behind American journalism* (p. 317). New York: Longman.

② Zelizer, B., & Allan, S. (2010). *Keywords in news and journalism studies* (pp. 2-3). New York: Open University Press.

③ 蔡雯、郭翠玲:《从"公共新闻"到"公民新闻"》,《新闻记者》2008 年第 8 期。

④ Rosen, J. (2003). Emerging alternatives terms of authority. *Columbia Journalism Review*, 5.

⑤ McIntyre, K., & Gyldensted, C. (2017). Constructive journalism: An introduction and practical guide for applying positive psychology techniques to news production. *The Journal of Media Innovations*, 4(2), 20-34.

⑥ Haagerup, U. (2017). *Constructive news: How to save the media and democracy with journalism of tomorrow*. Aarhus: Aarhus University Press.

⑦ McIntyre, K., & Sobel, M. (2018). Reconstructing Rwanda: How Rwandan reporters use constructive journalism to promote peace. *Journalism Studies*, 19(14), 2126-2147.

或是和平新闻呼吁新闻报道应努力维系和平的社会关系,并推动在和平的框架内寻求解决社会冲突①。建设性新闻作为一种系统性的生产理念,实际上是过去一个世纪里某个在逻辑上一脉相承的新闻运动沉淀、积累、不断体系化的结果。这场新闻运动强调新闻对社会变迁积极、主动的介入(intervention),以"介入性"取代"客观性"无疑是这场新闻运动最基本的诉求。②

不仅是这些不断出现的新的新闻类型、新闻形式展现出了迥异于客观性新闻的不同价值追求与实践理念,即使是那些没有冠以新名称的普通、日常的新闻报道,其表达方式也在悄然发生变化。研究者们强调,很长一段时间以来,新闻业已不再以事件为中心,而是变得更具分析性、解释性和语境性。③ 事实是,新闻报道变得越来越长,越来越复杂,记者们也变得越来越积极地把自己更突出地插入报道中。这并不是一下子就发生的——事实上,这一过程如此缓慢,以至于尽管有证据,许多记者仍然拒绝相信。④

上述新闻领域的新现象、新趋势、新变化尽管在兴起和持续时间、媒体和社会影响力等方面存在差异,在行动逻辑、实践理念上却有共同之处:一是记者、媒体将自身定位于社会生活之中,而不是置身事外;二是强调新闻对社会的主动参与、积极介入;三是新闻不再抱守客观性规范,而是根据报道需要和社会现实状况不断调整、创新,显示出新闻业极强的灵活性与适应性。由此,我们统称其为基于特定语境(context-specific)的新闻。

基于特定语境的新闻认识论,展示了较之于客观性新闻不同的理论基础与观念认识。新闻不是客观现实的一面镜子,记者也并非可靠的观察者、速记员和抄写员,⑤新闻是历史性的现实,是由特定阶层在特定的历史时间发明的一种文化形式。⑥ 通过放弃存在并被报道的客观世界信念,我们形成

① Kempf, W. (2007). Peace journalism: A tightrope walk between advocacy journalism and constructive conflict coverage. *Conflict & Communication Online*, 6(2).

② 常江、田浩:《建设性新闻生产实践体系:以介入性取代客观性》,《中国出版》2020 年第 8 期。

③ 见 Barnhurst, K. G., & Mutz, D. (1997). American journalism and the decline of event centered reporting. *Journal of Communication*, 47(4), 27-53. 和 Fink, K., & Schudson, M. (2014). The rise of contextual journalism, 1950s-2000s. *Journalism*, 15, 3-20.

④ Barnhurst, K. G. (2011). The problem of modern time in American journalism. *KronoScope*, 11(1-2), 98-123.

⑤ Zelizer, B. (2017). *What journalism could be*. Malden: Polity Press.

⑥ 凯瑞:《作为文化的传播》,丁未译,北京:中国人民大学出版社,2019 年,第 20 页。

了新闻作为建构的现实的观念。公共事件之所以存在，是因为它们服务于实践目的，而不是因为它们内在的客观重要性。新闻是发起者（基于特定原因确定某些事件是特别的）、组装者（新闻人、编辑和重写者）和消费者（读者）的实践的、有目的的创造性活动的结果。[①]

从客观性新闻的认识论到基于特定语境的新闻认识论，既反映了新闻所受到的社会、历史的建构与约束，亦体现了认识论自身的不断调整与发展。必须认识到的是，思维形式，包括客观性的标准，只有在特定的环境和学科中才有效。认识论并没有给我们对现实唯一正确的洞察，相反，它支持某种世界观或社会观，支持某种实践。

三、新闻记忆的研究历程

新闻是集体记忆的一个重要组成部分，而不仅仅是一个记录者。任何不承认其重要性的记忆研究者都可能失去对记忆过程的重要部分进行认识的机会。[②] 尽管新闻构成了记忆最活跃的塑造者之一，记忆学界却缺少对新闻的关注，使得其在现有的学术讨论中几乎是被忽略的。[③]

对新闻记忆研究历程的探讨，就是以前述认识论层面对新闻的分析为基础，将新闻认识论与记忆研究的代表性观点相结合，以展示新闻与记忆二者之间疏离、接近、交叉等的关系变化状态，并对其背后的深层原因有一个较为全面、深入的把握和理解。

1. 第一阶段的新闻与记忆：彼此毫不相干的陌生人

新闻乃是任何社会生活的基本需要之一。在印刷术发明之前的各国古代文化中，我们都能找到与现代新闻业相似的社会现象。从古希腊的行吟诗人，到中世纪非洲的行吟艺人，人类的好奇心曾经造就了无数讲述历史故事的职业艺人。他们担负着人类交流的重任，往往还负有传播新闻的使命。

---

① Molotch, H., & Lester, M. (1974). News as purposive behavior: On the strategic use of routine events, accidents, and scandals. *American Sociological Review*, 39(1), 101-112.

② Olick, J. K. (2014). Reflections on the underdeveloped relations between journalism and memory studies. In Zelizer, B., & Tenenboim-Weinblatt, K. *Journalism and memory* (pp. 17-31). New York: Palgrave Macmillan.

③ Zelizer, B. (2014). Memory as foreground, journalism as background. In Zelizer, B., & Tenenboim-Weinblatt, K. *Journalism and memory* (pp. 32-49). New York: Palgrave Macmillan.

从荷马到中世纪末叶的编年史家,从希罗多德到马可·波罗,人类为了记述重大历史事件,使之传之后世,也为了描述异国风情,曾经撰写了大量的著作,有些著作类似于今天的通讯报道。为了治理国家,古代和中世纪的大大小小的王朝曾经建立过许多收集、传播新闻的网络,由信使们传递口信或者书信,把信息带给人们。① 在现代新闻业崛起之前的漫长时代里,口头新闻与手抄新闻一道形成了对重大社会历史的记录与传播,但是显然被认为与记忆无关。

生命是否以失忆为终结尚待考证,不过可以肯定的是,生命是从有记忆那一刻开始的。② 无论是柏拉图,还是奥古斯丁,都认为神圣的记忆仅存在于人的内部。③ 记忆的古代史,其中非常重要的一部分就是记忆术,即"通过在脑中烙印场景和形象的技巧来记忆"。④ 在此理解之下,记忆是人的内部活动。随着印刷术的发明和普及,"借助记忆保存知识的时代宣告结束"⑤。记忆由人的主体性活动,即内部记忆,转向借助工具、技术来完成的对象性活动,即外部记忆。

在文艺复兴之前的漫长时代里,新闻与记忆各自探索、独自发展,作为彼此毫不相干的陌生人而存在。

2. 第二阶段的新闻与记忆:被抛弃的他者

这一阶段从 17 世纪晚期大概延续到 19 世纪末。正是现代性和启蒙运动的兴起让新闻与记忆成为彼此需要坚决抛弃的他者(others)。

在不信教的古代,重视过去蔚然成风,理由便是对现实中的堕落的不满,而中世纪的现在却被禁锢在沉重的过去以及浴火重生的未来之间动弹不得,其时的焦点集中在文艺复兴上,而不是现在。到了 17—19 世纪,进步意识形态甚至开始推崇起了未来。⑥ 通过洛克、笛卡尔等人的著作,理性、确定性、观察、客观性、进步和证据的事业比那些涉及情感、主观性、想象力以

---

① 阿贝尔等:《世界新闻简史》,许崇山等译,北京:中国新闻出版社,1985 年,第 3-4 页。
② 德拉埃斯马:《记忆的风景》,张朝霞译,北京:北京联合出版公司,2014 年,第 18 页。
③ 柏拉图:《柏拉图全集·第 2 卷》,王晓朝译,北京:人民出版社,2003 年,第 197-199 页。
④ 叶芝:《记忆的艺术》,钱彦、姚了了译,北京:人民文学出版社,2018 年,第 5 页。
⑤ 叶芝:《记忆的艺术》,钱彦、姚了了译,北京:人民文学出版社,2018 年,第 163 页。
⑥ 勒高夫:《历史与记忆》,方仁杰、倪复生译,北京:中国人民大学出版社,2010 年,第 12 页。

及记忆的事业更受偏爱。①

　　表示现代的"modern"一词最初是在 16 世纪末开始通用的,其源于拉丁文的"modo"(意指"刚才")。起初"modern"指的是"目前"或与遥远过去相对的"最近"。不久,这个英文单词也可以指"新式的""不陈旧的、未过时的"。到了 17 世纪,尤其是 18 世纪,"modern"意味着"更好的"。② 或如有研究指出的,"现代"一词在欧洲的广泛使用,就是为了表现出一种新的时间意识,就是要同过去拉开距离而面向未来。③ 这种与过去断裂的崭新的时间意识使新闻与现代形成了交叉、共鸣。新闻成为作出现代性承诺的平台,新闻业被定位为现代性的驱动者,期望通过生产价值中立(value-free)的信息和公正、均衡的讨论,通过全面和完整的信息传递,推动理性的思考。

　　随着现代性和启蒙运动将西方从过去的怀旧观念推向进步的观念。④ 在进步的道路上,过去变成了一种冲击。过去充满了根深蒂固的传统、习俗和习惯。虽然发展了符合启蒙运动目标的记忆实践,比如通过勋章、硬币和假日对国家纪念进行记忆引导⑤,但是过去仍然与情绪、想象力和偶然性为伴,其不一致、主观性和矛盾的特征被认为是对进步目标的怀疑,甚至阻碍。

　　新闻业所期望的现代性与记忆的主观性、不可靠性、不一致性、偶然性、犹豫和噪音是对立的。到了 18 世纪末,早期即盛行的记忆的艺术,被认为是过时的。那些长期以来与记忆相关的项目——传统、怀旧的过去、经验、直觉、想象力——被弃置一旁。

　　3. 第三阶段的新闻与记忆:逐渐浮现的关联

　　正是 20 世纪特殊的历史与时代背景,给予了新闻与记忆建立联系、重新认识彼此的机会。两次世界大战期间,以社会学家哈布瓦赫、艺术史学家瓦尔堡、心理学家巴特利特为代表的研究者们的努力,将记忆研究从个体现象

---

　　① Zelizer, B. (2014). Memory as foreground, journalism as background. In Zelizer, B. , & Tenenboim-Weinblatt, K. *Journalism and memory*(pp. 32-49). New York: Palgrave Macmillan.

　　② 阿普尔比、亨特、雅各布:《历史的真相》,刘北成、薛绚译,上海:上海人民出版社,2011 年,第 54 页。

　　③ 哈贝马斯:《后民族结构》,曹卫东译,上海:上海人民出版社,2002 年,第 178 页。

　　④ Bury, J. B. (1932). *The idea of progress: An inquiry into its origins and growth*. New York: Dover.

　　⑤ Misztal, B. (2003). *Theories of social remembering*. Maidenhead: Open University Press.

的心理学领域带向了社会、集体现象的更广阔领域。① 作为对 20 世纪欧洲
屈服于法西斯主义,改写历史、毁灭档案的反应,皮埃尔·诺拉(Pierre
Nora)的《记忆之场》②,雅克·勒高夫(Jacques Le Goff)的《历史与记忆》③,
以及保罗·利科(Paul Ricoeur)的《记忆,历史,遗忘》④等作品表明,记忆
(memory)、记住(remembering)和记录(recording)是存在(existence)、成为
(becoming)和归属(belonging)的关键。⑤ 在此之前,本尼迪克特·安德森
(Benedict Anderson)将"印刷资本主义"视作"想象的共同体"的核心,恩斯
特·雷南(Ernst Renan)将"拥有共同的丰富的记忆遗产"作为民族认同的一
个中心性的构成特征,这些研究共同指向了记忆与民族国家之间紧密而迫
切的联系。

两次世界大战之后,有关战争记忆,特别是大屠杀的记忆,成为记忆研
究的热点。以诺拉七卷本的《记忆之场》为代表,记忆研究广泛地关注纪念
碑、博物馆、纪念馆、档案馆、教科书、节日、纪念活动、仪式等记忆遗产,带来
了"公共纪念政治的流行"⑥。这些历史的、记忆的遗产使哈布瓦赫视为时空
上存在的结合体的集体,转变为由超越时空的象征媒介来自我界定的抽象
的共同体。当然,记忆不仅存在于集体创造的纪念碑、纪念馆等特定的景
观⑦和人工制品(artifacts)⑧中,媒体也为记忆研究提供了一个成熟的空
间⑨。"后记忆"(postmemory)概念最具体地描述了文化或集体创伤幸存者

---

① Olick, J. K. (2014). Reflections on the underdeveloped relations between journalism and memory studies. In Zelizer, B., & Tenenboim-Weinblatt, K. *Journalism and memory* (pp. 17-31). New York: Palgrave Macmillan.

② 诺拉主编:《记忆之场》,黄艳红等译,南京:南京大学出版社,2017 年。

③ 勒高夫:《历史与记忆》,方仁杰、倪复生译,北京:中国人民大学出版社,2010 年。

④ 利科:《记忆,历史,遗忘》,李彦岑、陈颖译,上海:华东师范大学出版社,2018 年。

⑤ Garde-Hansen, J. (2011). *Media and memory* (p. 5). Edinburgh: Edinburgh University Press.

⑥ Hutton, P. H. (1997). Mnemonic schemes in the new history of memory. *History & Theory*, 36(3), 378-391.

⑦ Young, A. F. (1999). *The shoemaker and the tea party*: *Memory and the American Revolution*. Boston: Beacon Press.

⑧ Levin, A. K. (2007). *Defining memory*: *Local museums and the construction of history in America's changing communities*. Lanham: Altamira Press.

⑨ Hume, J. (2010). Memory matters: The evolution of scholarship in collective memory and mass communication. *The Review of Communication*, 10(3), 181-196.

的子女与他们父母经历之间的关系。他们"记住"的经历只是他们成长过程中作为叙事和图像存在的经历,但这些经历如此强大,如此具有纪念意义,以致他们本身就构成了记忆。① "假肢记忆"(prosthetic memory)②则隐喻性地表达了记忆对于媒介文本和媒介技术的高度依赖性。

与记忆研究不断重视媒介技术与媒介文本基本同步的,是新闻业对自身定位与实践的不断创新。20世纪是新闻新形式最集中涌现、变革的时期,从解释性新闻、新新闻,到参与式新闻、倡导性新闻、公民新闻等,这些新的新闻类型和形式,有意识地突破或拒绝客观性传统规范,记者和媒体不是作为中立的观察者,而是主动的参与者,积极地投入社会发展与变革中,由此所带来的不仅是记忆和过去越来越多地出现在新闻中,历史、记忆也成为记者和媒体创新的基础和背景。

因此,记忆与新闻之间的联系,不仅在民族国家的认同中,在中介性的记忆场中,也在新闻业不断创新的新闻变革中浮现和展示出来。如果说现代性与新闻的客观性相伴相生,彼此推动和促进,共同将过去抛弃,从而专注于"现在的未来"(present future)的话,那么,新闻的新形式、新实践则体现了后现代对现代之确定、进步"神话"的否定与质疑,开始对"现在的过去"(presentpasts)③投入更多的关注。或者说,记忆的当代复兴与进步和现代化的意识形态危机,以及技术在现代性确立的时间秩序崩溃中的作用有关。④

4. 第四阶段的新闻与记忆:日益清晰的聚焦

20世纪末和21世纪初的30年里,新闻与记忆之间的关系更加紧密,并愈益清晰、明确地呈现在新闻研究与记忆研究中。

最早关注新闻与记忆问题的是库尔特·朗和格拉迪斯·朗(Kurt & Gladys Lang),他们试图理解公共事件的中介是如何塑造意义并重建受众的

---

① Hirsch, M. (1997). *Family frames: Photography, narrative, and postmemory.* Cambridge: Harvard University Press.

② Landsberg, A. (2004). *Prosthetic memory: The transformation of American remembrance in the age of mass culture.* New York: Columbia University Press.

③ Huyssen, A. (2003). *Present pasts: Urban palimpsests and the politics of memory.* California: Stanford University Press.

④ Huyssen, A. (1995). *Twilight memories: Marking time in a culture of amnesia.* London: Routledge.

过去,研究指出了新闻报道援引过去的四个目的:划定一个时代,提供衡量一个事件重要性的标准,得出明确的类比,或是给出简单的解释。[1] 艾迪(Jill Edy)随后提出了另一种新闻报道运用集体记忆的类型学[2],从此开启了在新闻记忆研究中分析过去的应用类型的问题域[3]。

　　在明确聚焦新闻记忆的开创性研究中,有几位研究者必须被铭记。一位是泽利泽,自20世纪90年代开启有关现代社会中记者作为集体记忆的代理人的角色研究[4],直到现在,记者生产的记忆与记者的记忆之间的区别和相互作用仍然是记忆与新闻研究以及更普遍的记忆与媒体研究的核心。[5]此外,泽利泽还引领了图像与新闻记忆的研究议题[6],并明确指出记忆研究应该重视新闻在记忆中的作用问题。[7] 另一位是舒德森(Michael Schudson)[8],其于1992年出版的《美国记忆中的水门事件》一书标志着对新

[1] Lang, K., & Lang, G. E. (1989). Collective memory and the news. *Communication*, 11, 123-139.

[2] Edy, A. J. (1999). Journalistic uses of collective memory. *Journal of Communication*, 49(2), 71-85.

[3] 见 Edy, J. A., & Daradanova, M. (2006). Reporting the present through the lens of the past: From Challenger to Columbia. *Journalism*, 7(2), 131-151. 和 Li, H., & Svarverud, R. (2018). When London hit the headlines: Historical analogy and the Chinese media discourse on air pollution. *The China Quarterly*, 234, 357-376.

[4] 主要有 Zelizer, B. (1992). *Covering the body: The Kennedy assassination, the media, and the shaping of collective memory*. Chicago: University of Chicago Press. 和 Zelizer, B. (1993). Journalists as interpretive communities. *Critical Studies in Mass Communication*, 10(3), 219-237. 以及 Zelizer, B. (1995). Reading the past against the grain: The shape of memory studies. *Critical Studies in Mass Communication*, 12(2), 215-239.

[5] Tenenboim-Weinblatt, K., & Neiger, M. (2020). Journalism and memory. In Wahl-Jorgensen, K., & Hanitzsch, T. *The handbook of journalism studies* (2nd ed) (pp. 420-434). New York: Routledge.

[6] 主要有 Zelizer, B. (1998). *Remembering to forget: Holocaust memory through the camera's eye*. Chicago: University of Chicago Press. 和 Zelizer, B., & Allan, S. (2002). *Journalism after September* 11. London: Routledge.

[7] 具有里程碑式的代表作是 Zelizer, B. (2008). Why memory's work on journalism does not reflect journalism's work on memory. *Memory Studies*, 1(1), 79-87. 和 Zelizer, B., & Tenenboim-Weinblatt, K. (2014). *Journalism and memory*. London: Palgrave Macmillan.

[8] Schudson, M. (1992). *Watergate in American memory: How we remember, forget, and reconstruct the past*. New York: Basic Books.

闻业记忆工作有意识探索的开始,[1]其还富有洞见地指出,记忆研究不应仅关注纪念性的记忆,还应对非纪念性记忆予以重视。[2] 另一位必须提及的研究者是基奇(Carolyn Kitch),"媒体记忆"一词最早由其提出,其不仅开拓了杂志与集体记忆、纪念新闻、名人悼念报道等多个研究领域,[3]同样也注意到记忆研究对新闻业作用的忽视,并对此进行了分析。[4]

此外,梅耶尔斯(Oren Meyers)、赞德伯格(Eyal Zandberg)、内格尔(Motti Neiger)有关跨媒体(cross-media)的大屠杀纪念报道的研究[5]、媒体记忆[6]的研究亦为新闻记忆领域贡献了诸多有价值的思考。

最近几年的新闻记忆研究,不再局限于大屠杀纪念、媒体纪念、悼念报道、周年纪念等纪念性报道,以及记者作为记忆社群的研究等传统领域,开始突破一味注重回顾性记忆的思维定势,关注到中介的前瞻性记忆

① Tenenboim-Weinblatt, K., & Neiger, M. (2020). Journalism and memory. In Wahl-Jorgensen, K., & Hanitzsch, T. *The handbook of journalism studies* (2nd ed) (pp. 420-434). New York: Routledge.

② 主要有 Schudson, M. (1997). Lives, laws and language: Commemorative versus non-commemorative forms of effective public memory. *The Communication Review*, 2(1), 3-17. 和 Schudson, M. (2014). Journalism as a vehicle of non-commemorative cultural memory. In Zelizer, B., & Tenenboim-Weinblatt, K. *Journalism and memory* (pp. 85-96). New York: Palgrave Macmillan.

③ 主要有 Kitch, C. (1999). Twentieth-century tales: Newsmagazines and American memory. *Journalism & Communication Monographs*, 1(2), 119-155; Kitch, C. (2002). Anniversary journalism, collective memory, and the cultural authority to tell the story of the American past. *Journal of Popular Culture*, 36(1), 44-67; Kitch, C. (2005). *Pages of the past: History and memory in American magazines* (p. 11). Chapel Hill: University of North Carolina Press.

④ Kitch, C. (2008). Placing journalism inside memory and memory studies. *Memory Studies*, 1(3), 311-320.

⑤ 主要有 Meyers, O., Neiger, M., & Zandberg, E. (2011). Structuring the sacred: Media professionalism and the production of mediated Holocaust memory. *The Communication Review*, 14(2), 123-144; Meyers, O., Zandberg, E., & Neiger, M. (2014). *Communicating awe: Media memory and Holocaust commemoration*. Houndmills: Palgrave Macmillan.

⑥ Neiger, M., Meyers, O., & Zandberg, E. (2011). *On media memory: Collective memory in a new media age*. New York: Palgrave Macmillan.

(mediated prospective memory)问题①，并将研究视野转向图像记忆②、视频记忆③等视觉记忆领域，以及进入新闻文本，更深入地分析过去在新闻中的时间频谱④、文本转化类型⑤等问题。此外，有关数字技术，如数字时间、数字文本的可供性⑥对新闻生产以及对过去的感知影响等研究也受到关注。

  20 世纪末和 21 世纪初的这 30 年，是现代性所许诺的未来、进步、秩序等理想与价值遭到最严峻挑战的时期。战争、恐怖袭击、自然灾害、人为灾难等风险、危机时刻的不断降临，将人类及其社会存在状态的脆弱性、暂时性、易受伤性直接而突兀地显现、暴露出来。在这种后现代的"流动性"状态下，一切都有可能发生，但一切又都不能充满自信与确定性地去应对。⑦ 正如克尔凯郭尔很早之前就说过的，生活的向前取决于理解的向后。而新闻业的真正力量，特别是在危机中，可能是把事件向后，而不是向前联系起来。⑧ 当我们需要理解危机及其正在发生的事件和问题的不确定性时，对记忆的依赖往往会激增。重写、重温旧事，进行各种纪念报道不仅是必需的，而且是有效的，因为它们可以在集体意义的层面为个人和社会提供稳定性

① Tenenboim-Weinblatt, K. (2013). Bridging collective memories and public agendas: Toward a theory of mediated prospective memory. *Communication Theory*, 23(2), 91-111.

② 主要有 Sonnevend, J. (2016). *Stories without borders: The Berlin Wall and the making of a global iconic event*. New York: Oxford University Press. 和 Meyers, O. (2002). Still photographs, dynamic memories: An analysis of the visual presentation of Israel's history in commemorative newspaper supplements. *The Communication Review*, 5(3), 179-205.

③ Smit, R., Heinrich, A., & Broersma, M. (2017). Witnessing in the new memory ecology: Memory construction of the Syrian conflict on YouTube. *New Media & Society*, 19(2), 289-307.

④ 主要有 Neiger, M., & Tenenboim-Weinblatt, K. (2016). Understanding journalism through a nuanced deconstruction of temporal layers in news narratives. *Journal of Communication*, 66(1), 139-160. 和 Bødker, H., & Sonnevend, J. (2018). The shifting temporalities of journalism. *Journalism*, 19(1), 3-6.

⑤ Tenenboim-Weinblatt, K., & Baden, C. (2018). Journalistic transformation: How source texts are turned into news stories. *Journalism*, 19(4), 481-499.

⑥ Tenenboim-Weinblatt, K., & Neiger, M. (2018). Temporal affordances in the news. *Journalism*, 19(1), 37-55.

⑦ 鲍曼：《流动的现代性》，欧阳景根译，北京：中国人民大学出版社，2017 年，第 12 页。

⑧ Zelizer, B. (2016). Journalism's deep memory: Cold War mindedness and coverage of Islamic State. *International Journal of Communication*, 10, 6060-6089.

和联系。① 在这 30 年有关各种类型纪念报道的研究以及过去在新闻报道中的运用研究的激增,正是这一社会背景的集中反映。

　　互联网、全球化、数字化的广泛普及深刻地改变了新闻业,提出了重新界定新闻、记者及新闻业的新问题。② 在此背景下,对记者作为记忆社群的研究,对视觉记忆的研究,以及有关数字技术对过去感知的影响研究就成为新闻业界与学界努力捍卫新闻职业的正当性、合法性的共同选择。建立新闻与记忆之间清晰、明确的联系与聚焦,不仅是人类社会应对高度不确定的危机和风险的一种必然要求,也是新闻学界与记忆学界关切现实问题的一种理论自觉的体现。

　　进入 21 世纪,尤其是近十年来,中国学界对新闻记忆问题的关注显著增加,主要是在媒体记忆③、社会记忆与历史记忆④、新闻传播史⑤的理论框架下,集中在纪念报道⑥、新闻界的集体记忆⑦、记者作为记忆社群⑧、社会记忆

---

①　Zelizer, B. (2016). Journalism's deep memory: Cold War mindedness and coverage of Islamic State. *International Journal of Communication*, 10, 6060-6089.

②　Zelizer, B. (2019). Why journalism is about more than digital technology. *Digital Journalism*, 7(3), 343-350.

③　主要有:李红涛、黄顺铭:《新闻生产即记忆实践——媒体记忆领域的边界与批判性议题》,《新闻记者》2015 年第 7 期;李红涛:《昨天的历史 今天的新闻——媒体记忆、集体认同和文化权威》,《当代传播》2013 年第 5 期;邵鹏:《新闻报道:诉说过去反映当下昭示未来的媒介记忆》,《当代传播》2016 年第 5 期;龚新琼:《新闻与记忆:回归媒体记忆研究的核心议题》,《新闻界》2017 年第 11 期;等等。

④　主要有:周海燕:《吴满有:从记忆到遗忘——〈解放日报〉首个"典型报道"的新闻生产与社会记忆建构》,《江苏社会科学》2012 年第 6 期;周海燕:《"赵占魁运动":新闻生产中工人模范的社会记忆重构》,《新闻记者》2012 年第 1 期;杨琴、尹秀婉:《历史记忆的新闻表达:十七年间中国主流媒体对民国图景的建构》,《四川大学学报》(哲学社会科学版)2015 年第 6 期;等等。

⑤　主要有:夏春祥:《新闻与记忆:传播史研究的文化取径》,《国际新闻界》2009 年第 4 期;杨琴:《新闻叙事与文化记忆——史态类新闻研究》,博士学位论文,四川大学,2007 年;等等。

⑥　主要有:李红涛:《已结束的"战争"走不出的"迷宫"——"SARS 十年"纪念报道中的隐喻运用与媒体记忆》,《新闻记者》2014 年第 4 期;王润:《个人奋斗与时代变革:恢复高考 40 周年的文化记忆与阐释社群建构》,《新闻与传播研究》2018 年第 11 期;等等。

⑦　主要有:张志安、甘晨:《作为社会史与新闻史双重叙事者的阐释社群——中国新闻界对孙志刚事件的集体记忆研究》,《新闻与传播研究》2014 年第 1 期;白红义:《记者节话语中的角色模范:中国新闻业的记忆机会结构研究(2000—2018)》,《国际新闻界》2019 年第 9 期;白红义:《新闻权威、职业偶像与集体记忆的建构:报人江艺平退休的纪念话语研究》,《国际新闻界》2014 年第 6 期;陈楚洁:《媒体记忆中的边界区分:职业怀旧与文化权威——以央视原台长杨伟光逝世的纪念话语为例》,《国际新闻界》2015 年第 12 期;等等。

⑧　白红义:《记者作为阐释性记忆共同体:"南都口述史"研究》,《国际新闻界》2015 年第 12 期。

框架的影响①等研究议题上。中国的新闻记忆研究在最近十年的集中出现，固然受到西方新闻记忆研究兴起的理论影响，但是，更深层次的原因，则源自中国自 20 世纪初开启民族救亡运动到 21 世纪以来"追求中华民族伟大复兴"的过程中对待过去态度的转变。

从近代知识分子背负着近代历史的屈辱记忆开始探索民族出路，到在中国共产党的领导下开始社会主义新中国建设，过去一直被视作迷信和封建压迫的仓库，而未来则具有科学的历史唯物主义所承诺的社会主义和共产主义阶段的确定性。② 随着改革开放所带来的全球化对民族文化传统的全面冲击，在"追求中华民族伟大复兴"的历史征程中，过去和传统开始被视为国家富强和权力的源泉，被视作中国身份的标记被自豪地保存。这一转变是对过去传统的重新认识，即在早先的现代化话语中，传统是落后的原因，但是现在它被全球现代性转化为现代民族身份的一项资源。③

第三节　新闻记忆的概念界定

新闻的历史（history of news）是一个漫长的历史，每个人类社会都可以在其中占有一席之地，而新闻业的历史（history of journalism）则是一个短得多、定义更明确的历史④，二者的区别显然在"news"和"journalism"上。虽然"news"和"journalism"可以依循习惯笼统地译作"新闻"，但是必须明确的是，"news"和"journalism"在概念内涵上是有明显区别的。对新闻记忆概念的界定，首先就需要对作为"news"的"新闻"和作为"journalism"的"新闻"进行区别和界定。⑤

---

① 曾庆香、李秀莉、吴晓虹：《永恒故事：社会记忆对新闻框架和舆论爆点的形塑——以"江歌案"为例》，《新闻与传播研究》2020 年第 1 期。

② Hansen, A. S.（2011）. Past and present pasts: Historical labours in modern China. *Memory Studies*，4(4)，360-369.

③ 德里克：《后革命时代的中国》，上海：上海人民出版社，2015 年，第 20 页。

④ Nerone, J.（2018）. Journalism history. In Vos, T. P.（ed.）. *Journalism，handbooks of communication science*（pp. 19-39）. Boston/ Berlin: Walter de Gruyter.

⑤ 为了表意准确，本书在大多数时候，将"news"译作"新闻"，"journalism"译作"新闻业"。

一、新闻：“news”与“journalism”的区别和界定

尽管英语中的“新闻”（news）一词，其使用历史已有 500 年，[①]但是在新闻史学家舒德森看来，现代的“新闻”概念直至 19 世纪 30 年代才为便士报所发明。[②] 很显然，这种差异源于对“新闻”概念理解的不同。用现代英语中的“news”代替古英语中的“tydings”标志着公众对时事（current events）信息地位的看法发生了改变，同时表明，时事信息的供应类似于食品或服装等其他商品，可以被用来在更大的供需框架内获取利润。[③] 这种理解突出了新闻的时间性、商品性属性，反映了当时手抄新闻作为一种“有利可图”的活动，新闻内容多为“船只启航抵达、海盗歹徒肆虐危害、贸易商情以及政治事变”[④]等信息的社会现实。而舒德森之视现代的“新闻”概念为便士报的发明，突出强调的则是便士报较之于此前报纸在经济基础、政治立场、内容构成，以及新闻生产等方面的全面变革。[⑤] 也可以称之为“盎格鲁美国”（Anglo-American）的“新闻业的发明”（invention of journalism）[⑥]。

与追溯新闻和新闻业的历史演变相比，给新闻、新闻业下一个定义要难得多。[⑦] 因为它们是一个庞大的概念——一个“与许多通常并未明确定义的概念纠缠在一起”[⑧]的概念群。新闻不是对世界的客观报道，而是被建构的现实，是新闻发起者、组装者和消费者的实践的、有目的的、创造性活动的结

① Zelizer, B., & Allan, S. (2010). *Keywords in news and journalism studies*(p. 81). New York: Open University Press.

② Schudson, M. (1978). *Discovering the news: A social history of American newspapers*(p. 22). New York: Basic Book.

③ Zelizer, B., & Allan, S. (2010). *Keywords in news and journalism studies*(p. 81). New York: Open University Press.

④ 李彬：《全球新闻传播史》，北京：清华大学出版社，2005 年，第 54 页。

⑤ 舒德森：《发掘新闻》，陈昌凤、常江译，北京：北京大学出版社，2009 年，第 13-21 页。

⑥ Chalaby, J. (1998). *The invention of journalism*. New York: Palgrave Macmillan.

⑦ Vos, T. P. (2018). Journalism. In Vos, T. P. (ed.). *Journalism, handbooks of communication science*(pp. 1-17). Boston/ Berlin: Walter de Gruyter.

⑧ McLeod, J. M., & Zhongdang Pan. (2004). Concept explication and theory construction. In Dunwoody, S., Becker, L. B., McLeod, D. M., & Kosicki, G. M. (eds.). *The evolution of key mass communication concepts*(pp. 13-76). Cresskill: Hampton Press.

果，[①]也可以说，新闻是一种与现在相关的、关注离散事件的、面向公众传播的知识形式[②]。由此来看，对事件（events）的报道（report）和对受众的新奇性（novelty），构成了 20 世纪新闻的核心意义或指称。[③]

20 世纪 80 年代以来，中国的新闻学者开始关注新闻（news）的定义，以期确立对新闻业（journalism）的正确认识，建立一门科学的新闻学研究学科。有研究在新闻实践的社会语境中考察了中国新闻史上有关"新闻"的三种定义后发现，作为中国第一个新闻定义，徐宝璜的定义强调"事实"，旨在建立客观中立的新闻模式；作为中国被最广泛采用的定义，陆定一通过"报道"来定义新闻，由此确立了"实事求是的报道"原则；而范长江的定义则把"群众"放在首位，试图探索新时期党报经营的新路子。[④] 由前述分析可知，虽然中西有关新闻定义的表达各异，但都强调了事实、新鲜、公开传播等新闻的核心属性。

在中文里，"journalism"通常被译作"新闻事业"[⑤]或"新闻工作"[⑥]，但是在指称各种新出现的新闻形式，如公民新闻（citizen journalism）、参与式新闻（participant journalism）时，一般又都翻译为"新闻"。

显而易见的是，"新闻业"是一个带有"新闻"或"报刊"（press）所缺乏的规范性的术语。新闻业是一种像自由主义或天主教一样的主义（ism）——一种信念体系，因为它根据一套标准和理想来定义自己。[⑦] 有研究者列出了理解新闻业的 12 种隐喻，如第六感、镜子、故事、职业、制度、文本、实践、从业

① Molotch, H., & Lester, M. (1974). News as purposive behavior: On the strategic use of routine events, accidents, and scandals. *American Sociological Review*, 39(1), 101-112.

② Park, R. E. (1940). News as a form of knowledge: A chapter in the sociology of knowledge. *American Journal of Sociology*, 45(5), 669-686.

③ Schudson, M. (1982). The politics of narrative form: The emergence of news conventions in print and television. *Daedalus*, 3(4), 97-112.

④ Huang Dan. (2016). Historical constructions of journalistic communication in China: On three definitions of news. *Critical Studies in Media Communication*, 33(3), 215-231.

⑤ 《中国大百科全书·新闻出版》，北京：中国大百科全书出版社，1990 年，第 408 页。

⑥ 富兰克林等：《新闻学关键概念》，诸葛蔚东等译，北京：北京大学出版社，2008 年，第 161 页。

⑦ Nerone, J. (2013). The historical roots of the normative model of journalism. *Journalism*, 14(4), 446-458.

者等,帮助我们认识到新闻业的复杂性和矛盾性。① 尽管舒德森②、克拉夫特和戴维斯③、夏皮罗④都给出了各自的新闻业定义,但在数字媒介环境下,本书倾向于采纳"新闻业是制作和传播具有社会意义的新闻和讨论的一系列信念、形式和实践"⑤的概念定义。这一定义将新闻文本与创造新闻文本的工作(work)区别开来,突出了新闻业的职业性、规范性、结构性、制度性等属性,从而将作为"news"的新闻与作为"journalism"的新闻区别开来。

二、新闻记忆的定义要素:文本、过程与实践

前述有关新闻与记忆研究的历史表明,虽然新闻与记忆之间逐渐建立起紧密、清晰的联系,但是有关新闻记忆的理论思考并没有将概念界定作为一项重要的工作予以最基本的关注。究其原因,一是有关新闻记忆的研究,主要是在更大的媒体记忆的框架下进行,较之于媒体记忆研究丰富的理论来源和概念基础,划定新闻记忆研究边界的独立意识并不突出。尽管有研究早就指出了新闻记忆与媒体记忆的区别问题。⑥ 二是有关新闻记忆的研究尚未成为新闻学研究与记忆研究的核心议题,故暂无定义核心概念的迫切需求。

概念是理论建构的核心,因此也是学术界理论工作的核心。⑦ 虽然定义任何概念都伴随着内部的紧张关系,如特殊性与一般性(普遍性)、规范性与描述性之间的紧张关系,却是系统性的理论研究无法回避的前提和基础。本书对新闻记忆概念的界定,并未遵循逻辑学上给概念下定义的规范性方

① Zelizer, B. (2017). *What journalism could be*. Malden: Polity Press.
② Schudson, M. (2012). *The sociology of news*(2nd ed)(p. 3). New York: W. W. Norton & Company.
③ Craft, S., & Davis, C. N. (2016). *Principles of American journalism: An introduction*(2nd ed)(p. 34). New York: Routledge.
④ Shapiro, I. (2014). Why democracies need a functional definition of journalism now more than ever. *Journalism Studies*, 15(5), 555-565.
⑤ Vos, T. P. (2018). Journalism. In Vos, T. P. (ed.). *Journalism, handbooks of communication science*(pp. 1-17). Boston/ Berlin: Walter de Gruyter.
⑥ Zelizer, B., & Tenenboim-Weinblatt, K. (2014). Journalism's memory work. In Zelizer, B., & Tenenboim-Weinblatt, K. *Journalism and memory* (pp. 1-14). New York: Palgrave Macmillan.
⑦ Shoemaker, P. J., Tankard, J. W., & Dominic, L. L. (2004). *How to build social science theories*. Thousand Oaks: Sage.

法和要求,而是从我们对文化和社会的实践、制度的最广泛讨论中所共享的词汇和含义①的层面来理解新闻记忆概念。

借鉴《论媒体记忆》一书对媒体记忆概念理解的思路——其从被(by)媒体讲述的,通过(through)媒体讲述的,以及有关(about)媒体讲述的集体的过去这三个层面来界定媒体记忆概念。② 本书将新闻记忆概念定义为被新闻记忆的、通过新闻记忆的以及有关新闻记忆的文本、过程及实践。

1. 新闻记忆是一种记忆文本

新闻记忆是一种记忆文本,表明了新闻记忆的存在形态和形式特征。无论是作为报道的新闻,还是作为知识形式的新闻,新闻都必须依存于特定的形式而存在。在手抄新闻、印刷新闻中,新闻以文字(后加入照片)的形态呈现和保存,随着广播、电视、互联网的出现,新闻拥有了音频、视频、图表、数据等更多样的存在形态,这些文字、图片、音视频、数据等,可以统称为文本,共同构成了新闻记忆的存在形态。

文本作为新闻记忆的存在形态固然构成了新闻记忆的存在基础,但最重要的将新闻文本与其他文本区别开来的却是新闻的形式特征。在漫长的新闻发展的历程中,倒金字塔结构,客观性所要求的事实与观点相分离、第三人称叙事等规范逐渐演变成新闻的形式标签,成为标记新闻的重要特征。正是这些标记新闻的形式要素将新闻与小说、戏剧、散文等区别开来,从而使新闻成为具有鲜明特征的一种文本形式。

将新闻记忆定义为一种记忆文本,主要是从新闻作为一种具有新近性、公开性的报道文本的角度,将新闻记忆理解为一种具有外部形态和形式属性的记忆的物(things),突出的是新闻记忆的有形性和物质性(materiality)。

2. 新闻记忆是一种记忆过程

从当前记忆研究的观点来看,记忆不再被视作一个有着明确的起点和终点的有限的活动,而是一个经常演变、转化和变形的过程。③ 理解记忆过

---

① Williams, R. (2015). *Keywords: A vocabulary of culture and society*. New York: Oxford University Press.

② Neiger, M., Meyers, O., & Zandberg, E. (2011). *On media memory: Collective memory in a new media age*(p. 1). New York: Palgrave Macmillan.

③ Zelizer, B. (1995). Reading the past against the grain: The shape of memory studies. *Critical Studies in Mass Communication*, 12(2), 215-239.

程,需要从记忆的作为——记住(remember)和回忆(recollection),与记忆的不作为——健忘症和遗忘两个方面来理解。甚至可以说,记忆是怎样被擦除、遗忘,或自愿放弃的问题,被视作与记忆以什么方式被置于特定位置同等重要的问题。[1]

与记忆的过程类似,新闻也是过程性的。一方面,新闻作为一种由新闻发起者、组装者和消费者共同进行的有目的的、创造性的活动,[2]在新闻的收集、采写、编辑、发行等具体环节上体现为环环相扣的过程性。另一方面,新闻作为一种独特的文化形式,同样表现出一种历史的过程性。凯瑞将传播理解为一种现实得以生产、维系、修正和改造的符号化过程,[3]显然是抓住了社会传播的本质。从新闻和新闻业被发明的历史来看,新闻不仅是历史发展过程中的产物,烙刻下鲜明的历史发展印迹,其还以不断调整、变化的灵活性与适应性参与、介入到社会历史发展进程中,从而构成历史符号化过程的重要组成部分。

将新闻记忆理解为一种记忆的过程,不仅是从单篇新闻或单个新闻媒体的新闻生产、传播的角度来理解新闻记忆的生产与传播过程,更重要的是从整个历史与社会文化变迁的过程的角度,通过凸显新闻的发明与变革、挑战与机遇,最终将新闻记忆定位为更广泛的集体记忆、文化记忆过程的一部分。

3. 新闻记忆是一种记忆实践

尽管记忆行为是个人化的,记忆实践却是高度社会化的。因为记忆以规则、法律、标准化程序和记录的形式存在于制度中,而不是存在于人类个体的头脑中。这是一整套文化实践,人们通过这些文化实践认识到对过去的亏欠,或通过它来表达与过去的道德连续性。[4]

记忆实践突出的是记忆的多样化、动态性、系统性特征。就像集体记忆

---

① Zelizer, B. (1995). Reading the past against the grain: The shape of memory studies. *Critical Studies in Mass Communication*, 12(2), 215-239.

② Molotch, H., & Lester, M. (1974). News as purposive behavior: On the strategic use of routine events, accidents, and scandals. *American Sociological Review*, 39(1), 101-112.

③ 凯瑞:《作为文化的传播》,丁未译,北京:中国人民大学出版社,2019年,第23页。

④ Schudson, M. (1995). Dynamics of distortion in collective memory. In Schacter, D. L. (ed.). *Memory distortion: How minds, brains, and societies reconstruct the past* (pp. 346-364). Cambridge: Harvard University Press.

合并了各种不同的记忆实践(如回忆、回想、纪念、建模),每一种都由不同的力量、意图、想象和资源所塑造①一样,新闻记忆实践的重要之处在于,其不仅为集体记忆的各种实践提供了最具公共关注度的舞台,其自身也参与到集体记忆实践的表演中,因此,以实践视角来关照新闻记忆活动,就需要同时注意到新闻记忆实践作为舞台和表演者的双重身份属性。

将新闻记忆理解为一种记忆实践,就是将新闻业的活动置于社会实践的广阔背景中,将新闻记忆理解为选择、记忆与遗忘的结构性、系统性、动态性的集体记忆实践的一部分,从中发现普通公民、信息来源、新闻记者、新闻机构、技术装置,以及社会权力和意识形态系统等不同角色,在具身(embodiment)与去具身(disembodiment)的记忆实践中,其目标、力量、资源的分配、竞争、角力与实现状态。

通过从物质性的层面将新闻记忆理解为一种具有自身鲜明特征的记忆文本,通过从过程性的角度将新闻记忆理解为新闻业的记忆生产过程以及更广泛的集体记忆、文化记忆生产过程的一部分,通过从实践性的角度将新闻记忆理解为不同角色在记忆实践的目标、力量、资源上的分配、竞争、角力和实现状态,从而构成了选择、记忆与遗忘的结构性、系统性、动态性的集体记忆实践的重要部分,新闻记忆获得了一个具身与去具身、表征与过程、文本与实践、静态与动态相结合的立体、深入、全面的理论框架。

---

① Olick, J. K. (2007). *The politics of regret*: *Collective memory in the age of atrocity* (p. 10). New York: Routledge.

第二章　新闻记忆的文本

当哈特利（John Hartley）提出，要把新闻理解为一个"文本系统"（textual system）①时，其意在强调界定新闻的一个路径——强调其文本性，将其当作一种修辞形式或修辞形式的集合，一个话语结构，或一个再现的文化与文学类型。②

新闻不是对世界的客观报道，而是被建构的现实，是新闻发起者、组装者和消费者的实践的、有目的的、创造性活动的结果。③ 也可以说，新闻是一种与现在相关的、关注离散事件的、面向公众传播的知识形式。④ 无论是作为实践活动之结果的新闻，还是作为某种知识形式的新闻，都指出了新闻的物质形态与存在形式——作为新闻业公开活动的产物——新闻也是记忆的文本和集体的表征。经由文本，作为生产者、制造者的新闻机构、新闻记者与作为接受者、消费者的新闻受众产生了关联与连接，从而形成了日常生活世界与受众了解、认识的世界之间的文本对话、意义诠释和关系结构。

文本作为新闻记忆的存在形态固然构成了新闻记忆的存在基础，最重要的将新闻文本与其他文本区别开来的却是新闻的形式特征。在漫长的新闻发展的历程中，倒金字塔结构、客观性所要求的事实与观点相分离、第三人称叙事规范等逐渐演变成新闻的形式标签，成为标记新闻的重要特征。正是这些标志新闻的形式要素将新闻与小说、戏剧、散文等区别开来，使得

---

① Hartley, J. (1996). *Popular reality: Journalism, modernity, popular culture* (p. 3). London: Arnold.

② 舒德森：《新闻社会学》，徐桂权译，北京：华夏出版社，2010年，第16页。

③ Molotch, H., & Lester, M. (1974). News as purposive behavior: On the strategic use of routine events, accidents, and scandals. *American Sociological Review*, 39(1), 101-112.

④ Park, R. E. (1940). News as a form of knowledge: A chapter in the sociology of knowledge. *American Journal of Sociology*, 45(5), 669-686.

新闻成为具有自身鲜明特征的一种文本形式。

第一节　新闻:现代性的文本表达与记忆

表示现代的"modern"一词最初是在 16 世纪末开始通用的。其源于拉丁文的"modo"(意指"刚才"),起初"modern"指的是"目前"或与遥远过去相对的"最近"。不久,这个英文单词也可以指"新式的""不陈旧的、未过时的"。到了 17 世纪,尤其是 18 世纪,"modern"开始意谓"更好的"。[①] 新闻立足于现在,而不是任何过去的定位,使其与现代所追求的现在(present)高度一致。在表达"新的""现在"的意义上,新闻与现代形成了交叉和共鸣。

一、从仪式一致性到文本一致性

任何社会秩序下的参与者都必须具有一个共同的记忆。对于过去社会的记忆在何种程度上有分歧,其成员就在何种程度上不能共享经验或者设想。[②] 在漫长的人类社会发展过程中,仪式扮演着凝聚和传承文化记忆的角色。一旦人们不再按照正确的形式举行仪式,世界将走向没落,天崩地裂会是必然结果。为了分毫不差地举行仪式,人们必须熟悉相关的知识,因此,这种仪式也被称为"记忆的仪式"。[③] 正是因为仪式事关重大,那些负责准确地举行仪式的人可谓胸怀世界,连细枝末节也不会忘记,以借助仪式来理解并达到维系世界一致性的目标。

1. 从仪式一致性过渡到文本一致性

有研究确定了社会仪式的几个共同的核心特征:一是重复性,仪式只有重复才能变得显著;二是阈限性,仪式只存在于与周围常规时期不同的时间内;三是高度的社会意义,仪式使用象征社会意义的符号;四是集体活动,仪

[①] 阿普尔比、亨特、雅各布:《历史的真相》,刘北成、薛绚译,上海:上海人民出版社,2011 年,第 54 页。

[②] 康纳顿:《社会如何记忆》,纳日碧力戈译,上海:上海人民出版社,2000 年,第 3 页。

[③] 阿斯曼:《文化记忆》,金寿福、黄晓晨译,北京:北京大学出版社,2015 年,第 85 页。

式由特定社群的成员所共享。① 在此意义上，仪式促使一个群体记住能够强化他们身份的知识，重复这个仪式实际上就是传承相关知识的过程。或者说，仪式的本质就在于，其能够原原本本地将曾经有过的秩序加以重现。有研究将这种借助仪式来传承文化意义的形式称为"重复的压力"，正是这种压力，保证了仪式的一致性。②

与经由仪式的高度重复性所生成的仪式一致性不同，经由文本阐释所形成的文本一致性，代表着一种新的社会秩序的整合方式。当文本取代仪式成为储存知识的场所，阐释具有奠基意义的文本就成为保持社会一致性的重要方式。有研究从文化史的角度，将这种具有典型意义的转移，称之为从仪式一致性向文本一致性的过渡。③

2.凝聚性结构的生成

从仪式一致性过渡到文本一致性，意味着社会秩序生成方式的转变，即由在场（presence）的具身性的仪式的重复，转向不在场（absence）的去具身性的文本的阐释。从仪式到文本，尽管表达意义的载体发生了转换，但是，意义的共享及其强大的社会整合力量却实现了更大范围的覆盖与传递，从而形成了特定社会和文化的"凝聚性结构"。

凝聚性结构是连接和联系社会的力量。④ 在社会层面，凝聚性结构可以把人与他身边的人连接到一起，通过构造一个"象征意义体系"——一个共同的经验、期待和行为空间。这个空间起到了连接和约束的作用，从而创造了人与人之间的相互信任并为他们指明了方向。同时，凝聚性结构也把昨天和今天连接到了一起：它将一些应该被铭刻于心的经验和回忆以一定形式固定下来并使其保持现实意义，其方式便是将发生在从前某个时间段中的场景和历史拉进持续向前的"当下"的框架之内，从而生产出希望和回忆。正是新闻在铭刻特定社会的经历、体验并赋予其现实意义上的独特优势，新闻成为"现代性的主导文本系统"，⑤拥有了强大的凝聚性结构力量。

---

① Neiger, M., & Roeh, I. (2003). The secular holy scriptures: The role of the holy day literary supplement in the Israeli Press and culture. *Journalism*，4(4)，477-489.

② 阿斯曼：《文化记忆》，金寿福、黄晓晨译，北京：北京大学出版社，2015年，第88页。

③ 阿斯曼：《文化记忆》，金寿福、黄晓晨译，北京：北京大学出版社，2015年，第86页。

④ 阿斯曼：《文化记忆》，金寿福、黄晓晨译，北京：北京大学出版社，2015年，第6页。

⑤ 舒德森：《新闻社会学》，徐桂权译，北京：华夏出版社，2010年，第37-38页。

二、新闻：现代性的文本表达

新闻作为文本，其区别于社会中其他文本如小说、诗歌、戏剧等的不同之处，既是我们识别新闻，将特定的内容贴上"新闻"标签的依据，成为新闻独特的文本形式特征，也成为新闻展现其作为这一个而非那一个文本形式的内在要求。我们今天所熟知的新闻的各种标准化的文本（信息呈现）形式都是在 19 世纪发展起来的。[①]

1. 倒金字塔：现代性的文本形式

倒金字塔是一种将最重要的信息明确地放在故事开头的新闻报道结构。像大多数其他专业标准一样，倒金字塔式的新闻写作发端于 19 世纪的美国新闻业。在德国报纸和其他欧洲报纸中，引发第一次世界大战的事件基本上是按照时间的先后顺序进行报道的。直到 19 世纪的最后 30 年，倒金字塔式的新闻写作风格才开始在世界各地传播。[②]

用倒金字塔的形式写新闻——比如减少文本和句子的长度，用图片和照片来说明报道，使用标题、概括性的导语，以及将新闻进行分类——提高了新闻产品的传播质量，同时也增强了新闻的可读性，使新闻能被快速阅读，即使是时间很少的读者也能迅速了解最重要的事实。[③]倒金字塔的文本形式，契合了现代性对时间、效率的内在追求，因而自 19 世纪诞生后延续至今。

2. 客观：现代性的文本要求

就像"从前"宣布的是，接下来讲的是神话，是虚设。而新闻导语声明的是，接下来讲的是事实，是确有其事，是对现实世界所发生事件的真实叙述。[④] 与小说、戏剧等早已存在的虚构文本不同，现代新闻业是以对客观现实的真实呈现为标志的。新闻业在 19 世纪变成新闻的生意，记者被派去收

① Pöttker, H. (2003). News and its communicative quality：The inverted pyramid—when and why did it appear?. *Journalism Studies*, 4(4), 501-511.

② Pöttker, H. (2003). News and its communicative quality：The inverted pyramid—when and why did it appear?. *Journalism Studies*, 4(4), 501-511.

③ Pöttker, H. (2003). News and its communicative quality：The inverted pyramid—when and why did it appear?. *Journalism Studies*, 4(4), 501-511.

④ 塔奇曼：《做新闻》，麻争旗等译，北京：华夏出版社，2008 年，第 33 页。

集新闻、进行采访，并使用新技术如电报来及时地传递新闻。与此同时，编辑们声称，新闻摄影的出现证明新闻报道代表了真实的世界。

当新闻客观性变成了新闻生产的规范，对记者的报道也提出了诸多具体的要求，比如真实，将观点、解释或评论与事实明确分开，报道中要引用有名有姓的信息来源；准确，报道要忠于现实，或忠于其他可靠的对现实的说法，尤其是在具体的事实上；完整，叙述要完整，记者的报道要提供理解新闻所需的最起码的事实信息，[①]从而形成了新闻在文本上的鲜明特征，如第三人称的叙事，直接引用信源信息，陈述而不是描写，呈现事实而不是表达观点，大量使用图片或照片，等等。

客观性规范及其所生产出来的新闻文本，从外部形式与内部要求上都体现了现代性的主导思想，如对可观察的、真实存在的客观世界的坚定信仰，对真实世界的可被认识和可被把握的乐观信心，对观察、测量、实验等认识客观世界方法的高度信任等。

3. 时间：现代性的文本标签

直到 19 世纪，美国的新闻关于时间都是随意的。[②]《哈特福德邮报》（*Hartford Post*）的波特回忆说："报社里的闲暇时光"重视"文学技巧和书本知识"。《纽约太阳报》（*New York Sun*）的编辑和出版商达纳则称其报纸成功的格言是"决不匆忙行事"。[③] 到 19 世纪末，这一切都改变了，"在文明的任何时刻"发生的"重要"事件"最晚在第二天早上就会被芝加哥知道"。[④] 随着现代时间——可测量的、单向的、线性的时间的到来，新闻变得更加集中于现在（now）。

在普利策和赫斯特的领导下，报纸在标记线性时间方面变得更加激进："晚间日报、多个版本和头条新闻……缩短了新闻事件与截稿日期之间的距离，加快了办公室工作的节奏"，并将新闻变成了一种易腐烂的产品，如果

---

① McQuail, D. (1992). *Media performance: Mass communication and the public interest*(p. 197). London: Sage.

② Barnhurst, K. G. (2011). The problem of modern time in American journalism. *KronoScope*, 11(1-2), 98-123.

③ Wilson, C. (1985). *The labor of words: Literary professionalism in the Progressive Era* (pp. 26-28). Athens: University of Georgia Press.

④ Wilkie, F. B. (1891). *Personal reminiscences of thirty-five years of journalism*. Chicago: F. J. Schulte.

"不在几个小时内收获、加工和交付",就会失去价值。[①] 就像铁路缩小了空间一样,随着报纸变得更加工业化,现代时间进入新闻业,缩短了时间。[②]

当波德莱尔写下"现代性就是短暂、流变、偶然事件"[③]时,可能没有想到的是现代意义上的新闻作为一种追求及时、离散、孤立事件报道的文本形式,与现代性——流变、短暂、偶然,竟然存在如此一致的追求与契合之处。无论是反映时间和效率追求的倒金字塔形式,还是体现现代性对客观世界可观察、可把握的信仰的新闻客观性要求,抑或是现代时间所驱动的新闻要及时、迅速报道所形成的现代新闻标签,都从根本上反映和体现了新闻作为一种现代性文本所具有的区别于此前所有时代的现代性气质与精神内核。

三、新闻:现代性的文本象征

我们很难从肯定的意义上说现代性是什么,但我们可以从否定的意义上说,现代性绝不是中古性。现代同中世纪的分道扬镳,开始(16 世纪)是缓慢的偏离,但通过历史性的技术和观念的双重积累(比如科学的发展和启蒙运动的深化),到一定阶段——比如 18 世纪晚期之后——就变成全盘性的决裂。到 19 世纪,现代性的积累达到了巅峰。[④]

1. 新闻:现代世界的文本化

有研究指出,大众新闻业是 19 世纪的发明。[⑤] 由于中产阶级缺乏工人和资本家那样对经济的直接权力,他们转而寻求通过将世界文本化的公共阅读来控制世界。[⑥] 正是通过想象、幻想、信息、分类、知识等文本和符号,国家才在为自己的文本性而创造和维系的读者群中变成"统一的",从而使新

---

① Wilson, C. (1985). *The labor of words*: *Literary professionalism in the Progressive Era* (p. 26). Athens: University of Georgia Press.

② Schivelbusch, W. (1986). *The railway journey*: *The industrialization of time and space in the nineteenth century*. Berkeley: University of California Press.

③ 哈维:《后现代的状况》,阎嘉译,北京:商务印书馆,2003 年,第 17 页。

④ 汪民安:《现代性》,桂林:广西师范大学出版社,2005 年,第 29 页。

⑤ Hartley, J. (1996). *Popular reality*: *Journalism, modernity, popular culture* (p. 43). London: Arnold.

⑥ Klancher, J. (1990). British periodicals and reading publics. In Coyle, M., Garside, P., Kelsall, M., & Peck, J. (eds.). *Encyclopedia of literature and criticism* (pp. 876-888). London: Routledge.

闻媒体从帝国官僚手中接管了民族国家的政治想象任务。[①] 有关世界的共同和权威的感觉来自档案,来自真相是客观的、综合的、分类的和可知的信仰。19世纪的真相是经验科学,是观察者的目击和见证,通过观察、描述、分类和出版,简而言之,通过编写文本档案,揭示独立的既存现实的真实本质。[②]

通过引人注目的标题、概括式的导语,通过倒金字塔结构,以及经由观察和采访所获得的对真实世界的客观记录,新闻形成了一套区别于已有的小说、戏剧、诗歌等文本形式的独特文本特征。如果说新闻是由特定阶层在特定的历史时间所发明的一种文化形式,显而易见的是,就像所有被发明的文化形式一样,新闻形成并反映了一种特有的"对经验的渴望",废弃史诗、英雄与传统,偏爱独特、原创、新奇和新鲜,即"新闻"的愿望。[③]

2. 新闻:现代性的驱动与象征

新闻的发明与现代性的积累高度相关。或者说,新闻作为文本系统的最重要的特征就是其现代性。[④] 现代化的过程,是制度的理性化过程,也是资本主义经济和现代国家的分化过程。[⑤] 在资本主义经济和现代国家相互补充、相互稳定的过程中,新闻业发挥了重要作用。新闻业是现代性条件的意义生产实践和现代主义意识形态的普及者。作为现代生活的产品及其推动者,新闻业在传统社会不为人知。当17世纪现代文明从历史的地平线冉冉升起,作为现代文明征候与构成的新闻事业,才开始崭露头角,作为演绎现代文明的主角之一登上历史的舞台。[⑥]

17世纪定期报刊的出现,使定期性成为现代报刊的一大基本要素与基本特征,更成为衡量现代报刊与古代报刊(如果古代真有所谓报刊的话)的

① Hartley, J. (1996). *Popular reality: Journalism, modernity, popular culture* (p. 45). London: Arnold.

② Hartley, J. (1996). *Popular reality: Journalism, modernity, popular culture* (p. 45). London: Arnold.

③ 凯瑞:《作为文化的传播》,丁未译,北京:中国人民大学出版社,2019年,第20页。

④ Hartley, J. (1996). *Popular reality: Journalism, modernity, popular culture* (p. 33). London: Arnold.

⑤ 哈贝马斯:《交往行为理论(第1卷)》,曹卫东译,北京:生活·读书·新知三联书店,2004年,第154页。

⑥ 李彬:《全球新闻传播史》,北京:清华大学出版社,2005年,第71页。

主要尺度。① 定期性归根结底乃是与信用、精确、效益、规律等相关,而这些与构成现代性核心的准确、速度、效益等价值谱系高度一致。② 如果说从培根到牛顿的机械论世界观,意在消除大千世界的杂乱无章,力图将世界安排得井然有序、精确可靠的话,那很显然,现代报刊通过新闻的定期生产,报纸版面的有序安排,以及定期的出版发行,体现了与现代性对世界进行秩序化安排完全一致的追求和努力。在此意义上,新闻成为承载现代性许诺的文本,而新闻业则被定位为现代性的驱动者。

新闻业不仅伴随着现代文明的开启而发展,在某种意义上,新闻业甚至成为衡量现代性程度的指标,成为现代性的象征。正如有研究指出的,在越是"现代"的环境,新闻业就越密集,在城市化、发达的、工业和后工业的环境中新闻业最为繁荣;在识字率、富裕程度和社会分化程度最高的地方,在竞争性、个性化的生活方式最发达的地方,可以发现新闻业最密集、最具异国情调的花朵的绽放。③

四、新闻:文本系统的记忆变迁

近三四个世纪以来,新闻业从事件(events)的印刷,到意见(opinion)的发行,再到新闻(news)的报道,及至当代叙事和读者的结构化意识形态,④无论是新闻的概念内涵,还是新闻的文本形式,都发生和经历了巨大的改变。新闻文本(journalistic text)被视为在特定时间特定于不同社会的文化、技术、政治和经济力量的产物。⑤

1.从特定阶层的记忆到面向大众的记忆

新闻出版自由的发展史告诉人们:新闻出版事业是属于统治者的。⑥ 当凯瑞称新闻主要是由 18 世纪的中产阶级发明的一种文化形式,并不代表普遍的口味,也未必是合理的知识形式⑦时,同时也预示和象征着,在漫长的人

---

① 李彬:《全球新闻传播史》,北京:清华大学出版社,2005 年,第 71 页。
② 李彬:《全球新闻传播史》,北京:清华大学出版社,2005 年,第 72 页。
③ Hartley, J. (1996). *Popular reality:Journalism, modernity, popular culture* (p. 33). London:Arnold.
④ Conboy, M. (2004). *Journalism:A Critical History* (p. 1). London:Sage.
⑤ McNair, B. (1998). *The sociology of journalism* (p. 3). London:Arnold.
⑥ 埃默里等:《美国新闻史》,展江、殷文译,北京:新华出版社,2001 年,第 18 页。
⑦ 凯瑞:《作为文化的传播》,丁未译,北京:中国人民大学出版社,2019 年,第 20 页。

类新闻传播历史上,新闻生产和消费的主体从统治阶级向中产阶级的转移。18 世纪启蒙运动期间,报纸成为公共领域的传播渠道,承担起公众启蒙的任务。不仅如此,在 18 世纪的法国大革命和美国独立战争中,资产阶级利用报刊以及传单、小册子等印刷品,大力宣传自由、平等、博爱的理想,猛烈抨击封建专制,对启发人民的革命意识、鼓舞人民的革命热情作出了巨大贡献。①研究美国殖民地报纸的人会发现,整个 18 世纪,报纸上的新闻大多都是政治性的,而在危机时期,则大多是军事方面的。其他内容包括讣告、布道、火灾、谋杀、自杀、流行病和气象等。②

在 19 世纪大众新闻业被发明之前,有关新闻的生产既服务于特定的阶级,又局限于政治、军事等特定的内容,亦面向特定的群体(如商界、政界的精英),由此所生成的是面向特定阶层的带有特定内容标签的记忆文本。

19 世纪上半叶,"给所有人看的新闻"——从美国的便士报到伦敦的小报,使得大众报刊成为第一种大众性的媒体。美国报纸第一次开始习惯于刊登政治新闻,不仅是国际政治新闻,还有国内政治新闻;不仅是全国性新闻,还有地方新闻。美国报纸也首度报道法庭、警察局、街头及家庭新闻。可以说,报纸不仅第一次反映了商业和政治活动,还刻画了社会生活。更精确地说,在 19 世纪 30 年代,报纸不再只反映一小群商业精英的生活,而是描摹大都会的迅速崛起及多姿多彩的贸易、运输、制造业等各领域的活动。③

随之而来的是,新闻变成了一种市场化的产品,其特性(尤其是新闻时效性)可以进行量化。更重要的是,它体认并增强了日常生活的重要性。直到 18 世纪,文学作品中的贵族传统一直认为,日常生活题材如果值得描绘,也只能当作喜剧来表现。当时的报纸也遵循这一惯例,根本不报道平常人的生活。便士报与之相反,聚焦于接近读者的、日常生活的新闻。他们首次定期雇用记者报道当地新闻,固定派出记者采访警察局、法院、商业区、教堂、社交圈和体育界。便士报不仅使"人情趣味新闻"成为每日新闻的重要内容,更使其成为最有特色的部分。④

在 18 世纪 70 年代,潘恩的小册子传播的范围超出了政治手册的传统受

①　李彬:《全球新闻传播史》,北京:清华大学出版社,2005 年,第 148 页。
②　埃默里等:《美国新闻史》,展江、殷文译,北京:新华出版社,2001 年,第 68 页。
③　舒德森:《发掘新闻》,陈昌凤、常江译,北京:北京大学出版社,2009 年,第 17 页。
④　舒德森:《发掘新闻》,陈昌凤、常江译,北京:北京大学出版社,2009 年,第 19 页。

众的范围,因为他摒弃了精英使用的希腊文和拉丁文文献,而用平常的语言写作。19世纪,大众化的通俗报刊向低发行量的精英报刊发起挑战,它创造了更寻常的语言和关于世界的更普遍的看法。20世纪20年代的画报比传统报纸获得更多受众;广播和后来的电视的受众是平面媒体几乎没有触及过的。① 随着新闻信息抵达更多的受众,新闻记忆变成了大众的记忆,不仅记忆的主体变成普通大众,记忆的内容也成为大众性、日常性的。

2.从文字文本的记忆到多符号文本的记忆

正如一位艺术史学家所指出的,"历史学家……宁愿处理文本以及政治或经济的事实,而不愿意处理从图像探测到的更深层次的经验",②出现这种情况的原因,主要在于那是一个"完全属于前电视的时代",人们所接受的教育都是训练如何解读文本。③ 显然,本书并不是在狭隘的文字文本的层面来理解新闻文本,相反,是将文本作为意义载体来进行分析。

每当我们对事物的意义(meaning)做出阐释(interpretation)时——一本书、一个电视节目、一部电影、一本杂志、一件T恤——我们都把它当作一个文本。文本是为我们制造意义的东西。④ 或者说,文本是意义建构实践所留下的物质痕迹(traces)——是我们所掌握的关于其他人如何理解世界的唯一经验证据(evidence)。⑤ 将文本视作意义建构实践的物质痕迹和他人理解世界的经验证据,极大地拓展了文本概念的理论适用性与实践解释力。尤其是在记忆研究的视域下,文本的痕迹性和证据性,赋予记忆以物质性与可见性。以此来关照新闻记忆会发现,作为特定历史时期社会现实记录的新闻文本,具有显形社会记忆、经验社会世界的巨大力量。

尽管在柏拉图的观念里,字母构成的书写作为外在的工具,带来的不是记忆的灵药而是智慧的表象⑥,艺造记忆的做法是对记忆的亵渎⑦。但是,作为一个"集体不可遗传的记忆",个人和文化都需要借助外部的存储媒介

① 舒德森:《新闻社会学》,徐桂权译,北京:华夏出版社,2010年,第34-35页。
② 伯克:《图像证史》,杨豫译,北京:北京大学出版社,2018年,第2页。
③ Samuel, R (1994). *Theatres of memory* (pp. 315-336). London: Verso.
④ McKee, A. (2003). *Textual analysis: A beginner's guide* (p. 4). CA: Sage Publications.
⑤ McKee, A. (2003). *Textual analysis: A beginner's guide* (p. 15). CA: Sage Publications.
⑥ 柏拉图:《柏拉图全集·第2卷》,王晓朝译,北京:人民出版社,2003年,第197-199页。
⑦ 叶芝:《记忆的艺术》,钱彦、姚了了译,北京:人民文学出版社,2018年,第48页。

与文化实践来组织他们的记忆。没有这些就无法建立跨代际、跨时代的记忆,这也意味着,随着这些媒介的不断变化,记忆的形态也不可避免地随之发生变化。① 文字的存储方式不同于在它之前出现的语言,也不同于将独立于语言之外的印象和经验保存下来的图像。②

按照文艺复兴时期人文主义者的观点,扩展世俗的时间和记忆维度最重要的工具就是文字。文字不仅对于被歌颂的英雄来说,而且对于作者来说,都是一种达到永生的媒介。③ 在现代意义上的"新闻"被发明的几个世纪里,文字文本一直都是记忆的主导文本。

图像源于丧葬,正是为了延续死者的"生命",才制作出雕像、塑像、画像等一系列的图像。将珍爱的易朽的对象永远保存下来,这是人类的普遍要求。图像正是适应这种要求的产物。④ 在图像制作上发生了两次革命,一次是 15 和 16 世纪印刷图像的出现(木版画、雕版画、铜版画等),另一次是 19 和 20 世纪摄影图像的出现(包括电影和电视)。⑤ 图像印制带来的一个最重要的结果,就是使时事的图像成为可能,而且在这些事件尚未从人们的记忆中消失时就可以将它们出售。报纸用文字报道重大事件并配上插图,也有人将文字报道和插图分开来销售。⑥

尽管 19 世纪 30 年代,达盖尔的银版照相术,即提供了一种比绘画"更完美"的图像,但是直到 1900 年,照片印到报纸上才变得容易可行,由此开创了摄影图片报道(photojournalism)的新时代。⑦ 20 年后出现的小报新闻(tabloid journalism)也都是倚仗了图片。小报读起来有点像耸人听闻的图画书,头版通常是巨幅图片,内页也有大量插图。1919 年诞生的《每日新闻》(*Daily News*)是第一家以图片为主的小报,其宣传语是"用图说话,一目了然"。20 世纪 30 年代后期新出现的画报(picture magazines)也充分利用照片呈现的纪实性和戏剧性效果。20 世纪 40 年代出现了电视,虽然经历了从娱乐媒介到新闻媒介的发展过程,但影像的强大视觉冲击力无疑是其在 19

---

① 阿斯曼:《回忆空间》,潘璐译,北京:北京大学出版社,2016 年,第 11-12 页。
② 阿斯曼:《回忆空间》,潘璐译,北京:北京大学出版社,2016 年,第 13 页。
③ 阿斯曼:《回忆空间》,潘璐译,北京:北京大学出版社,2016 年,第 42 页。
④ 德布雷:《图像的生与死》,黄迅余、黄建华译,上海:华东师范大学出版社,2014 年,第 2 页。
⑤ 伯克:《图像证史》,杨豫译,北京:北京大学出版社,2018 年,第 15 页。
⑥ 伯克:《图像证史》,杨豫译,北京:北京大学出版社,2018 年,第 214 页。
⑦ 阿达托:《完美图像》,张博、王敦译,北京:北京大学出版社,2015 年,第 9 页。

世纪占据媒介主导地位的重要原因之一。

从新闻业的历史来看,新闻的文字文本比其视觉表征更有特权,图像被标记为新闻的补充。① 正如泽利泽指出的,对大多数新闻记者来说,新闻的图像总是排在文字后面。自从摄影在19世纪中期问世以来,照片一直被视为新闻报道的一部分,它能说明语言描述,但又是语言描述的附属品。②

但是,在当今的数字世界中,新闻报道以更加多样的符号方式存在和呈现出来,除了静止的图片、照片,还有活动的、连续的影像,既有拥有固定形态的文字文本,也有无形的声音文本,从而构成了今天的新闻多符号文本的记忆形态。前述有关新闻中的图像与文字关系的观点提醒我们,不同的新闻文本形态,其所作用的记忆方式及其所产生的记忆效果都是有差异的,对此必须有清醒的认识。

第二节　文本中的过去:新闻的记忆结构

集体的典型做法是,以发生在过去的事件作为自己的统一性和独特性的支撑点。社会需要"过去",首先是因为社会要借此来进行自我定义。③ 与社会需要过去来进行自我定义不同,新闻似乎与过去无关。只要新闻业一直存在,普遍的假设是,它提供了最初而不是最终的历史的草稿。在这种分工的背景下,新闻业已经被视为一种环境,其重点是这里和现在。受限于很快就会推翻最后期限的时间限制,记者们将自己与那些同过去打交道的人区别开来。他们渴望从接近性、时效性和新鲜性中汲取价值,他们的动机是不断需要填补一个正在耗尽的新闻空洞。在这方面,过去似乎超出了新闻记者在完成其工作目标方面能够和应该做的事情的边界。④

尽管新闻声称其关注、报道的是现在而不是过去,但是过去并非像新闻

---

① Becker, K. E. (1992). Photojournalism and the tabloid press. In Dahlgren, P., & Sparks, C. (eds.). *Journalism and popular culture* (pp.130-153). London: Sage.

② Zelizer, B. (2004). When war is reduced to a photograph. In Allan, S., & Zelizer, B. (eds.). *Reporting war: Journalism in wartime* (pp.115-135). New York: Routledge.

③ 阿斯曼:《回忆空间》,潘璐译,北京:北京大学出版社,2016年,第136页。

④ Zelizer, B. (1993). News: First or final draft of history?. *Mosaic*, 2, 2-3.

所声称的那样与其无关,恰恰相反,新闻充满了自己的制度历史以及更广泛的历史伟大时刻的参考①,也可以说,新闻充满了过去。

一、时间性:新闻的结构性因素

时间是新闻工作不可或缺的元素。② 自 19 世纪记者职业出现以后,现代新闻业就一直在追逐时间。③ 在很多不同的语言中,新闻这个词指的就是它的时间性。④ 时间影响了每一个机构的工作,但很少像对新闻媒体的影响那样显著。政治学家帕特森(Thomas Patterson)强调了时间对理解新闻及其挑战的重要性⑤,同时,其还提出了有关时间和新闻关系的普遍观点。

1. 时间:作为约束与作为资源

在学术性的新闻研究与操作性的新闻活动中,时间通常被认为是影响、形成和约束新闻实践的因素。从这个角度来看,传统新闻业越来越难以满足新闻周期加速的需求⑥,同时不得不在较短的时间内生产更多的新闻⑦,并与时间优势更大的在线新闻媒体竞争。这种追求即时性和速度的新闻文化处于当代社会更广泛的时间条件下,其中包括后现代所谓的"加速压缩时间"⑧。根据这一观点,新闻业的重点是瞬息万变的现实,以及制作出符合加速新闻周期要求的新闻,由此导致新闻的生产是短视的、肤浅的、验证不足

① Kitch, C. (2014). Historical authority and the 'potent journalistic reputation': A longer view of legacy-making in American news media. In Zelizer, B., & Tenenboim-Weinblatt, K. *Journalism and memory*(pp. 227-241). New York: Palgrave Macmillan.

② 白红义:《新闻研究:经典概念与前沿问题》,上海:上海交通大学出版社,2018 年,第 56 页。

③ Barnhurst, K. G., & Ningingale, A. W. (2018). Time, realism, news. *Journalism*, 19(1), 7-20.

④ Rantanen, T. (2009). *When news was new*(p. 1). Chichester: Wiley-Blackwell.

⑤ Patterson, T. E. (1998). Time and news: The media's limitations as an instrument of democracy. *International Political Science Review*, 19(1), 55-68.

⑥ Klinenberg, E. (2005). Convergence: News production in a digital age. *Annals of the American Academy of Political and Social Science*, 597, 48-64.

⑦ Boczkowski, P. (2010). *News at work: Imitation in an age of information abundance*. Chicago: University of Chicago Press.

⑧ Harvey, D. (1989). *The condition of postmodernity: An enquiry into the origins of cultural change*. Oxford: Blackwell.

的,并且总是报道突发事件而不是持续存在的问题。①

但是,我们可以想象时间不仅塑造和约束新闻业,而且也是新闻业可用的资源吗? 当我们转变思路,将时间本身作为表征对象和自身的叙事主题,通过将时间观念发展成为记者的话语和叙事资源,并在新闻和记忆的框架内通过向后看和向前看来连接新闻,时间性(temporalities)在新闻学和集体记忆的研究中就拥有了更广阔的想象空间。就如有研究指出的,新闻业构成了一系列相互关联的时间的社会建构实践,其抓住了各种文本形式中的普通和不寻常,创造了同时性的感觉,有助于定义当代,勾勒出可能的未来,并塑造我们对过去的理解和记忆。② 可以说,时间性对于理解新闻业是什么,以及在不断变化的媒体环境中可能是什么至关重要。③

2.时间框架:从现在、过去到未来

在新闻业中,过去异常重要。从增加新闻价值、解释当前事件④,到建立记者自己的权威、边界和身份⑤,从平常时期的常常被隐匿,到危机、冲突时期⑥以及纪念、庆典⑦时期的特意被凸显,过去以多种形式存在于新闻中。有研究特别强调了审视过去在新闻业中作用的重要性,其通过分析 20 世纪新闻制作的变化发现,新闻报道变得更长且包含更多的分析,从特定地方拓展到更广阔的地区,更加强调多种时间框架,而不是仅强调现在。⑧

---

① Tenenboim-Weinblatt, K. (2014). Counting time: Journalism and the temporal resource. In Zelizer, B., & Tenenboim-Weinblatt, K. *Journalism and memory* (pp. 97-112). New York: Palgrave Macmillan.

② Bødker, H., & Sonnevend, J. (2018). The shifting temporalities of journalism. *Journalism*, 19(1), 3-6.

③ Barnhurst, K. G. (2011). The problem of modern time in American journalism. *KronoScope*, 11(1-2), 98-123.

④ Schudson, M. (2014). Journalism as a vehicle of non-commemorative cultural memory. In Zelizer, B., & Tenenboim-Weinblatt, K. *Journalism and memory* (pp. 85-96). New York: Palgrave Macmillan.

⑤ Zelizer, B. (1993). Journalists as interpretive communities. *Critical Studies in Mass Communication*, 10(3), 219-237.

⑥ Zelizer, B. (2016). Journalism's deep memory: Cold War mindedness and coverage of Islamic State. *International Journal of Communication*, 10, 6060-6089.

⑦ Kitch, C. (2002). Anniversary journalism, collective memory, and the cultural authority to tell the story of the American past. *Journal of Popular Culture*, 36(1), 44-67.

⑧ Barnhurst, K. G., & Mutz, D. (1997). American journalism and the decline of event centered reporting. *Journal of Communication*, 47(4), 27-53.

新闻故事不仅面向过去和现在,而且在很大程度上也面向未来。[1] 虽然
过去和现在的二元关系一直是集体记忆、新闻和记忆研究的中心,但是最近
的文献已经开始考虑记忆与新闻业的未来取向之间的复杂关系。[2] 未来和
记忆的工作不仅是功能上平行的过程,它们也紧密地交织在一起。有研究
通过对新闻中不同时间层的聚类分析发现,关注未来的新闻故事集群——
无论是近期的、可预见的未来,还是遥远的、未知的未来——几乎总是包括
不同的过去层。相比之下,当新闻故事集中于过去——报道最近的事件或
涉及遥远的过去——却并不一定涉及未来。[3] 也就是说,虽然记者不一定需
要未来去讲述过去的故事,但他们需要过去来谈论未来。

　　有研究提出,集体愿景(collective vision)是集体记忆的镜像。尽管集体
记忆回顾过去,集体愿景展望未来,但它们都是一个连续的、多方向的过
程。[4] 在"集体未来的思考"[5]概念,以及早期的"再中介"(remediation)[6]和
"预中介"(premediation)[7]概念的发展中,都可以找到集体记忆与媒体未来
工作之间的相似之处。在计算和算法新闻领域,利用过去进行预测也很明
显。其中大数据和新技术支持"预测性新闻"[8]并创建"预期基础设施"[9],这

①　Tenenboim-Weinblatt, K., & Neiger, M. (2015). Print is future, online is past: Cross-media analysis of temporal orientations in the news. *Communication Research*, 42(8), 1047-1067.

②　Tenenboim-Weinblatt, K., & Neiger, M. (2020). Journalism and memory. In Wahl-Jorgensen, K., & Hanitzsch, T. *The handbook of journalism studies*(2nd ed)(pp.420-434). New York: Routledge.

③　Neiger, M., & Tenenboim-Weinblatt, K. (2016). Understanding journalism through a nuanced deconstruction of temporal layers in news narratives. *Journal of Communication*, 66 (1), 139-160.

④　Neiger, M. (2012). *The future is present: The media as an agent of collective vision*. ICA.

⑤　Szpunar, P. M., & Szpunar, K. K. (2016). Collective future thought: Concept, function, and implications for collective memory studies. *Memory Studies*, 9(4), 376-389.

⑥　Grusin, R., & Bolter, J. D. (1999). *Remediation: Understanding new media*. Cambridge: MIT Press.

⑦　Grusin, R. (2010). *Premediation: Affect and mediality after 9/11*. New York: Palgrave Macmillan.

⑧　Maycotte, H. O. (2015). Big data triggers predictive journalism. Nieman Lab. Retrieved from www.nieman lab.org/ 2015/ 12/ big- data- triggers- predictive- journalism/.

⑨　Ananny, M., & Finn, M. (2020). Anticipatory news infrastructures: Seeing journalism's expectations of future publics in its sociotechnical systems. *New Media & Society*, 22(9), 1600-1618.

种类型的新闻预测是数量和经验取向的,但是并不意味着它们不是根据过去的经验建构的。在很大程度上,预测模型越复杂,就越依赖对历史模式的解释。①

时间是新闻业简史的一个决定性特征。② 新闻业从曾经的——通常相当遥远的——过去开始,通过现场报道拥抱现在,并在一个高度不确定性的时代,最终转向了未来③。

二、可见的过去:新闻的表层记忆

正如未来——是可见的、可预测的、可操控的、显著的现在的延伸——现在看起来却是不可见的、不可预测的、不可控的一样,我们也从一个可见的过去走向一个不可见的过去;从一个坚实而稳定的过去走向一个支离破碎的过去,从在记忆的连续性中寻找历史走向在历史的不连续性中铸造记忆。④ 诺拉对历史与记忆关系的论述,不仅为我们揭示了过去、现在和未来之间的转化关系,亦暗示了过去、现在和未来这三者在可见性上的差异与动态。事实上,作为新闻可用的资源,过去被使用的程度及其所带来的在新闻报道中的可见性程度都是存在显著差异的。

1. 纪念新闻:突显过去的记忆聚焦

把纪念作为关注的焦点与这个热衷于纪念的时代存在着某种联系。这一现象触及的是一切具有历史性的当代社会,也就是说,这些社会的建立依靠的是建设性的人类自由,而不是神圣意志的支配,它们用本国历史的重大日期取代了基督教纪念日。⑤ 纪念新闻(anniversary journalism)⑥不仅是热

---

① Tenenboim-Weinblatt, K. (2018). Media projections and Trump's election: A self-defeating prophecy? In Boczkowski, P. J., & Papacharissi, Z. (eds.). *Trump and the media* (pp. 111-118). Cambridge: MIT Press.

② Hansen, K. R. (2016). News from the future: A corpus linguistic analysis of future-oriented, unreal and counterfactual news discourse. *Discourse & Communication*, 10(2), 115-136.

③ Neiger, M. (2007). Media oracles: The cultural significance and political import of news referring to future events. *Journalism*, 8(3), 309-321.

④ Nora, P. (1989). Between memory and history: Les Lieux de Mémoire. *Representations*, 26, 16-17.

⑤ 诺拉主编:《记忆之场》,黄艳红等译,南京:南京大学出版社,2017 年,第 34 页。

⑥ Kitch, C. (2002). Anniversary journalism, collective memory, and the cultural authority to tell the story of the American past. *Journal of Popular Culture*, 36 (1), 44-67.

衷纪念这一时代现象的记录和反映,其还以丰富的报道内容构成了纪念时代的重要表征。纪念新闻是对以过去为中心的各种纪念报道及其产品的统称。

两种典型占据了当代纪念场域的两级,同时分别直指两个支撑和组织其场域的关键概念,一个是"百年纪念",另一个是"世代"。一方是机械而客观的统一,与人生之间有着庄严却短暂的距离,另一方是一种根本性的划分,将形式和意义赋予过去的时间。没有这二者的相遇,可能就不会存在纪念。① 不独是百年纪念这种对长时段历史的回顾,诸如一周年、五周年、十周年等各种对不太遥远的过去的纪念,都是以过去的事件、人物、国家历史、活动等为中心,将其置于现在的框架中进行组织和安排的。这些纪念仪式、纪念活动构成了最鲜活的集体记忆,对其的报道也构成了新闻记忆最直观的呈现形式。

对大屠杀纪念日的电视报道分析显示,电视不仅向公众广播了官方的典礼(作为媒介事件),而且还参与到仪式中。在某种意义上,电视节目成为了纪念仪式;其成为"记忆之场",并为大屠杀纪念的社会仪式提供了共同的内容。② 在世代的层面,"后记忆"概念具体描述了文化或集体创伤的幸存者与其子女间有关创伤经历的关系,子女所"记住"的经历只是在他们成长过程中作为叙事和图像存在的经历,但这些经历是如此强大,如此具有纪念意义,以致其本身就构成了记忆。在此意义上,可以将后记忆看作是一个主体间的跨代纪念空间。③

正是大量的纪念仪式的操演、纪念报道的流通,使得特定的过去变成了记忆而非历史。因为记忆是鲜活的,总是由现实的群体来承载;记忆总是当下的现象,是与永恒的现在之间的真实联系,正因为如此,其始终处于演变之中,服从记忆和遗忘的辩证法则。④ 新闻业的纪念报道,不仅关注特定的纪念仪式、纪念对象,还会借此过程宣称自身的价值主张。有研究指出,新

---

① 诺拉主编:《记忆之场》,黄艳红等译,南京:南京大学出版社,2017年,第40页。

② Zandberg, E. (2006). The right to tell the (right) story: Journalism, authority and memory. *Media Culture & Society*, 32 (1), 5-24.

③ Hirsch, M. (2001). Surviving images: Holocaust photographs and the work of postmemory. *Yale Journal of Criticism*, 14(1), 5-37.

④ 诺拉主编:《记忆之场》,黄艳红等译,南京:南京大学出版社,2017年,第6页。

闻媒体有关名人悼念的报道,不仅使其通过讲述一个个具有道德确定性的故事来扮演国家治疗师的角色,还通过将生产的报道转变为纪念品,将媒体的专业工作从新闻的转瞬即逝转向具有历史的分量。①

除了报道媒体系统外的纪念仪式、纪念活动,在纪念报道中,还有两类特别突出的纪念对象,一类是媒体组织,一类是媒体从业者,这两类纪念都聚焦于媒体系统自身的过去。有研究在对美国四家杂志发行的周年特刊或世纪特刊进行分析后发现,这些出版物既被视作新闻媒体,也被视作国家记忆的共同空间。其有关新闻媒体自身的故事不仅塑造了数百万读者关于过去的观念,也塑造了他们关于未来的观念。新闻媒体已经成为美国文化的公共历史学家:他们自觉地扮演了选择过去最重要的人物和事件并解释其历史意义的角色。② 有研究发现,美国的精英新闻机构在奥巴马当选总统后迅速生产和销售纪念品,固然是为了获得辅助收入和"延伸品牌",但更重要的是在美国的新闻业似乎陷入危机之际,通过其生产的纪念产品来确认其机构地位,重申其精英的、"旧媒体"的权威和价值。③ 还有研究在对美国知名新闻人逝世后的纪念报道进行分析后指出,新闻业将前辈的职业成就视作其所秉持的新闻价值与规范的成功,并通过这些逝去的前辈的职业成就来提升新闻业的权威性地位。④

纪念新闻以过去为聚焦对象,将特定的过去置于新闻报道的中心和前景(foreground)。作为一种纪念仪式,纪念新闻常常被嵌入对当下的描绘和解释中,其核心目的在于再生产出当下所需要的身份认同,或构建新的道德共同体。作为一种纪念产品,纪念新闻从易碎的、转瞬即逝的新闻转变为具有历史分量的持久存在。

---

① Kitch, C. (2000). 'A news of feeling as well as fact': Mourning and memorial in American newsmagazines. *Journalism*, 1(2), 171-195.

② Kitch, C. (1999). Twentieth-century tales: Newsmagazines and American memory. *Journalism & Communication Monographs*, 1(2), 119-155.

③ Kitch, C. (2011). Obamabilia and the historic moment: Institutional authority and 'deeply consequential memory' in keepsake journalism. In Neiger, M., Meyers, O., & Zandberg, E. *On media memory: Collective memory in a new media age* (pp. 189-200). New York: Palgrave Macmillan.

④ Carlson, M. (2007). Making memories matter: Journalistic authority and the memorializing discourse around Mary Mcgrory and David Brinkley. *Journalism*, 8 (2), 165-183.

2. 类比报道：勾连过去的记忆关联

在一般性的认识中，集体的记忆聚焦于过去，而新闻的制作则是关于现在的，但其实这两种社会叙事都涉及过去与现在之间复杂的相互关系。历史类比作为最流行的新闻记忆形式，[①]显示了过去与现在，甚至未来之间复杂的作用关系。类比是强大的象征性资源，被各种政治行动者施压使用。其可以适用于在空间、时间和环境上非常遥远的事件。构建历史类比，可以使针对当前问题的某些行动方案的结果看起来是可预测的。也就是说，类比可以用来表示未来之路类似于过去之路。[②]

类比报道将过去作为现在的一种参照（reference），一种衡量标准，通过现在与过去的类比来认识和理解现在。[③] 与纪念新闻以过去为中心和前景不同，在类比报道中，过去的事件有意识地进入现在，为现在提供了一个有意义的背景，从而赋予过去以丰富的资源和档案色彩，使得过去成为记者和媒体在现在展开报道的有力支撑。

当记者需要理解危机及其正在发生的事件和问题的不稳定性时，对记忆的依赖往往会激增。[④] 当他们努力（并不总是成功地）将正在发生的事情定位在一个更大的框架中时，他们参与到"双重时间"（double time）中[⑤]，这使他们能够在现在和过去说话，将此时此地与某个特定的"那里"和"那时"联系起来，并加强战略记忆的工作。就像有研究指出的，历史最有助于报道最初似乎难以解释的真正出乎意料、令人震惊或混乱的事件。为了理解这些事件，记者和其他类型的文化领袖一道，寻找历史类比和框架图像，在这

① Zelizer, B. (2008). Why memory's work on journalism does not reflect journalism's work on memory. *Memory Studies*, 1(1), 79-87.

② Edy, A. J. (1999). Journalistic uses of collective memory. *Journal of Communication*, 49(2), 71-85.

③ Neiger, M., Zandberg, E., & Meyers, O. (2014). Reversed memory: Commemorating the past through coverage of the present. In Zelizer, B., & Tenenboim-Weinblatt, K. *Journalism and memory* (pp. 113-127). New York: Palgrave Macmillan.

④ Zelizer, B. (2016). Journalism's deep memory: Cold War mindedness and coverage of Islamic State. *International Journal of Communication*, 10, 6060-6089.

⑤ Zelizer, B. (1993). Journalists as interpretive communities. *Critical Studies in Mass Communication*, 10(3), 219-237.

两种情况下，当前的叙事和图像都唤起了以前的叙事和图像。①

正如《时代》在报道中将伊拉克战争标榜为"第二次海湾战争"②，或是新闻媒体将哥伦比亚航天飞机失事称作"挑战者号"爆炸的重演③，又或是对新冠疫情的报道总是被置于同"非典"的历史类比中④。当战争、冲突、危机来临，历史类比不仅是记者形成现在报道的资源和手段，通过历史类比，还能提供对个体以及整个集体、社会而言极端重要的意义阐释和情感慰藉，以实现维护共同体稳定的目标。

有研究指出了类比报道的两种类型，一种是强调相似性的比较性（comparative）类比，另一种是强调差异性的对比性（contrastive）类比。在伊拉克战争期间，《纽约时报》《华盛顿邮报》《今日美国》的新闻报道显示，每个月都包含提及伊拉克战争和越南战争的报道，对越南的记忆可能支持了对伊拉克战争进程的不同阐释。⑤

显然，将遥远的过去作为衡量现在的尺度和标准，总是具有政治意义的。记者需要确定哪些往事和时事可以比较；比较的依据是什么；过去如何使现在更容易理解；以及应该从历史、其主角和对手身上汲取哪些具体教训。类比报道凸显、反映了新闻记忆的选择与遗忘。

3. 新闻背景：安放过去的记忆底色

与类比报道相似，作为背景的过去与作为类比的过去一样，都为新闻媒体提供了当前事件的报道资源。但是，与类比报道不同的是，运用集体记忆来提供背景呈现的是一个更广泛的历史棱镜，它带来关于过去事件的信息，并将其与当前事件联系起来，不需要对早期事件和当前事件进行直接比较。然而，与类比一样，提供什么信息（以及遗漏什么信息）是塑造当前事件意义

---

① Kitch, C. (2018). Journalism as memory. In Vos, T. P. (ed.). *Journalism, handbooks of communication science* (pp. 169-186). Boston/ Berlin: Walter de Gruyter.

② Zelizer, B. (2004). When war is reduced to a photograph. In Allan, S., & Zelizer, B. (eds.). *Reporting war: Journalism in wartime* (pp. 115-135). New York: Routledge.

③ Edy, J. A., & Daradanova, M. (2006). Reporting the present through the lens of the past: From Challenger to Columbia. *Journalism*, 7(2), 131-151.

④ 李红涛、韩婕：《新冠中的非典往事：历史类比、记忆加冕与瘟疫想象》，《新闻记者》2020年第10期。

⑤ Edy, J. A. (2011). The democratic potential of mediated collective memory. In Neiger, M., Meyers, O., & Zandberg, E. *On media memory: Collective memory in a new media age* (pp. 37-47). New York: Palgrave Macmillan.

的关键。①

过去的调用在集体创伤的报道中尤其突出,过去被调用以赋予事件意义并通过其进行工作。② 泽利泽的研究展示了"9·11"的新闻照片如何与硫磺岛、肯尼迪遇刺和挑战者号爆炸等历史事件的图像相关联。③ 在 2007 年弗吉尼亚理工大学枪击案的报道中,创伤的过去也是一种叙事资源。大屠杀既是事件主人公的个人背景,也是故事的共同框架——成为带来积极愈合信息的更有力的工具。④

作为日常新闻报道的一部分,广泛使用共享回忆在一定程度上与以事件为中心的报道的衰落,以及语境新闻和解释性新闻的兴起有关⑤。新闻故事,无论是印刷版还是在线版,都倾向于提供更多的背景、分析和解释。⑥

在纪念新闻、类比报道和新闻背景中,不仅过去所具有的可见性是不同的——从过去作为中心和前景,到过去作为背景和语境——过去与现在的关系也是不同的。纪念活动供奉着过去,通常不会使过去与现在相关。历史类比关联着过去,与现在的关系更密切。至于历史背景则将过去作为证据,与现在保持着若隐若现、若即若离的关系。这些不同的过去可见性及其与现在的关系,使过去变成可用的(usable),从而使过去在成为新闻报道资源的同时,变成鲜活的记忆而不是普遍性的历史的一部分。

三、不可见的过去:新闻的深层记忆

如果说前述可见的过去以或隐或显、或明或暗的方式存在于新闻的记

① Tenenboim-Weinblatt, K., & Neiger, M. (2020). Journalism and memory. In Wahl-Jorgensen, K., & Hanitzsch, T. *The handbook of journalism studies*(2nd ed)(pp. 420-434). New York: Routledge.

② Tenenboim-Weinblatt, K., & Neiger, M. (2020). Journalism and memory. In Wahl-Jorgensen, K., & Hanitzsch, T. *The handbook of journalism studies*(2nd ed)(pp. 420-434). New York: Routledge.

③ Zelizer, B. (2002). Photography, journalism, and trauma. In Zelizer, B. & Allan, S. *Journalism after September* 11(pp. 55-74). London: Routledge.

④ Berkowitz, D. (2010). The ironic hero of Virginia Tech: Healing trauma through mythical narrative and collective memory. *Journalism*, 11(6), 643-659.

⑤ Salgado, S., & Strömbäck, J. (2012). Interpretive journalism: A review of concepts, operationalizations and key findings. *Journalism*, 13(2), 144-161.

⑥ Barnhurst, K. G. (2013). Newspapers experiment online: Story content after a decade on the web. *Journalism*, 14(1), 3-21.

忆中,展示了新闻记忆的表层结构的话,那么在新闻中,那些不可见的、隐藏的,但却深刻影响着新闻生产与接受的过去则反映了新闻的深层结构,也在相当程度上说明和证明了,无论我们是否意识到过去是我们生活的一部分,它们都已经成为我们生活的一部分①。

1. 框架/模板:新闻中过去的纹理

自哈布瓦赫以"记忆的社会框架"来勾连集体的现在与过去以来,现在对过去的框架、建构的一面被极端凸显,但是有研究特别指出了"记忆作为一种社会框架"②,即过去对现在的框架、结构的一面。

一般认为,美国社会学家戈夫曼第一个为原本普通的"框架"一词赋予理论的色彩。③ 在《框架分析》一书中,戈夫曼将框架定义为人们认识和解释社会生活经验的一种认知结构,其"能够让使用者定位、感知、确定和命名那些看似无限多的具体事实"④。戈夫曼认为,框架是人们把现实生活的世界中的一个个片段,归整成自己经验和知识的规则。正是依赖于这样的框架,人们经验到的生活世界,才有了条理和秩序。同时,这些被整合条理化了的经验知识,又成为人们下一次理解现实生活世界的基础。⑤ 戈夫曼的框架概念近似于认知心理学中的"图示"(schema)或"脚本"(script)概念。⑥

对于新闻业来说,框架是编辑、记者在新闻生产中必不可少并坚持运用的东西。是框架,使一个偶发的事实变成了一次事件,事件又变成了一则新闻报道。由于新闻天然所具的公共性特征,它随之又成为人们理解、认识世界必不可少的依据(框架)。借此,新闻框架不仅组织新闻生产,而且实际还起着组织生活现实⑦,并赋予其秩序的作用。

① Schudson, M. (2011). The past in the present versus the present in the past. In Olick, J. K., Vinitzky-Seroussi, V., & Levy, D. (eds.). *The collective memory reader* (pp. 287-290). New York: Oxford University Press.
② Schwartz, B. (1988). Frame images: Towards a semiotics of collective memory. *Semiotica*, 121(1/2), 1-40.
③ 陈阳:《框架分析:一个亟待澄清的理论概念》,《国际新闻界》2007年第4期。
④ Goffman, E. (1974). *Framing analysis: An essay on the organization of experience* (p. 21). New York: Harper & Row.
⑤ 黄旦:《导读:新闻与社会现实》,塔奇曼:《做新闻》,麻争旗等译,北京:华夏出版社,2008年,第2页。
⑥ 陈阳:《框架分析:一个亟待澄清的理论概念》,《国际新闻界》2007年第4期。
⑦ 塔奇曼:《做新闻》,麻争旗等译,北京:华夏出版社,2008年,第182页。

媒介模板(media templates)与"框架"的概念密切相关。① 框架被假定为"地图"②或"窗户"③,可以展示不同的路径和视角,而模板则意味着一个更加严格和精确的视角。模板可以过滤不同的解释,掩盖冲突的事实,促进一种类型化的叙事。模板具有非常强大,并且通常是无形的影响。④

就像一位报纸读者也许会怀疑某一则具体的新闻报道的准确性,但不会怀疑新闻作为一种社会现象的存在。⑤ 舒茨把这种接受社会现象的客观存在的认知方式叫作"自然态度",即我们大家都把社会现象的存在当作想当然的、已知的"自然的"存在。⑥ 框架和模板具有将社会世界秩序化、自然化的强大力量。所谓秩序化,就是新闻通过对离散、无序的社会事实的组织与生产,将社会世界以一种新闻表达的秩序化方式呈现出来。而自然化,则是隐藏和掩蔽框架、模板的整合、安排世界方式的历史性与结构性,使其呈现出一种天然存在、自然而然的状态。此即是说,无论是框架还是模板,都必然受到特定历史阶段的技术、制度、组织、心理等因素的影响,又在形塑新闻生产与接受的过程中,成为个体和社会的历史、结构的一部分。但因为这个过程是以一种日常化、惯例化的实践表现出来,故很难轻易觉察到过去的、历史的影响。

2. 神话/原型:新闻中过去的基质

从柏拉图时代开始,我们经常听到故事说,有的文化中有惊人的记忆壮举,纪念者回忆部落历史的复杂性,吟游诗人背诵长篇神话或史诗。⑦ 当我们向起源回归,我们就需要从后来的时期向更早的时期前进,就要由文字回

① Kitzinger, J. (2000). Media templates: Patterns of association and the (re)construction of meaning over time. *Media, Culture & Society*, 22(1), 61-84.

② Gamson, W. (1992). *Talking politics*. Cambridge: Cambridge University Press.

③ Pan, Z. & Kosicki, G. (1993). Framing analysis: An approach to news discourse. *Political Communication*, 10(1), 55-75.

④ Kitzinger, J. (2000). Media templates: Patterns of association and the (re)construction of meaning over time. *Media, Culture & Society*, 22(1), 61-84.

⑤ 塔奇曼:《做新闻》,麻争旗等译,北京:华夏出版社,2008年,第176页。

⑥ 舒茨:《社会世界的意义构成》,游淙祺译,北京:商务印书馆,2012年,第125-126页。

⑦ Goody, J. (2011). Memory in oral and literate traditions. In Olick, J. K., Vinitzky-Seroussi, V., & Levy, D. (eds.). *The collective memory reader* (pp. 321-324). New York: Oxford University Press.

到图像,从逻各斯(logos)回到神话(myth)。① 可以说,神话不仅标示着我们社会的起源,其在漫长历史中的流传更展示了其作为社会创始记忆的长久生命力。

神话的定义有上百种,但所有定义都讨论了神话在提供持久的叙事、帮助维持生活的持续性和秩序感方面的功能和作用,无论这些叙事描述的是虚幻的诸神和生物,还是"真实的"人。② 新闻不仅是对事实的一种客观报道,也是一种讲故事的形式,其通过神话的方式发挥作用。"神话消除人们的疑虑,通过讲述故事……来解释现象并提供可接受的答案;神话不一定反映客观现实,而是建立起自己的世界。"③当凯瑞提出要把新闻看作具有重要仪式功能的整体,而不是孤立、离散的事件报道,其突出的正是新闻的文化功能。新闻像神话一样,使用熟悉的、反复出现的叙事模式来解释为什么其看上去既新奇又有令人安慰的可预见性。

新闻和神话都讲述道德的故事,它们告诫人们要提防灾难与疾病、堕落和腐朽;它们讲述痊愈和舒适生活、社会公正和改革的故事;它们提供有关秩序和紊乱、正义得到伸张与遭到剥夺的戏剧;它们呈现出对英雄和反面人物、需要学习的榜样和需要谴责的社会渣滓的描述。④

界定神话的方式不能仅限于其功能,还要研究其反复出现的形式或"情节"(plots),瑞典心理学家称这些为"原型"(archetypes),说它们属于集体无意识的不变产物。⑤ 人类带有根本重要性的故事就是原型故事。它们是产生于人们的经历之中的、供模仿和采纳的模式与模型。⑥ 由于作者和社会努力认识和表达自己对世界的体验,所以他们自觉或不自觉地取材于这些特殊的故事,即这些共享的、达成普遍共识的原型故事。由于这些故事的特定

---

① 阿斯曼:《回忆空间》,潘璐译,北京:北京大学出版社,2016 年,第 25 页。

② 伯德、达尔代纳:《反思作为叙事的新闻和神话》,沃尔—乔根森、哈奇尼编著:《当代新闻学核心》,张小娅译,北京:清华大学出版社,2014 年,第 218-232 页。

③ Bird, S. E., & Dardenne, R. W. (1988). Myth, chronicle, and story: Exploring the narrative qualities of news. In Carey, J. W. (ed.). *Media, myths and narratives* (pp. 67-87). Beverly Hills: Sage.

④ 鲁勒:《每日新闻、永恒故事:新闻报道中的神话角色》,尹宏毅、周俐梅译,北京:清华大学出版社,2013 年,第 12 页。

⑤ 伯克:《历史学与社会理论》,李康译,上海:上海人民出版社,2019 年,第 183 页。

⑥ 鲁勒:《每日新闻、永恒故事:新闻报道中的神话角色》,尹宏毅、周俐梅译,北京:清华大学出版社,2013 年,第 20 页。

讲述来源于得到普遍共识的原型故事,所以在每个时代——包括今天——都能对受众产生情感上的巨大冲击力。[①] 当人类学家列维-施特劳斯说,当神话的目的是提供能够解决矛盾的逻辑原型时,其不仅指出了神话在消除人类生活中心的基本对立面——生与死、陌生与熟悉、输与赢、善与恶、黑与白——社会生活中方方面面的规定都是围绕着这些基本对立面而设定的——中的主要作用,而且指出了神话与原型的一致性与统一性。

神话和原型以"集体无意识"的方式,以一种文化和传统不断绵延、传承的方式渗透到个体(包括新闻工作者)、集体(包括新闻媒体)的社会生活,以及维系整个社会系统运转的日常实践和意义生产中。神话最为有效是在它显得完全自然,在故事及其中心思想显得很透明、很明显、不可避免和具有必然性的时候。简而言之,神话在它不被看作神话的时候最为有效。[②] 今天新闻业的情况正是如此。

无论是将外部世界自然化、秩序化的框架、模板,还是将新闻故事的讲述无意识化的神话与原型,都反映了新闻的生产与接受过程所受到的过去的、历史的深层的、结构性的影响。这些新闻记忆的深层结构不像具有明显的过去可见性的纪念新闻、类比报道和新闻背景那样直观可感,只有深入新闻生产的内部,从新闻作为社会稳定性、秩序化的建构者的角度,从记忆在维护社会结构的稳定性与变化性的统一的过程中,才能对此有深刻的认识。

第三节　文本的转化:新闻的记忆机制

当我们把新闻理解为一个"文本系统"时,强调的是新闻的文本性,及其所具有的意义表达模式与鲜明的形式标签。但是强调新闻的文本性,并不是将新闻理解为静态的、固定的形式,事实上,新闻文本作为一个意义结构系统,无论是其文本的基本形态,还是文本的意涵表达,都呈现出流动性、变化性的特点。或者可以说,经由新闻文本的转化、生成,也可以窥见新闻的

---

① 鲁勒:《每日新闻、永恒故事:新闻报道中的神话角色》,尹宏毅、周俐梅译,北京:清华大学出版社,2013 年,第 20 页。

② 鲁勒:《每日新闻、永恒故事:新闻报道中的神话角色》,尹宏毅、周俐梅译,北京:清华大学出版社,2013 年,第 159 页.

记忆生成与转化机制。

一、互文性:文本转化的典型形式

不管是汇聚还是疏离,吸收还是排斥,新文本都反映了某种文化中的存世文本,它们置身于一种互利互惠的关系中,这种参与坚持了该文化所暗含的记忆概念。文本作者以各种方式借鉴了其他文本,既有古代的,也有当代的;既可能是自身文化的,也可能是其他文化的。他们提及、征引、转述乃至整合了这些文本。文学研究者使用"互文性"(intertextuality)这一术语来把握(文学和非文学)文本之间在形式上和语义上的这种接触和交叉关系。[1]互文性揭示了某种文化,如何持续重写和转录自身,如何不断地通过其标志符号来重新界定自身。

1.特定文本:前文本与周围文本的互文

罗兰·巴尔特早就指出,每一文本都是互文文本;在该文本中,其他文本——先前文化的文本与周围文化的文本——以或多或少可被辨认的形式在各种不同的层面上出场:每一文本都是由一些旧的引文编织而成的新的织品。[2] 对于特定的文本来说,互文体现在历时和共时两个维度,即在历时的维度上的前文本(pretext)与在共时的维度上的周围文本,都会对特定文本产生影响。

有研究将前文本界定为一个文化中在此文本产生之前的所有文本,也就是将前文本看作是产生文本时全部文化条件的总称。[3] 很显然,这是从文化整体性的角度,将文本视作特定文化的反映和表征,从而将前文本理解为全部文化条件的总和。这一思路与本书将文本视作制造意义的事物的理解一致,均强调了意义的表达、凝聚的符号和象征的文化层面。周围文本与前文本不同,其与特定文本共存于同一时空中,是同一时空中众多文本的聚合,突出强调的是其与特定文本在时空上的同一性和共在性。

新闻的文本生产,同时受到了前文本与周围文本的影响。在前文本的

---

① 拉赫曼:《文学的记忆性和互文性》,埃尔、纽宁主编:《文化记忆研究指南》,李恭忠、李霞译,南京:南京大学出版社,2021 年,第 373-384 页。

② 周启超:《现代斯拉夫文论导引》,开封:河南大学出版社,2011 年,第 44 页。

③ 赵毅衡:《论"伴随文本"——扩展"文本间性"的一种方式》,《文艺理论研究》2010 年第 2 期。

层面，无论是作为新闻生产惯例、规范的新闻业的历史、文化，还是作为框架、模板的新闻生产的模式、模型，抑或是作为具体报道的可资借鉴、类比的，在此之前即已存在的同类文本、相似主题文本、相关事件文本等具体文本，都会或多或少、或隐或显地对新闻文本产生影响。在周围文本的层面，不同媒介之间，有关同一事件的不同报道之间，都会形成互文性的作用。正是在周围文本的互文层面，有研究指出，现在，新闻的互文性已是事实。新闻是广泛传播的、完全合乎逻辑的互文。①

　　2.文本聚类体：前文本、后文本、同步文本的互文

　　上文有关前文本与周围文本的分析，从时空交织、历时与共时结合的维度解析了特定文本所受到的互文性影响。此处有关前文本、后文本、同步文本的讨论则是在具体的时间点上，以特定的主题、事件为中心，探讨具有主题、事件同一性的具体文本之间的互文性关系。从文本生成的历史过程来看，新闻生产无疑具有即时性和同步性，但是文本的呈现时间总有先后。因此，对于同一或相关的事件、主题的文本来说，可以将生成时间在具体文本之前的文本称为"前文本"，生成时间在具体文本之后的文本叫作"后文本"，与具体文本生成时间一致的文本称为"同步文本"。② 围绕同一事件或主题形成的前文本、后文本和同步文本之间可能存在明确的关系，如材料来源、内容来源、改写、续写、仿写、知识背景、同步报道等，由此形成了具有互文性关系的文本聚类体。之所以用"聚类体"而不是"集合体"的概念，某种程度上与集体（collective）记忆和集合（collected）记忆的区别③类似，"聚类体"强调文本之间因关联性而形成的聚合、联系，而"集合体"仅表达文本的堆积和集中，缺乏"聚类体"所突出的相关性意义内涵。

　　前文本、后文本与同步文本所共同构成的文本聚类体，既可能源自媒介竞争的内驱力。就像有研究指出的，新闻机构比从前更加关注其他同行，过去并不是这样。一个世纪前，同城竞争的报纸的特征是，它的头版报道在对

---

① 舒德森：《新闻社会学》，徐桂权译，北京：华夏出版社，2010 年，第 131 页。

② 隋岩、唐忠敏：《网络叙事的生成机制及其群体传播的互文性》，《中国社会科学》2020 年第 10 期。

③ Olick, J. K. (1999). Collective memory: The two cultures. *Sociological Theory*, 17(3), 333-348.

手的末版也找不到。而现在的新闻机构却总在相互监视着。① 也可能来自外部压力，如政府对重大信息发布渠道的统一规定，可能带来相关新闻报道不得不重复单一媒体信源的信息。

从文本关联性的视角来看，具体文本，以及由众多具体文本彼处关联、不断积聚所形成的复杂的文本聚类体，反映并记录着特定时代的政治、经济、文化等方方面面的社会生活。它们不仅相互对话，也与整个时代环境形成了特定的互文性关系。②

二、从源文本到衍生文本：文本转化的深化

数字媒体技术的出现和快速发展，带来了一种新的连接感。人与物、人与人、物与物都获得了空前的彼此连接、相互联系的机会和可能。文本也不例外。从以"稀缺"生产和定向发布模式为主导的广播时代，转向以新的可访问性经济为驱动的后广播时代，"丰富"和"连接"成为理解这一社会趋势的关键词。③

1. 从源文本到新闻文本

将从信源处获得的文本材料转化为新闻文本的过程是新闻生产过程的核心。④ 源文本（source texts）转化为新闻文本（news texts），根据其主导力量的不同可以区分为机器转化和专业转化两大类。机器转化是指通过计算机程序和大数据运行实现的数据抓取、算法推荐、写作新闻等新闻转化；专业转化则是指主要依赖记者、编辑等专业人士的专业规范、判断所进行的新闻转化。尽管机器转化具有自动化、成本低、快速生产、持续进行等优势，但是与基于有着明确专业规范要求的专业人士的专业转化相比，其在情感表达、意见引导等方面仍有相当差距，而这正是新闻在人类社会发展中"最奇妙"之处——包含对社会目标、信仰、渴望、知识的共同理解。⑤ 因此，本书以

---

① 舒德森：《新闻社会学》，徐桂权译，北京：华夏出版社，2010年，第130页。

② 隋岩、唐忠敏：《网络叙事的生成机制及其群体传播的互文性》，《中国社会科学》2020年第10期。

③ Hoskins，A.（2010）. Media, memory and emergence. *Media Development*，57（2），15-18.

④ Tenenboim-Weinblatt, K., & Baden, C. (2018). Journalistic transformation: How source texts are turned into news stories. *Journalism*，19（4），481-499.

⑤ 凯瑞：《作为文化的传播》，丁未译，北京：中国人民大学出版社，2019年，第21页。

专业转化为重点进行论述。

记者在撰写新闻时,很大程度上依赖于可用的文本输入。在日益加剧的经济和时间压力,以及越来越丰富的易于获取的文本条件下,记者越来越多地依赖各种来源,其中包括公共关系发言人,政治行动者和其他媒体渠道等所提供的文本材料来建构部分报道。① 有研究将记者利用第三方文本材料制作新闻故事的干预过程称作新闻转化(journalistic transformation),并将其划分为五种类型——评价(evaluative)型、政治(political)型、文化(cultural)型、情感(emotive)型和专业(professional)型,由此形成了五种特色鲜明的新闻类别,分别是平衡地关注所有五种功能的审慎的新闻(measured journalism),基于评价和解释的强调的新闻(accentuated journalism),侧重于提供简洁可靠分析的分析的新闻(analytic journalism),以及致力于提供政治导向的引导的新闻(directed journalism)和强调新闻作为文化肯定的场所,使社会能够参与到当前事件的中介体验中的沉浸的新闻(immersed journalism)。②

从源文本向新闻文本的转化,是一个人与机器、技术与文化、新闻与社会之间相互作用的复杂的过程,一方面,记者、编辑等专业人士以专业干预的方式改变了原有的文本,另一方面,技术、机器、信源等也不可避免地将力量注入这一重要的文本转化过程中,进而为我们认识新闻文本提供了一个更系统、更全面的动态性、生产性的视角。③

2. 从新闻文本到衍生文本

如果说从源文本到新闻文本的转化是在新闻业内部发生,以社会公众无法觉察、了解的方式进行的话,那么从新闻文本到衍生文本则体现了新闻作为现代性的主导文本系统,在普遍连接的信息社会中所具有的强大的文本生成与文本流通力量。

"衍生"一词反映了先与后、中心与非中心、主导与追随的力量及关系状

① Phillips, A. (2010). Old sources: New bottles. In Fenton, N. (ed.). *New media, old news: Journalism and democracy in the digital age* (pp. 87-101). London: Sage.

② Tenenboim-Weinblatt, K., & Baden, C. (2018). Journalistic transformation: How source texts are turned into news stories. *Journalism*, 19(4), 481-499.

③ Zelizer, B. (2004). *Taking journalism seriously: News and the academy*. Thousand Oaks: Sage.

态。衍生文本泛指一切与新闻文本有关的派生文本。相关性是新闻文本与衍生文本之间的关键连接点。依据衍生文本与新闻文本的关系状态，可以将新闻文本到衍生文本的转化区分为新闻文本中心型和新闻文本背景型两种形式。

以新闻文本为中心所进行的各种文本再生产、再流通、再利用，能够最大化地发挥新闻文本的经济价值和历史价值。正如有研究指出的，重新包装新闻报道，无论是将其作为记忆对象还是作为"历史性"档案，已经成为传统媒体公司的一项重要产业。[①]《纽约时报》的在线商店出售其过去报道的历史照片和定制化的重印品。《生活》杂志提供了数千张图片的免费在线访问，其通过重新排列图片主题，将用户吸引到一个有广告支持的网站上，这个网站也推广"时代"品牌。[②] 这些特定媒体基于其过去新闻文本的再生产、再利用，不仅有利于扩大新闻机构的品牌影响，还有利于新闻文本价值的最大化。某种程度上，正是新闻文本的不断被加工、被转化，才使新闻文本从历史的文本真正转变为记忆的文本。

以新闻文本为背景所进行的衍生文本转化不再仅仅局限于新闻场域，而是进入更广阔的社会文化生活领域，通过标志性图像的重复和利用、媒介事件命名、制造社会流行语或网络热词等方式，新闻文本展现出强大的生产性、流通性力量。此时，新闻文本不再位于流通和加工的中心，而是在历经文本的简化、剥离、脱域后成为某个标志性图像、某一事件名称、某句社会流行语或某个网络热词，从新闻场域的前景变成了社会文化场域的背景。

新闻报道的标志性图像，尤其是那些反映爱国主义、公民责任和民族国家利益主题的形象，其所拥有的强大情感力量，很容易使其从新闻文本转移到海报、电影、邮票、T恤衫等更广泛的社会文化流通领域[③]。媒介事件命名亦反映了随着时间的推移和距离事件越来越远，对于事件的记忆不断简化，直至最后仅剩媒介事件命名的这一记忆强度减弱的过程，有研究称其为记

① Kitch, C. (2018). Journalism as memory. In Vos, T. P. (ed.). *Journalism, handbooks of communication science* (pp. 169-186). Boston/ Berlin: Walter de Gruyter.

② Kitch, C. (2006). "Useful memory" in Time Inc. magazines: Summary journalism and the popular construction of history. *Journalism Studies*, 7(1), 105-122.

③ Zelizer, B. (2010). *About to die: How news images move the public* (p. 16). New York: Oxford University Press.

忆变形的一种方式①。从具有丰富情节、细节、情感报道的媒介事件蜕变为仅标记事件名称的抽象的命名符号,记忆的精简同时赋予事件标签更强大、更灵活的适应性,使其能够脱离原始背景和语境自由地被添加、缩减、加工到任何需要它的文本中。社会流行语或网络热词很多都是从新闻文本转化而来,比如"我爸是李刚""范跑跑""猪坚强"等。从具体新闻文本向流行语、热词的转化,可以是提取文本中某一句话,也可以是凝缩某个人物或事物的名字,还可以是抽取其中的某个关键词等,总之,就是以简洁精炼、浓缩提取、典型化等方式使其脱离具体语境,成为具有象征意味、特定情感和意义内涵的标志性符号。

从源文本到新闻文本,再由新闻文本到衍生文本,体现了以新闻文本为中介所连接起来的社会不同领域文本之间沟通、对话、合作、冲突等的复杂状态。这些文本之间不断转化的过程,既反映出新闻文本在整个社会文本系统中的重要性与生产性,也反映了新闻文本所受到的来自信源、社会、文化等多种力量的作用和影响。

三、从新闻文本到文化文本:文本转化的终极形态

有研究对交往记忆和文化记忆两个概念进行了明确界定:交往记忆是对刚刚逝去的过去的回忆,是人们与同时代的人共同拥有的回忆,其在历史演进中产生于集体之中,又会随着时间而消失,至多只有三四代人的延续时间。文化记忆关注的是过去中的某些焦点。在文化记忆中,过去通常被凝结成一些可供回忆附着的象征物,比如具有固定形态的文本、舞蹈、图像和仪式等,其具有某种神圣的因素,拥有持久的生命力。② 本书正是基于对前述文化记忆概念的认识来使用文化文本概念的,也就是将文化文本视作具有长久生命活力的记忆文本。

1. 文本的倾斜与不平等

正如商业媒体的发行人所知道的那样,新闻是一种非常容易腐烂的商

---

① Schudson, M. (1995). Dynamics of distortion in collective memory. In Schacter, D. L. (ed.). *Memory distortion: How minds, brains, and societies reconstruct the past* (pp. 346-364). Cambridge: Harvard University Press.

② 阿斯曼:《回忆空间》,潘璐译,北京:北京大学出版社,2016 年,第 41-51 页。

品。这种稍纵即逝的特点正是新闻的本质所在,它与新闻所表现的每一个特点都密切相关。① 新闻的稍纵即逝、易腐烂,使得大多数新闻文本的生命极为短暂。新闻报道仅仅是一道"闪光",宣布一个事件已经发生。或者说,新闻一经出版,其意义一经承认,便成为历史。② 对于大多数新闻文本来说,报道刊登出来,新闻的使命即告结束。昙花一现既是新闻的存在形态也是其最终归宿。

但是,并非所有文本都是平等的。③ 首先,不同的文本形态之间是不平等的。在新闻业中,语言文本的制作一直占据主导地位,即使今天的新闻报道很少没有图像。④ 语言文本与图像文本、影像文本在意义阐释的主体性、独立性上仍然存在巨大差别,比如文字可以独立表意,而图像、影像则必须在文本中或在文本外附加文字对其意义进行阐释或说明;又比如图像的情感影响更大,而文字的理性逻辑更强,⑤等等。在新闻的"真相等级"⑥中,静止、固定的照片和连续、活动的影像又具有最高的真相等级,"在技术上是最可靠的表现视觉真实的手段"⑦,是"可靠的见证人"和"真相的证明"⑧。当新闻文本的生产完成,进入流通环节,不同文本形态所具有的意义表达自主性、情感和逻辑力量的差异,以及真实性表征程度上的不同,必然使其具有不同的应用范围和适应能力,从而决定了其超越现在、当下的短暂性、暂时性而具有更长远、更持久的能量和潜力迥异。

其次,不同新闻文本在所聚焦的主角、事件、主题等方面的差异也会带

---

① Park, R. E. (1940). News as a form of knowledge: A chapter in the sociology of knowledge. *American Journal of Sociology*, 45(5), 669-686.

② Park, R. E. (1940). News as a form of knowledge: A chapter in the sociology of knowledge. *American Journal of Sociology*, 45(5), 669-686.

③ Zelizer, B. (2010). *About to die: How news images move the public* (p. 59). New York: Oxford University Press.

④ Caple, H. (2013). *Photojournalism: A social semiotic approach* (p. 4). London: Palgrave Macmillan.

⑤ Martinec, R., & Salway, A. (2005). A system for image-text relations in new (and old) media. *Visual Communication*, 4(3), 337-371.

⑥ Kitch, C. (2008). Placing journalism inside memory and memory studies. *Memory Studies*, 1(3), 311-320.

⑦ Dondis, D. A. (1973). *A primer of visual literacy* (pp. 69-70). London: MIT Press.

⑧ Tirohl, B. (2000). The photo-journalist and the changing news image. *New Media & Society*, 2(3), 335-352.

来文本在流通、记忆过程中的不平等。有关领袖[①]、英雄[②]的新闻文本，就像领袖、英雄自身所带的"光晕"一样，赋予其超越平常、俗世的文本的强大力量。而有关国家起源[③]、战争、灾难等重大事件的报道，则会在日后的历史中被反复提及和回顾。有研究指出了形成时期在历史上的重要性，认为一个社会最重要的过去时刻就是它的开始。[④]　而战争、灾难等则成为新闻发挥仪式作用，凝聚情感共识，维持社会稳定的重要时刻[⑤]，具有跨越时空被历史铭刻的巨大潜能。有关爱国主义、危机的主题[⑥]亦会使新闻业主动承担起社会动员和社会整合的重任，在将整个民族国家前所未有的团结起来的同时，赋予新闻作为一种社会治疗仪式的效果[⑦]，从而被公众、民族国家共同铭记。

此外，不同的新闻生产机构、新闻记者也会制造新闻文本的不平等。那些知名新闻机构、著名记者较之于其他机构和记者所生产的新闻文本更具权威性、可信度。比如，当提到"水门事件"时，《华盛顿邮报》和伍德沃德、伯恩斯坦的报道就会具有不可取代的地位[⑧]，而克朗凯特对二战的现场报道则成为美国民众心目中最难忘的电视报道[⑨]。

较之于具身性的身体记忆，去具身性的文本无疑具有更持续、更长久的记忆能力，因而记忆研究总是青睐于文本记忆而不是身体记忆，有研究称之

①　Schwartz，B. (1991). Social change and collective memory: The democratization of George Washington. *American Sociological Review*，56(2)，221-236.

②　Kammen，M. (1991). *Mystic cords of memory: The transformation of tradition in American culture*(p. 688). New York: Alfred A. Knopf.

③　Winfield，B. H.，& Hume，J. (2007). The continuous past: Historical referents in nineteenth-century American journalism. *Journalism & Communication Monographs*，9(3)，119-174.

④　Schwartz，B. (1982). The social context of commemoration: A study in collective memory. *Social Forces*，61(2)，374-402.

⑤　Grusin，R. (2010). *Premediation: Affect and mediality after* 9/11. New York: Palgrave Macmillan.

⑥　Waisbord，S. (2002). Journalism, risk and patriotism. In Zelizer，B. & Allan，S. *Journalism after September* 11(pp. 273-291). New York: Routledge.

⑦　Kitch，C. (2000). 'A news of feeling as well as fact': Mourning and memorial in American newsmagazines. *Journalism*，1(2)，171-195.

⑧　Schudson，M. (1992). *Watergate in American memory: How we remember，forget，and reconstruct the past*. New York: Basic Books.

⑨　Carlson，M. (2012). Rethinking journalistic authority: Walter Cronkite and ritual in television news. *Journalism Studies*，13(4)，483-498.

为"文本倾斜"①。在记忆文本倾斜的前提下,不同的新闻文本之间并不具有平等的、同样的被历史铭记,进而成为历史、文化文本内容一部分的能量和潜力。在新闻文本被不同的媒体和记者,以不同形态生产出来,并聚焦于不同的主角、事件、主题时,这种不平等就产生了。随着时间的流逝,这种不平等在随后的流通、接受、再生产过程中不断被放大和加剧,当然也包括必然的分化。

2.文本的竞争

如果说文本的倾斜和不平等体现的是新闻文本转化为文化文本的可能性,也就是描述了文本的一种潜在的、未实现的状态的话,那么,文本的竞争则体现了新闻文本向文化文本转化的动态、实现的过程特征。

有关记忆文本的研究,常常被诟病的是文本所暗含的静止的、固定的意味,无法反映记忆的动态、竞争本质②。但是,竞争的文本概念则表明了文本并非一成不变、被动等待的,而是积极地以自身力量投入记忆的竞争甚至斗争中③。

文本的竞争最直观地体现在文本安排的空间和时间上的竞争。在空间元素中,头版头条往往具有最醒目的提示记忆和位置记忆的效果。在新闻报道中,篇幅的长短、配图与否,图片的大小、位置等都是体现文本重要性的因素。在时间元素中,电视中的黄金时间,手机信息推送的时间等,都会影响文本信息受到关注的程度、范围。此外,由于时间正在成为互联网平台上新闻生产的一个决定性要素,实时报道的压力使新闻变得越来越同质化。文本在时间上的激烈竞争可能造成对文本质量的负面影响。

文本的竞争还体现在围绕同一事件的不同报道文本之间的竞争。例如,有关战争的记忆,从受害者的角度、从参战士兵的角度、从民族国家的角度所生产的文本显然是存在巨大差异甚至是激烈冲突的。随着时间的推移,随着战争离现实生活越来越远或越来越近,有关的记忆文本就会具有不

---

① Conway, B. (2010). *Commemoration and bloody sunday* (p. 12). London: Palgrave Macmillan.

② Olick, J. K., & Robbins, J. (1998). Social memory studies: From "collective memory" to the historical sociology of mnemonic practices. *Annual Review of Sociology*, 24(1), 105-140.

③ Wertsch, J. V., & Roediger, E. L. (2008). Collective memory: Conceptual foundations and theoretical approaches. *Memory*, 16(3), 318-326.

同的可用性和影响力,从而导致有的文本被凸显、强调和重复,而有的文本被忽视、冷落和遗忘。有关灾难、瘟疫的记忆亦大致如此。

社会大量涌现的新闻文本,首先需要竞争的是媒介的时间和空间。对媒介时间和空间的竞争,归根结底就是对社会结构性资源的竞争。此外,新闻文本还需要竞争受众的注意力,受众的注意力相当程度上决定着新闻的市场价值和舆论引导潜力。随着时间的流逝,有关同一事件、主题的文本还会争夺意义阐释的支配性、主导性地位。就像记忆是一个不断覆盖、修饰、改写的过程一样,[1]新闻文本转化为文化文本的过程,既是一个不断竞争的过程,也是一个文本不断被扩充、删减、改编,并被纳入不同框架、结构、需要中的过程。可以说,新闻文本无法摆脱权力的印记——它登记和展现了竞争文本的行动者或利益者的身份。[2]

在新闻记忆中,无论是互文性作为文本转化的典型形式,还是从源文本到衍生文本的文本转化的深化,抑或是从新闻文本到文化文本的终极文本形态,这些新闻文本之间、新闻文本与源文本、衍生文本之间,以及新闻文本与文化文本之间文本转化的形式、动态都揭示和反映了作为记忆文本的新闻,并非静止、固定的,而是积极、活跃地参与到自身系统以及整个社会、文化系统的记忆建构、生成过程中,从而决定了其文本内容、形式的不断调整和变化本质。

---

[1] Huyssen, A. (2003). *Present pasts: Urban palimpsests and the politics of memory*(p. 7). California: Stanford University Press.

[2] Entman, R. (1993). Framing: Towards clarification of a fractured paradigm. *Journal of Communication*, 43(4), 51-58.

第三章　新闻记忆的实践

当命名最为一般的社会事物时,思想家过去谈论的是"结构""系统""意义""生活世界""事件""行动"。如今,许多理论家给予"实践"以可相提并论的荣誉。[①] 实践被视为一系列活动,这些活动同时还由对该活动的集体性理解构成。[②] 实践不仅是"常规"和"做什么",实践理论还允许对由活动(特别是日常活动)和围绕这些活动的话语所构成的社会秩序进行复杂的、批判性的解释,[③]从而帮助我们理解实践的连续性:活动随着时间的推移而成为标准,反过来又作用于理解,反之亦然。同时,这也能帮助我们理解变化:如果任何一种新闻业的理解或活动随着时间的推移而发生变化,那么其就能够设定新的标准并建构新闻业的实践。采用一种实践理论的方法,就是把新闻理解为一种开放的、多样的、动态的实践。[④]

记忆以规则、法律、标准化程序和记录的形式存在于制度中,而不是存在于人类个体的头脑中,这是一整套文化实践,人们通过这些文化实践认识到对过去的亏欠,或通过它来表达与过去的道德连续性。[⑤] 同样,新闻业作

---

① Schatzki, T. R. (2001). Introduction: Practice research. In Schatzki, T. R., Cetina, K. K., & Von Savigny, E. (eds.). *The practice turn in contemporary theory* (pp. 10-23). London: Routledge.

② Schatzki, T.R. (2001). Practice minded orders. In Schatzki, T. R., Cetina, K. K., & Von Savigny, E. (eds.). *The practice turn in contemporary theory* (pp. 50-63). London: Routledge.

③ Couldry, N. (2004). Theorising media as practice. *Social Semiotics*, 14(2), 11-132.

④ Witschge, T., & Harbersd, F. (2018). Journalism as practice. In Vos, T. P. (ed.). *Journalism, handbooks of communication science* (pp. 105-123). Boston/ Berlin: Walter de Gruyter.

⑤ Schudson, M. (1995). Dynamics of distortion in collective memory. In Schacter, D. L. (ed.). *Memory distortion: How minds, brains, and societies reconstruct the past* (pp. 346-364). Cambridge: Harvard University Press.

为"一种嵌入复杂社会环境中的多样化的文化实践"①,也像记忆一样,既在特定的社会、文化实践中展开自身的实践活动,又通过其独特的实践活动展现、构成特定社会、文化实践的一部分。

第一节　新闻生产即记忆实践:新闻记忆的实践特征

虽然新闻业是记忆实践得以展开的一个基本而重要的制度场景,然而记忆研究长期以来并未给予其应有的重视。② 事实上,所有人的行为都与记忆相关,组织如此,社会如此,新闻亦如此。③ 无论是(个体和集体)记忆在新闻生产中的大量调用,还是新闻生产对(个体和集体)记忆的不断组织,已经在事实上表明,新闻生产即记忆实践④——反映了新闻实践与记忆实践的互动、交织状态。

有研究指出,将新闻生产视为记忆实践应该关注的核心问题是,新闻媒体如何在文化、政治、技术和社会的场景中,通过与其他社会机构或社会群体的互动来塑造集体记忆。⑤ 这一理解将新闻业的记忆实践定位于新闻与社会整体性的互动关系中,固然不错。但是新闻业的记忆实践还有一个非常重要的面向,即自身作为记忆实践系统的面向。只有将新闻记忆实践既理解为具有自身独特性的实践活动,又关照其与社会记忆实践以及整个社会实践的互动关系,才能获得对新闻记忆实践更全面、更深入的认识。

一、制度性与情境性的统一

当舒德森将新闻业界定为"定期生产和传播有关当代公共利益和重要

---

① Carlson, M., & Lewis, S. (2015). *Boundaries of journalism: Professionalism, practices and participation*(p. 2). New York: Routledge.

② Zelizer, B. (2008). Why memory's work on journalism does not reflect journalism's work on memory. *Memory Studies*, 1(1),79-87.

③ Schudson, M. (2014). Journalism as a vehicle of non-commemorative cultural memory. In Zelizer, B., & Tenenboim-Weinblatt, K. *Journalism and memory* (pp. 85-96). New York: Palgrave Macmillan.

④ 李红涛、黄顺铭:《新闻生产即记忆实践》,《新闻记者》2015 年第 7 期。

⑤ 李红涛、黄顺铭:《新闻生产即记忆实践》,《新闻记者》2015 年第 7 期。

事务的信息的生意或实践"时,其突出的是新闻的制度性——新闻定期(通常是每天,但现在不断在线更新)向分散的,通常是匿名的受众公开有关当代事务的信息和评论,以便将这些受众纳入被视为具有公共重要性的话语中。① 但是,从新闻是单独发生的、孤立的事件②报道,以及在新闻业被界定为"履行一系列社会、文化、经济和政治任务或职能时所发生的历史性和情境性的突发事件"③的角度来看,新闻生产又具有明确的情境性。换句话来说,新闻既存在于制度中,又因时因地而作,体现了制度与情境的共同作用。

1. 新闻生产(记忆实践)的制度性:生产(实践)的制度性与制度性的生产(实践)

尽管新闻业有明确的制度基础,但已有文献并没有给"制度"(institution)一个普遍接受的定义。④ 有研究将制度称作"跨越组织的可识别的社会行为模式,通常在社会中主导和支配特定的社会领域"⑤。而对于有的研究者来说,制度提供了"一个经常性和持久性的框架,其他政治行为体在这个框架内运行,并受到引导和限制"⑥。还有的研究将制度视作"持久的,关系和交换理所当然的模式。其通过个人和群体的行动可靠地复制,而不需要反复的权威干预或集体动员"⑦。由此可见,定义制度的一个关键要素正是这种被视作"理所当然"。或者说,制度的价值更多地来自广泛的合法性和共同理解,而非工具性利益。⑧

新闻研究常常将制度与组织(organizations)混为一谈,但事实上它们在

① Vos,T. P. (2018). Journalism. In Vos,T. P. (ed.). *Journalism*,*handbooks of communication science*(pp. 1-17). Boston/ Berlin:Walter de Gruyter.

② Park,R. E. (1940). News as a form of knowledge:A chapter in the sociology of knowledge. *American Journal of Sociology*,45(5),669-686.

③ Zelizer,B. (2017). *What journalism could be*. Malden:Polity Press.

④ Lowrey,W. (2018). Journalism as institution. In Vos,T. P. (ed.). *Journalism*,*handbooks of communication science*(pp. 125-148). Boston/Berlin:Walter de Gruyter.

⑤ Timothy,C. (2005). *Governing with the news:The news media as political institution*(p. 70). Chicago:University of Chicago Press.

⑥ Sparrow,B. (1999). *Uncertain guardians:The news media as a political institution*(p. 10). Baltimore:John Hopkins University Press.

⑦ Clemens,E.,& Cook,J. (1999). Politics and institutionalism:Explaining durability and change. *Annual Review of Sociology*,25(1),441-466.

⑧ Selznick,P. (1992). *The moral commonwealth:Social theory and the promise of community*. Berkeley:University of California Press.

概念上是有区别的。组织是具有权威性的强制规则、角色分配和明确边界的社会实体(entities)。[①] 而制度则表现出独特的、更高层次的跨组织性、可识别性和共享性,从而使我们能够把握不同新闻机构的实践、规范和内容的相似性。[②]

对于新闻生产或者说新闻的记忆实践来说,制度性表现在两个层面,一是新闻作为一种机构性、组织性的信息生产方式,其所表现出来的制度性要求与形式;二是新闻业作为整个社会建制的重要构成,其所具有的制度层面的生产与再生产潜力,及其参与社会整体性制度生产的现实。

大多数关于社会制度的研究都强调其持久性。毕竟,一个制度的关键在于它相对抵制变革。否则,它就不会成为一个制度。在对新闻制度的研究中,这无疑是正确的。[③] 现代新闻业就是这样一个制度体系。[④] 现代新闻业的制度体系由明确的制度规则、不断操演的制度运行,以及相对稳定的制度效果共同构成。在制度规则上,直到19世纪后半叶,人们才普遍认为新闻业是一套由专业标准和理想支配的新闻实践。[⑤] 今天,虽然新闻业正面临着前所未有的冲击和挑战,但是,一套由新闻从业者共同遵循的基本规则,依然被视作定义新闻业的经验性指标。在制度运行上,新闻业的制度规则一经形成,便以一种高度日常化、惯例化的方式运行,即在新闻生产过程中,记者倾向于遵循惯例——媒体工作者在工作中使用的模式化、常规化、重复的做法和形式。其将事件定性为新闻,并战略性地管理各种不同的类型化(typification)方式。[⑥] 新闻的选择和制作都是由公认的规则和惯例塑造的,

① Tolbert,P.,& Hall,R.(2009). *Organizations: Structures, processes and outcomes* (10th ed). NJ: Pearson.

② Ryfe,D. M.(2006). Guest editor's introduction: New institutionalism and the news. *Political Communication*,23(2),135-144.

③ Lowrey,W.(2011). Institutionalism, news organizations and innovation. *Journalism Studies*,12(1),64-79.

④ Ryfe,D. M.(2016). News institutions. In Witschge,T.,Anderson,C. W.,Domingo,D.,& Hermida,A.(eds.). *The SAGE handbook of digital journalism*(pp. 370-382). London: Sage.

⑤ Nerone,J.(2013). The historical roots of the normative model of journalism. *Journalism*,14(4),446-458.

⑥ Shoemaker,P. & Reese,S.(1996). *Mediating the message: Theories of influence on mass media content*(p. 105). NY: Longman.

在不同的新闻机构中,惯例的运行也是相似的①,最终形成了新闻业的制度
性效果,即新闻不仅以一种制度文本的方式进行输出,而且整个社会的新闻
生产与消费、新闻意义的阐释与解读都构成了新闻社会建制效果的表达。

与生产的制度性强调新闻自身的制度特性不同,制度性的生产凸显的
是新闻参与整个社会的制度生产的潜力和现实,也就是新闻所具有的社会
制度生产的可能性与达成性。一方面,新闻业作为一种大规模、复杂的信息
生产组织,具有形塑舆论,控制信息或象征性资源在社会中分布的潜力②。
另一方面,新闻业以其惯例化、重复性的新闻生产,以其作为社会民主政治
的重要资源,参与到组织社会制度生产的过程中,成为构成和体现社会政
治、经济、文化等制度环境的重要部分。也就是说,新闻业既存在于各种制
度之中③,又再生产着各种制度——新闻业内部的制度和整个社会的制度。

2. 新闻生产(记忆实践)的情境性:过程的具体性与活动的临时性

实践理论家提出,与其把实践概念化为自上而下的理性和系统现象,不
如把它看作是一个自下而上的持续过程,实践者的集体协商(通过活动的执
行和对活动的讨论)不仅取决于抽象的理性观念和目标,而且还取决于具体
的情境及物质条件、规范偏好、常规惯例和主观经验。④

实践不是指我们通过自己行动而表达出的意义,而是当我们行动时实
际发生了什么。⑤ 正是实践,将社会行为定位在情境(situation)之中;也就
是说,定位在一些为行为开启一系列可能的情景(context)之中。⑥ 或者说,
实践就是具体情境中的行动。⑦

① Gitlin, T. (2003). *The whole world is watching: Mass media in the making & unmaking of the new left*. Berkeley: University of California Press.

② Ryfe, D. M. (2016). News institutions. In Witschge, T., Anderson, C. W., Domingo, D., & Hermida, A. (eds.). *The SAGE handbook of digital journalism* (pp. 370-382). London: Sage.

③ Zelizer, B. (2017). *What journalism could be*. Malden: Polity Press.

④ Schatzki, T. (2005). Peripheral vision: The sites of organizations. *Organization Studies*, 26(3), 465-484.

⑤ 特纳编:《Blackwell 社会理论指南》(第 2 版),李康译,上海:上海人民出版社,2003 年,第103 页。

⑥ 特纳编:《Blackwell 社会理论指南》(第 2 版),李康译,上海:上海人民出版社,2003 年,第104 页。

⑦ 特纳编:《Blackwell 社会理论指南》(第 2 版),李康译,上海:上海人民出版社,2003 年,第110 页。

作为记忆实践的新闻生产,固然有其制度性的一面,但亦具有情境性的一面。有研究指出,新闻应被视为变化的、情境的和关系的前提,从而可以修正新闻作为固定实践的而不是强调其多样性、可塑性和对新闻之外关系的依赖性的观念。[①] 新闻生产的情境性主要表现为过程的具体性和活动的临时性。

当我们说,新闻是履行一系列社会、文化、经济和政治任务或职能时所发生的历史性和情境性的突发事件[②],此即是说,新闻总是以突发的、具体的事件为对象,在媒体当天的任务要求以及相关可用资源的条件下进行具体生产的,最后生产出来的产品亦须服务和服从于当时当地的需要(版面、时间、位置、长短等的安排)。就如有研究指出的,记者所知道的,他们是如何知道的,记者写了什么,他们怎么写的,记者感兴趣的故事及其所采取的形式,在很大程度上都取决于此时此地。[③]

稍纵即逝正是新闻的本质所在,它与新闻所表现的每一个特点都密切相关。[④] 因此,在最经常的情形下,新闻报道仅是一道"闪光",宣布一个事件已经发生。[⑤] 无论是有关事件的采访,还是对事件的报道,都是暂时的、临时性的一种安排,反映了生产这一篇、那一篇、每一篇新闻报道的活动的临时性。此外,从新闻生产活动总是处于特定的社会政治、经济、技术、文化情境中,因而从历史的角度来看,新闻生产就必然表现出一种临时性。在此意义上,有研究认为,新闻总是临时性的,因为与所代表的对象相对应的任何表征的可接受性都取决于对有效表达形式的更广泛的文化理解,而这种理解总是有争议的。[⑥] 就像从时间顺叙的新闻,到倒金字塔的新闻,从客观性新闻到解释性新闻、建设性新闻,新闻也在不断改变一样,基于特定社会情境

①　Carlson, M. (2016). Metajournalistic discourse and the meanings of journalism: Definitional control, boundary work, and legitimation. *Communication Theory*, 26(4), 349-368.

②　Zelizer, B. (2017). *What journalism could be*. Malden: Polity Press.

③　Carey, J. W. (2007). A short history of journalism for journalists. *Harvard International Journal of Press/Politics*, 12(1), 3-16.

④　Park, R. E. (1940). News as a form of knowledge: A chapter in the sociology of knowledge. *American Journal of Sociology*, 45(5), 669-686.

⑤　Park, R. E. (1940). News as a form of knowledge: A chapter in the sociology of knowledge. *American Journal of Sociology*, 45(5), 669-686.

⑥　Carlson, M. (2016). Metajournalistic discourse and the meanings of journalism: Definitional control, boundary work, and legitimation. *Communication Theory*, 26(4), 349-368.

所进行的新闻生产实践，无论是其新闻呈现的形态，还是具体社会情境发挥影响的程度，都因时因地而变，体现着相对于新闻业长期历史的临时性。

二、规范性与自主性的统一

规范（norms）是"义务"而不是"规律"。① 规范也可以指普遍的行为模式（patterns）。或者说，规范是一种规定性的规则（rules）。② 不同的规范可能有不同的解释。有些规范适用于社会中的所有人或几乎所有人；而有些规范则只适用于特定的阶级、宗教团体或某些职业。有些规范得到国家的支持，并以法律形式表达出来；但有的规范则没有法律和政治上的支持。有些规范具有强烈的道德紧迫感，违反它们就被判定为犯罪或罪恶；而有些规范则更像是礼节性的规则，它们的违反被认为是不礼貌或不文明的行为。

也就是说，不同规范在正式化（formalized）程度、使用范围及强制性等方面是存在巨大差异的。而影响规范的多种因素则可能是经济、技术、法律、政治、社会、文化、知识等。此外，规范作为规定性的规则而不是普遍性实践的一个显著特征是，它们是有意识地表达出来的。规范的表达受到不同条件的影响，既有涂尔干式的强调水平层面的团结或群体认同，也有韦伯式的关于在某个时间点上跨组织的或者随着时间的推移跨代的等级性社会控制。③

新闻生产不仅是规范性的生产，具有仪式团结和群体认同，以及跨组织和超越时间的等级控制价值，还具有实践活动的自主性、偶变性特征，体现出集体规范性与个体创造性的统一，具有展示新闻生产实践多样化、差异性特征，以及记者职业独立性之价值。

1. 新闻生产（记忆实践）规范性：规范性立场与规范性规则的共同作用

为了实现合法性，新闻工作者将自己的工作定位为民主的基石和真理

① Cooter, R. (1988). Expressive law and economics. *Journal of Legal Studies*, 27(2), 585-608.

② Schudson, M. (2001). The objectivity norm in American journalism. *Journalism*, 2(2), 149-170.

③ Schudson, M. (2001). The objectivity norm in American journalism. *Journalism*, 2(2), 149-170.

的仲裁者——这是任何时候都不可能实现的规范性立场。[①] 从功能和象征意义上讲,这种联系给了新闻业所谓的"不言而喻的光环"[②]——新闻业的重要性不需要解释,因为它是假定的。

新闻业的规范性立场,视新闻为民主社会的基石。通过新闻报道,可以揭露强大的公私机构滥用职权、腐败和背叛公众信任的行为,为社会民主服务。因此,新闻业不是为了自己或出版商的经济或政治目的服务,其唯一的责任对象是民主社会及其公众。[③] 这一规范性立场不仅使新闻工作的产品变得高尚,而且体现了新闻业的社会目的,从而为该领域创造了一种备受尊重的社会身份。[④]

如果说,规范性立场表达了从外部,也就是新闻业在整个社会系统中的定位和价值的角度来定义新闻实践的话,那么规范性规则,则是从新闻系统内部来定义新闻实践的。新闻业的历史表明,其在通过商业化成为企业的同时,也作为一个职业领域而变得专门化——新闻业分化为一个具有自身规范和传统的独特职业。[⑤] 有研究指出,新闻业是"指导新闻采集的共享规范和非正式规则的有序集合"。[⑥] 这些规范和规则既是限制性的,又是授权性的,既是约束性的,又是构成性的。[⑦]

大约从 1920 年起,新闻业就由一套基本稳定的规则构成。其中包括有研究者所称的"现代新闻范式"[⑧]:新闻被定义为对离散事件的事实采集,新闻价值(时效性、即时性、影响力、接近性、相关性等),倒金字塔的写作风格,采访以及客观性,等等。在新闻业立足的地方,随处可见这些实践的某些

① Carlson, M. (2019). The perpetual failure of journalism. *Journalism*, 20(1), 95-97.

② Dahlgren, P. (1992). Introduction. In Dahlgren, P., & Sparks, C. (eds.). *Journalism and popular culture* (pp. 1-23). London: Sage.

③ Davis, M. (2010). Why journalism is a profession. In Meyers, C. (ed.). *Journalism ethics: A philosophical approach* (pp. 91-102). New York: Oxford University Press.

④ Ward, S. J. A. (2004). *The invention of journalism ethics*. Montreal and Kingston: McGill-Queen's University Press.

⑤ 舒德森:《新闻社会学》,徐桂权译,北京:华夏出版社,2010 年,第 84-86 页。

⑥ Sparrow, B. H. (2006). A research agenda for an institutional media. *Political Communication*, 23(2), 145-157.

⑦ Hanitzsch, T., & Vos, T. P. (2017). Journalistic roles and the struggle over institutional identity: The discursive constitution of journalism. *Communication Theory*, 27(2), 115-135.

⑧ Høyer, S. (2005). The Anglo-American background. In Høyer, S., & Pöttker, H. (eds.). *Diffusion of the news paradigm* (pp. 9-19). Gothenborg: Nordicom.

版本。

但是,现代新闻范式的主导地位,并没有阻止新闻业适应自身和社会发展所进行的探索和变革。比如解释性新闻、调查报道、新新闻、慢新闻等各种不同的新闻创新形式,在不同时期、不同国家和社会发展的不同阶段能够出现并产生影响,固然有社会方面的原因,但新闻业自身寻求突破,积极创新和尝试的内在动力是至关重要的。某种程度上甚至可以说,这正是规则所具有的为新闻赋能的构成性力量之体现。

2.新闻生产(记忆实践)自主性:个体独立性与形式自主性的结合

即使在新闻业面临深刻变化和挑战的情况下,新闻工作者依然倾向于用理想的规范和标准来要求自己——将自己的工作视为提供公共服务;客观、公正和(因此)值得信赖;自主地工作,致力于现实和速度的运作逻辑(在报道突发新闻等方面表现突出,先讲故事);有社会责任感和伦理敏感性。[1]

个体独立性主要体现在单个记者的每一次新闻生产过程的层面。无论是记者寻找新闻线索、确定报道主题,还是联系采访对象进行采访,直至最后独自撰稿、完成报道,从新闻报道所经历的一系列过程来看,新闻生产都是由一个个记者独立、自主完成的。记者的职业地位、信息来源、社会影响力以及教育背景、生活经历、社交圈层、性格特征等都存在较大差异,从而带来了记者在新闻生产中,从报道主题的确定,到采访对象的选取、采访问题的把握,以及新闻报道的写作风格、表达方式、情感态度呈现等整个新闻生产各环节处理的差异性。记者的个体独立性,既是新闻生产实践多样化、差异性的根本所在,也是记者这一职业独立性的典型象征——服务于职业理想,而不是任何特殊的组织或利益。

形式自主性是反映新闻生产,或者说新闻业的记忆实践之自主性的一种重要方式。比如记者对报道的署名。现在习以为常的报道署名,甚至我们现在对新闻署名的认识,都与新闻业早期的情形有很大差别。比如在极度追求客观性的年代,报道不署名是为了避免被认为带有主观色彩和特定

---

① Deuze,M.(2005). What is journalism? Professional identity and ideology of journalists reconsidered. *Journalism*,6(4),443-465.

立场①,而报纸开设署名的专栏文章,又是基于平衡客观性的特殊考虑。②
无论是基于表现客观性还是规避客观性,无可否认的是,署名为新闻报道贴
上了记者个人化、创造性劳动的标签。此外,还有诸如不同记者的特定报道
风格,对于特定事件报道某些记者所具有的独特权威性等,都展现了形式自
主性在新闻生产实践中的重要意义。

新闻的规范性与自主性之间的作用关系类似于集体记忆中过去与现在
的关系。有研究指出,集体记忆虽然主要是根据现在的信仰、兴趣、愿望所
形塑的,但被改造的过去,依然通过一套共有的符码和一套共有的象征规
则,在各个前后相继的时代保持生命力。③ 同样,现在的新闻记忆实践并非
对过去规范的全盘照收,而是适应现在的情境、条件和需求,独立、自主的安
排、组织各种生产实践活动。正是在规范性与自主性的共同作用下,新闻才
发挥出独特的社会价值。

三、话语性与物质性的统一

新闻业的角色和身份——换句话说,新闻业较之于更大社会的定
位——是一种意义结构,被话语所创造、延续和竞争。④ 或者说,新闻业本质
上是一种"信仰体系",其定义了什么是记者、新闻媒体,以及新闻系统适当
的实践和价值。⑤ 因为所有的社会实践都需要意义,而意义又塑造和影响了
我们的行动。因此,所有的实践都有其话语的一面。⑥ 正是通过话语,社会
行动者(再)生产意义,并将对象和行动纳入我们的社会理解中,从而将信仰
体系转化为实践体系。⑦

---

① Ward, S. J. A. (2018). Epistemologies of journalism. In Vos, T. P. (ed.). *Journalism, handbooks of communication science* (pp. 63-82). Boston/ Berlin: Walter de Gruyter.

② 塔奇曼:《做新闻》,麻争旗等译,北京:华夏出版社,2008 年,第 156 页。

③ 哈布瓦赫:《论集体记忆》,毕然、郭金华译,上海:上海人民出版社,2002 年,第 46-47 页。

④ Hanitzsch, T., & Vos, T. P. (2017). Journalistic roles and the struggle over institutional identity: The discursive constitution of journalism. *Communication Theory*, 27(2), 115-135.

⑤ Nerone, J. (2013). The historical roots of the normative model of journalism. *Journalism*, 14(4), 446-458.

⑥ Hall, S. (1992). The west and the rest: Discourse and power. In Hall, S., & Gieben, B. (eds.). *Formations of modernity* (pp. 275-332). Cambridge: Polity Press.

⑦ Hall, S. (1997). The work of representation. In Hall, S. (ed.). *Representation: Cultural representations and signifying practices* (pp. 13-74). London: Sage.

此外,实践理论的价值还在于认识物质在实践中的作用。物质安排——"物质对象的设置"①形成了实践的背景,需要在分析实践时加以考虑。因此,实践不仅具有话语性,还具有不容忽视的物质性。新闻业的记忆实践,既是话语的实践,也是物质的实践,共同作用在记忆实践活动中。

1.新闻生产(记忆实践)的话语性:话语建构与话语互动的结果

话语不仅是实践的组成要件——"说"和"做"基本上是两个相互交织的实践层面②,也是新闻自我定义的重要构成。有研究直接将新闻业视作一个话语构建和协商的建制。③ 新闻生产或者说新闻业的记忆实践,其话语性首先就表现在新闻话语是一种历史性的话语建构。有研究指出,直到19世纪下半叶,新闻话语(journalistic discourse)作为日益专业化和自治性的场域内新出现的话语产物才出现,正是经济竞争的动力创造了一个自主的话语生产领域,并使其日益遵循自身内在的经济规律。④

新闻的话语建构,还表现在记者对其作为特权话语代理人的话语建构。有研究显示,话语并非完全由外部力量决定,而是允许代理。⑤ 自现代新闻业诞生之日起,记者和新闻业就将自身建构为社会自由、民主话语的特权代理人,具有真实、可信的品质。就像有研究指出的,法官把关于他人经历的证词视为道听途说,但由于新闻业的中介,同一类故事却会获得权威;律师盘问证人以揭露偏见,但新闻报道似乎是可靠的。⑥ 正是新闻业作为特权话语代理人的话语建构,使其话语能够拥有较之于其他人、其他平台的真实性、可信度与权威性。

① Schatzki, T. (2005). Peripheral vision: The sites of organizations. *Organization Studies*, 26(3), 465-484.

② Schatzki, T. R. (2001). Practice minded orders. In Schatzki, T. R., Cetina, K. K., & Von Savigny, E. (eds.). *The practice turn in contemporary theory* (pp. 50-63). London: Routledge.

③ Carlson, M., & Lewis, S. (2015). *Boundaries of journalism: Professionalism, practices and participation*. New York: Routledge.

④ Chalaby, J. (1998). *The invention of journalism* (pp. 32-35). New York: Palgrave Macmillan.

⑤ Carlson, M. (2016). Metajournalistic discourse and the meanings of journalism: Definitional control, boundary work, and legitimation. *Communication Theory*, 26(4), 349-368.

⑥ Craft, S., & Barnhurst, K. G., Brennen, B., et al. (2014). Trajectories. *Journalism Studies*, 15(6), 689-710.

　　但是,话语建构并非一个单方面就能产生作用的过程,只有通过持续的对话、协商,甚至竞争、斗争,也就是话语互动,才能形成基于话语实践的社会互动。话语通常被理解为一种社会互动形式,它是身份形成和身份转换的场(sites),在那里它具有重要的战略功能:胁迫和抵抗、合法化和去合法化、表征和误述。[1]　有研究将话语描述为"被建构的和建构中的,因为它既由社会关系决定,又影响着社会关系"[2]。显然,无论是新闻话语内部,还是新闻话语与其他话语之间,总是处于一种不断协商、对话,甚至竞争、冲突的互动关系状态,彼此既相互建构又被彼此所建构。

　　2.新闻生产(记忆实践)的物质性:物质环境与物质成就的体现

　　物质性(materiality)是指作为实践一部分的对象、工具、技术或场所,这一点在拉图尔式传统以及当代日常生活理论中得到了更多的认可。[3]　新闻生产或者说新闻业的记忆实践,具有或显著或隐秘的物质性。新闻生产总是需要借助特定的物质对象、工具、技术等来对新闻进行加工、处理和呈现,无论是报纸的印刷、排版,还是电视新闻的摄像、剪辑,抑或是互联网新闻生产中的算法、程序,新闻的生产既深深地嵌入特定的物质环境中,又成为不同时期物质成就的特定表达形式。在此意义上可以说,新闻生产的物质性是物质环境与物质成就的集中体现。

　　有研究指出,实践理论的价值不仅在于突出实践中的物质背景,还在于强调物质在实践中作用的整体性方法,"每当有人行动并随之进行某项实践时,他都是在一种由物质实体构成的环境中这样做的"[4]。人类赖以生存的物质安排包括四种类型的实体:人类、人工制品、其他有机体和物。[5]　虽然大多数实践理论家都是以人类为焦点或中心展开实践分析,但是,也有越来越多的理论家承认非人类实体在实践中的作用。"客观主义"的后人类主义甚

---

　　① Van Dijk, T. (2011). Introduction: The study of discourse. In Van Dijk, T. (ed.). *Discourse studies: A multidisciplinary approach* (pp. 1-7). London: Sage.

　　② Fiske, J. (1994). *Media matters*. Minneapolis: University of Minnesota Press.

　　③ Ahva, L. (2017). Practice theory for journalism studies. *Journalism Studies*, 18(12), 1523-1541.

　　④ Schatzki, T. (2005). Peripheral vision: The sites of organizations. *Organization Studies*, 26(3), 465-484.

　　⑤ Witschge, T., & Harbersd, F. (2018). Journalism as practice. In Vos, T. P. (ed.). *Journalism, handbooks of communication science* (pp. 105-123). Boston/ Berlin: Walter de Gruyter.

至主张，人类与非人类彼此共同决定。①

虽然否定人类在实践活动中的主体中心性失之偏颇，但认识到非人类实体在实践中的作用是必要的。从历时的维度来看，新闻是社会传播的物质成就的生动展示。作为"现代新闻范式"的倒金字塔格式，通常被认为是由"电报技术的不稳定"造就的一种写作方式。② 而从 19 世纪摄影术的发明，直到 20 世纪初照片被印到报纸上变得容易可行，由此开创了摄影新闻的新时代，这中间几十年，摄影无法变成大众传播形式的重要原因乃在于照片无法翻印到报纸或者杂志上。③ 及至当下的 VR、AR 新闻、H5 新闻、机器写作新闻等新的新闻形式的出现，无一不展示着最新的物质技术成就在新闻领域的运用。或者说，新闻的发展史，也是社会传播的物质成就展示史。

虽然物质性如此深刻地形塑着新闻生产，但因其如环境般存在的透明性，导致很长一段时间内，即使很多研究关注到物质性，也仅仅局限于技术（technology）的层面。正如有研究指出的，对新闻物质性的重新评估不能简单地等同于对技术的更多关注。这样的解读很容易导致技术中心主义的陷阱，即关注单个技术的效果，而不是对技术在新闻生产中的作用及其与经济、社会、文化变革等的作用关系进行更深入的理解。④

新闻研究中的一个挑战是如何公正地对待作为任何实践活动的重要组成部分的新闻业的物质环境，⑤特别是随着新闻生产的物质环境的多方面变化，对此给予足够的关注就变得尤为重要。想想新闻生产的新空间，无论是家庭、共享的灵活办公空间、咖啡馆，还是合并重组的新闻编辑室，以及数字技术，包括移动设备、出版平台或内容管理系统的兴起。正如有研究指出的，新闻业出现了我们可以称之为"物质转向"（material turn）的现象，特别是行动者网络理论（ANT）要求充分考虑非人类角色的作用，并将研究者的

---

① Schatzki, T. R. (2001). Introduction: Practice research. In Schatzki, T. R., Cetina, K. K., & Von Savigny, E. (eds.). *The practice turn in contemporary theory*(pp. 10-23). London: Routledge.

② Pöttker, H. (2003), News and its communicative quality: The inverted pyramid—when and why did it appear? *Journalism Studies*, 4(4), 501-511.

③ 阿达托：《完美图像》，张博、王敦译，北京：北京大学出版社，2015 年，第 4-9 页。

④ Witschge, T. (2012). The 'tyranny' of technology. In Lee-Wright, P., Phillips, A., & Witschge, T. *Changing journalism*(pp.99-114). London: Routledge.

⑤ Witschge, T., & Harbersd, F. (2018). Journalism as practice. In Vos, T. P. (ed.). *Journalism, handbooks of communication science*(pp.105-123). Boston/ Berlin: Walter de Gruyter.

注意力集中在新闻生产的物质条件(简单地说,一切非人类的东西)——(移动)电话、办公桌、内容管理系统、计算机或其他非人类因素上。[①] 因此,我们需要更细致、更全面地考察新闻业的物质环境的作用,包括技术、物理环境和其他物质方面等。因为,从某种意义上说,物质对象也像文化一样,总是非常重要的。物质对象总是与我们同在。它们塑造了我们在这个世界上的生存方式,并为社会行动提供了背景、语境和材料。[②]

制度性与情境性、规范性与自主性、话语性与物质性的统一及其相互作用,既是新闻记忆实践的鲜明特征,也是从实践理论的角度将新闻生产视作记忆实践的现实表征。基于新闻生产,即记忆实践的基本判断,前述对作为记忆实践的新闻生产之实践特性的聚焦和论证,故紧扣新闻生产实践展开。

第二节　记忆社群的记忆实践:新闻记忆的实践组织

"记忆社群"(mnemonic community)是内在于"阐释社群"(interpretive community)框架中的一个概念。在泽利泽的开创性论述中,阐释社群的基础是某种共同的记忆模式,其最终表现形式也是对共同阐释的记忆。正是通过相互作用,阐释社群呈现出特定的权威、沟通和记忆模式,在社群成员如何"识别、创造、体验和谈论文本"上,他们建立了很大程度上是默认的、可协商的惯例。在某些情况下,群体成为"记忆的社群"(communities of memory),在一段时间内使用共同的阐释。[③] 因此,可以说,阐释社群也是记忆社群。

新闻记忆实践,是一个诸多记忆社群经由各种记忆实践活动组织起来的开放、多样、动态的实践过程。其中,既有专业社群的记者和新闻媒体的记忆实践,也有非专业、业余的新闻信源、新闻发言人、政治人物等的记忆实

① De Maeyer, J. (2016). Adopting a 'material sensibility' in journalism studies. In Witschge, T., Anderson, C. W., Domingo, D., & Hermida, A. (eds.). *The SAGE handbook of digital journalism*(pp. 460-476). London: Sage.

② Kreiss, D. (2015). Afterword. *Journalism*, 16(1), 153-156.

③ Zelizer, B. (1993). Journalists as interpretive communities. *Critical Studies in Mass Communication*, 10(3), 219-237.

践;既存在着大量记录与参与的记忆实践,也存在着大量经验与技术、具身与去具身的记忆实践,从而使新闻记忆实践呈现出记忆社群开放化、实践组织多样化的面貌特征。

一、新闻记忆的社群:专业社群、非专业社群的合作与竞争

《哥伦比亚新闻评论》的出版商康纳(Joan Konner)在其《百年回顾》专刊中写道,在过去的一百年中,"新闻不仅书写了历史的初稿,而且在定义历史上扮演了更重要的角色。……我们所了解到的(事件)的文字和图像被烙刻在我们的集体记忆中,作为定义我们生活和时代的时刻"[1]。由此来理解新闻业的记忆实践活动,可以看到突出的新闻业中心主义倾向,即以记者和新闻媒体的专业性记忆实践为中心和焦点。媒体和记者专业性的记忆实践固然至关重要,但是,在新闻记忆实践中,新闻信源、政治人物、新闻发言人等非专业人士的记忆实践也参与其中,并对整个记忆实践活动产生影响和作用。

1. 主导的记忆社群:新闻记忆实践中专业社群的竞争与合作

在集体记忆的建构、维持和动员的过程中,新闻业是一个"重要和关键"的代理人。[2] 正如有研究指出的,"权威性地谈论过去的能力总是局限于一小群发言者",记者通常被赋予特殊的角色,他们提供"整理过去,同时促进当前群体的共同认同感"的叙述。[3] 在争夺讲述过去并阐释意义的权威的竞争中,新闻媒体亦扮演着特殊的角色:一方面,它们是社会文化斗争的舞台,为各种代理人(如政治活动家、学术界、当地社区)赋予权威,这些代理人希望能影响对集体过去的叙述和理解。另一方面,新闻媒体作为一个突出的记忆代理人,同时也是这个竞争舞台上的行动者之一,其将自身视作社会权

---

① Kitch, C. (1999). Twentieth-century tales: Newsmagazines and American memory. *Journalism & Communication Monographs*, 1(2), 119-155.

② Kitch, C. (2008). Placing journalism inside memory and memory studies. *Memory Studies*, 1(3), 311-320.

③ Carlson, M. (2010). Embodying deep throat: Mark Felt and the collective memory of Watergate. *Critical Studies in Media Communication*, 27(3), 235-250.

威的故事讲述者,同样希望提供他们自己对集体过去的解读。① 虽然集体记忆是通过多种渠道和多种来源相互作用形成的,但新闻工作者和新闻媒体在传播、塑造、强化和维持集体记忆方面却发挥着不可或缺的作用。

无论是个体的新闻工作者,还是作为机构、组织的新闻媒体,其在整个新闻记忆的实践过程中,都具有不可替代的中心性和主导性,这在相当程度上是由他们相对于其他个体或组织的专业性、职业化程度所决定。在新闻职业中,有三种人可以被称为新闻工作者:编辑、记者和通讯员,他们之间有着不同的谱系和标准。② 编辑是早期党派报纸的直系后裔,被认为拥有独立的男子汉气概的标准。记者则是事实的采集者和速记员——一项常见的任务是抄写重要的演讲和布道——并被要求达到准确的标准。通讯员,顾名思义,是来自异地的书信作者,他们被要求生动地描述异国情调或戏剧场面。今天,尽管哪些人是新闻工作者还存在分歧③,但是,记者在新闻业中的核心身份依然是毋庸置疑的。由历史的职业要求可知,记者作为专业记忆社群,在记忆实践中受到了类似速记员、观察者之类摒弃主观因素影响的职业规范要求,以建构、维护新闻业作为客观、权威的记忆社群的独特地位,由此也带来了彼此之间的竞争与合作。

在新闻记忆实践中,不同的新闻工作者之间,如记者与记者、编辑与编辑、记者与编辑之间,某一家新闻媒体与另一家新闻媒体之间,甚至在不同类型的新闻媒体(如报纸与电视)之间,都存在着记忆的竞争与合作。记忆的竞争主要表现在争夺稀缺记忆资源和意义阐释的主导性框架上。例如,在地震、战争等灾难性事件中,幸存者、亲历者就是非常宝贵的记忆资源。特别是随着时间的流逝和幸存者、亲历者在世人数的减少,以及可能涉及的文化创伤④与记忆伦理⑤问题,这种稀缺记忆资源的竞争就会愈发紧张、激

① Meyers, O., Neiger, M., & Zandberg, E. (2011). Structuring the sacred: Media professionalism and the production of mediated Holocaust memory. *The Communication Review*, 14 (2), 123-144.

② Nerone, J. (2018). Journalism history. In Vos, T. P. (ed.). *Journalism, handbooks of communication science* (pp. 19-39). Boston/Berlin: Walter de Gruyter.

③ Zelizer, B. (2017). *What journalism could be*. Malden: Polity Press.

④ Alexander, J. C. (eds.) (2004). *Cultural trauma and collective identity*. Berkeley: University of California Press.

⑤ 玛格利特:《记忆的伦理》,贺海仁译,北京:清华大学出版社,2015 年。

烈。意义阐释的主导性框架,是新闻工作者和新闻媒体竞争的主要面向,特别是在记忆稀缺性有限的背景下,阐释框架主导地位的竞争就会变得格外激烈。

新闻记忆的实践,固然存在着激烈的竞争,亦存在着大量的合作。记忆的合作主要表现在记者或新闻业作为集体社群对新闻记忆之专业性、权威性、主导性身份的共同建构与维护。在新闻记忆的实践中,专业性的记忆社群,如记者、新闻媒体具有无可替代的实践地位。其充当着集体、公共记忆的代理人,其所从事的工作存在三个相辅相成的维度:在基础层面,他们做着一直在做的事情,即告诉公众超出其直接接触之外的现实;在第二个层面,有关过去的新闻报道总是将其置于更大的文化和社会语境中;在第三个层面,记者在叙述过去时,会告诉我们关于他们工作的故事和他们发挥的作用,及其在形塑社会记忆中扮演的角色。①

不仅如此,当个别新闻从业者或某个新闻媒体的记忆实践遭到社会质疑、批评时,新闻界作为一个记忆社群,会迅速作出反应,如声援、发表声明,或者划清界限、进行警示等,也就是说,记忆社群的权威性是长期的记忆实践积淀下来的记忆声望与品牌,是所有新闻从业者和新闻媒体共同珍惜和守护的集体财富。因此,对破坏记忆社群权威性的行为进行及时、有效的处理,就成为实现良性竞争的必要合作。

2.竞争的记忆社群:新闻记忆实践中非专业社群的合作与竞争

常识告诉我们,记忆是一种基本的个体现象,当我们独自一人或者跟别人对话时,还有什么比记忆更加个人化的?② 从每个人都拥有独特记忆的角度,记忆——连带着还有遗忘,不仅基本上是个体性的,而且根本上就是个体性的,就像疼痛一样原始和孤单。③ 在此意义上,每一个个体都是记忆的个体。在新闻记忆实践中,与专业记忆社群因职业身份、职业规范而对其记

① Meyers, O. (2007). Memory in journalism and the memory of journalism: Israeli journalists and the constructed legacy of "Haolam Hazeh". *Journal of Communication*, 57(4), 719-738.

② 奥立克:《从集体记忆到关于记忆实践和记忆产品的社会学》,埃尔、纽宁主编:《文化记忆研究指南》,李恭忠、李霞译,南京:南京大学出版社,2021年,第187-201页。

③ 奥立克:《从集体记忆到关于记忆实践和记忆产品的社会学》,埃尔、纽宁主编:《文化记忆研究指南》,李恭忠、李霞译,南京:南京大学出版社,2021年,第187-201页。

忆活动提出明确要求（如客观地记录，尽可能避免主观立场、态度的影响等）不同，各种参与新闻记忆实践的新闻信源、新闻发言人、政治人物、社会活动家等非专业社群，并没有如记者社群的规范性要求，更多以个体性、个性化的方式组织其记忆实践活动。

因为专业记忆社群拥有设置社会记忆议程的强大力量[1]，对于非专业社群来说，若想要自身的记忆实践被纳入权威、主导的记忆实践中，最高效、便捷的路径就是寻求与专业社群的合作。因此，非专业社群与专业社群的合作成为其日常记忆实践的常态。具体表现为配合专业社群的记忆实践要求，积极提供有价值的记忆线索、信息，对于专业社群的删改、挪用等实践行动不拒绝、不反抗等。事实上，从专业社群的角度来看，非专业社群的记忆实践合作不仅为其降低了生产成本，缓解了时间压力，同时，那些掌握稀缺记忆资源的非专业社群的合作还能增强其记忆产品的市场竞争力。有研究已经注意到，鉴于日益加剧的经济和时间压力，以及越来越丰富的易于获取的文本，记者越来越多地从各种来源提供的文本材料建构部分报道，其中包括公共关系发言人、政治行动者和其他媒体渠道。[2] 对于非专业社群来说，其记忆实践借助专业社群的组织与扩散，不仅获得了更高的记忆可见性，其还通过专业社群的记忆实践组织，将个体性的记忆体验转化成了具有专业化、结构化标签的机构记忆文本，从而在某种程度上获得了战胜脆弱、易逝的个体记忆的稳定性与持久性。当然，其代价也必然是记忆的被压缩、改写，甚至变形、扭曲。

非专业记忆实践之被纳入专业记忆实践结构并被赋予权威的过程，不仅有积极的合作，也存在激烈的竞争。对于非专业记忆社群来说，首要的竞争就是对占据主导、支配地位的记忆实践资源的竞争。因为，记忆资源在社会中的分布是不均衡的，大量的非专业记忆社群需要彼此竞争，以获取有限的专业社群的记忆资源配置。正如有研究指出的，并非每个个体和/或群体在集体记忆的过程中都有平等的发言权，权威性的集体记忆的生产和维护，

① Kligler-Vilenchik, N. (2011). Memory-setting: Applying agenda-setting theory to the study of collective memory. In Neiger, M., Meyers, O., & Zandberg, E. *On media memory: Collective memory in a new media age* (pp. 226-237). New York: Palgrave Macmillan.

② Berkowitz, D. (2009). Reporters and their sources. In Wahl-Jorgensen, K., & Hanitzsch, T. (eds.). *The handbook of journalism studies* (pp. 102-115). New York: Routledge.

仅限于那些具有文化权威并能够获得建构、分发和保存集体记忆所需资源的人。[①]

必须意识到的是,当使用非专业记忆社群这样的标签来指代区别于新闻专业社群的广泛、复杂的个体和群体集合的时候,也就忽视了非专业社群内部存在的个体和群体之间的记忆实践差异。事实上,即使是非专业的社群,其所拥有的社会地位、阶层属性、议题设置能力、记忆可信度等都是存在巨大差异的。诸如专家、政治人物、社会活动家、社会名流等,虽然不是新闻专业社群,但其身份、地位的显著性,亦能使其成为专业社群竞相追逐的对象。而那些掌握了独家信息或垄断性渠道的诸如新闻发言人、独家信源等,亦会引发专业社群对他们的竞争。

无论是非专业社群之间,还是专业社群之间,又或是非专业社群与专业社群之间,无论是竞争还是合作,都反映了新闻记忆实践资源的稀缺性、主导性社会地位,以及记忆资源配置的复杂性、动态性过程本质。

二、新闻记忆的实践:记录与参与、具身与去具身的组织与安排

就像集体记忆合并了各种不同的记忆实践(如回忆、回想、纪念、建模),每一种都由不同的力量、意图、想象和资源所塑造[②]一样,新闻记忆的实践,也反映了记者作为客观的记录者与社会生活的参与者,其记录的实践与参与的实践的交织,以及记忆实践作为一种高度体验性(experienced)与日趋中介性(mediated)的活动的组织与安排。

1. 记录的实践与参与的实践的交织

在新闻客观性观念的核心,记者被假定为记录者、观察者和抄写员,可靠地报道事件的发展。[③] 这一观点的影响就像承载这一观点的"新闻就是一面镜子"的隐喻的广为流传一样,成为公众、社会以及新闻业自身对新闻最直观的印象。这一观点受到了名记者的推崇。如著名调查记者林肯·斯蒂芬斯(Lincoln Steffens)回忆他在《纽约晚邮报》的工作时就说,"记者要像机

① Kansteiner, W. (2002). Finding meaning in memory: A methodological critique of collective memory studies. *History & Theory*, 41(2), 179-197.

② Olick, J. K. (2007). *The politics of regret: Collective memory in the age of atrocity*(p. 10). New York: Routledge.

③ Zelizer, B. (2017). *What journalism could be*. Malden: Polity Press.

器一样,不带任何偏见、风格、色彩地报道新闻"。①

记者作为记录者的观点建立在实在论的认识论基础上,即真实世界是独立于观察者的存在意识的,新闻记者作为独立的观察者能够站在客观世界的事件之外,能够把世界的真相和含义通过运用诸如标准报道格式这样的职业报道技巧和中性的语言传达给接受对象。因此,新闻具有不偏不倚、清晰、中立地表达外部世界的潜能。② 这一认识论体现在具体的新闻记忆实践中,就是客观的观察、忠实的记录,并确保记录的真实、准确。

但是,就如建构论所揭示的,现实世界并非独立于观察者之外。相反,现实是一种大量生产的、具有表现力的创造物——是一种由人类生产并维系的产物。③ 记者,也并非客观、中立的观察者,而是如马克斯·韦伯所言,每个人都是"悬在由他自己所编织的意义之网中的动物"④。记者不仅身处其自身编织的意义之网中,还位居新闻职业所编织的意义之网,以及社会文化所编织的意义之网中,具有专业行动者、社会生活参与者的多重身份。由此所带来的是在新闻记忆实践中,记者作为专业行动者、社会生活参与者的多重实践维度。

记者作为专业行动者的实践,既包括学习的实践,如学习新闻规则,并通过反复做"正确的事情"⑤来证明这种学习;也包括创新的实践,也就是根据实际情境,组织和安排每一篇报道。学习的实践体现了专业的过去(记忆)对记者的影响,而创新的实践则体现了现在对过去(记忆)的框架安排。

记者不仅是专业的行动者,也是社会生活的参与者。这种社会生活参与者的身份,决定了记者的新闻记忆实践既是反映和面向特定社会实践,也是建构和被建构于特定社会实践的。正如有研究揭示的,"镜子"隐喻暗示了一个矛盾,如果记者将这个世界"带给我们",那么他们必须在这个世界之

① Steffens, L. (1931). *The autobiography of Lincoln Steffens* (p. 171). New York: Harcourt Brace.

② 哈克特、赵月枝:《维系民主:西方政治与新闻客观性》,沈荟、周雨译,北京:清华大学出版社,2005年,第85页。

③ 凯瑞:《作为文化的传播》,丁未译,北京:中国人民大学出版社,2019年,第25页。

④ 格尔茨:《文化的解释》,韩莉译,南京:译林出版社,1999年,第5页。

⑤ Ryfe, D. M. (2006). Guest editor's introduction: New institutionalism and the news. *Political Communication*, 23(2), 135-144.

中,而不是身处这个世界之外。① "9·11"之后美国新闻界的报道证明,新闻业不是"简单地报道"这个国家正在发生的事情,而是通过一个让读者和美国新闻媒体记者都参与的过程,发挥类似民间宗教的社会修复和稳定作用。②

无论是记录的实践,还是参与的实践,都是一种叙事的实践。就像人的生命从出生、成长,到衰老、死亡,有着明确的开始和结束一样,叙事的需求某种程度上内隐于人的生命体验中。或者说,我们之所以需要故事,是因为我们自身就是故事。③ 因此,新闻记忆实践以旁观者或参与者的不同角色,以或超然或投入的表达方式,在多维意义之网中组织、生产和再生产各种故事,从而赋予新闻记忆实践生动、鲜活的品格。

2.具身的实践与去具身的实践的组织

当杜威和米德想要终结笛卡尔式的心高于身的偏向时,他们提出,并不是"我思故我在",更准确地说,应该是我们(通过我们的身体)行动,世界有了反应,我们的思维逐一记录并对世界作出回应,然后我们再行动。因此,身和心应该被视作我们行为展开过程中的不同阶段。④ 实践以此为支点,新闻记忆的实践亦以此为基础前提。

新闻记忆的实践,首先表现为一种直接经验、亲身体验,或者说"具身"(embodied)的实践。无论是记者的观察、采访,还是现场报道,记者在新闻现场的在场(presence)是新闻报道真实、权威的重要来源。有研究称之为媒体见证(witness),媒体见证表现为三重实践:媒体报道中证人的出现,媒体自身见证的可能性,以及媒体受众作为事件证人的定位。⑤ 媒体见证即新闻与现实事件的目击者、见证人关系,使其能够对过去、现在和未来作出真相说明。

---

① Kitch, C. (2018). Journalism as memory. In Vos, T. P. (ed.). *Journalism*, *handbooks of communication science*(pp. 169-186). Boston/ Berlin: Walter de Gruyter.

② Kitch, C. (2003). "Mourning in America": Ritual, redemption, and recovery in news narrative after September 11. *Journalism Studies*, 4(2), 213-224.

③ 鲁勒:《每日新闻、永恒故事:新闻报道中的神话角色》,尹宏毅、周俐梅译,北京:清华大学出版社,2013 年。

④ 特纳编:《Blackwell 社会理论指南》(第 2 版),李康译,上海:上海人民出版社,2003 年,第103 页。

⑤ Paul, F., & Amit, P. (2009). *Media witnessing: Testimony in the age of mass communication* (p.1). Basingstoke: Palgrave Macmillan.

具身性的新闻记忆实践不仅具有现场感和真实性，还反映了新闻记忆实践中态度、立场、情感、情绪、意义、价值等多种因素的综合作用。因为身体不是一个消极被动的场所，任由各种社会信息铭刻其上，而是社会本体论的积极要素，①是一个过去的记忆，现在的利益、要求，以及未来的期待、愿望交织混合的复杂存在。其不仅组织着感官的体验，还组织着情感、意义、价值等心灵和精神的活动。在此意义上，可以说，身体是一种感觉性-实践性的行动因子，既形塑着文化，又生产着文化。②

新闻记忆的实践，还表现为多种形式中介的，"去具身"（disembodied）的实践。有研究指出，我们想当然地认为，我们参与的大多数现代世界都是以某种形式被中介的，我们不能直接体验它。但人们不太了解的是，中介过程是通过社会实践和制度安排的结合进行的。③ 这一观点表达了两层意思，一是社会世界的中介性，二是中介过程的实践性与制度性。新闻记忆的实践，必须经由符号、文本、话语等的中介，以特定新闻规范的形式，通过报纸、杂志、广播、电视、互联网等媒介进行传播。其深深地嵌入社会文化背景中，受到过去和现在的"不可终结"的制约。在此意义上，有研究声称，记忆既不是一件东西，也不仅是一种工具，而是中介本身。④

去具身的记忆实践不仅是一种中介的实践，依赖各种中介的形式、媒介来组织记忆实践，还是一种技术的实践。技术发明、技术装置、技术设备、技术应用都会深刻地影响新闻记忆的实践组织。事实上，记者长期以来一直与机器（技术）和机器操作者（技术人员）合作完成新闻工作：从平版印刷到打字机和报纸分页，再到早期的在线新闻和现在广泛使用的内容管理系统。⑤ 随着数字化带来更多特定技术形式的实践，比如社交媒体策展和在线聚合，以及智能算法和自动化程序，在某些情况下，这些新技术可以取代以

① 特纳编：《Blackwell 社会理论指南》（第 2 版），李康译，上海：上海人民出版社，2003 年，第586 页。

② 特纳编：《Blackwell 社会理论指南》（第 2 版），李康译，上海：上海人民出版社，2003 年，第586 页。

③ Reese, S. D., & Shoemaker, P. J. (2016). A media sociology for the networked public sphere: The hierarchy of influences model. *Mass Communication & Society*, 19(4), 389-410.

④ Olick, J. K. (2007). *The politics of regret: Collective memory in the age of atrocity*(p. 11). New York: Routledge.

⑤ Lewis, S. C., & Westlund, O. (2015). Actors, actants, audiences, and activities in cross-media news work. *Digital Journalism*, 3(1), 19-37.

前由人类完成的活动——典型的是"机器人新闻"(robot journalism)的出现以及机器写作的新闻形式①，从而带来了新闻记忆实践如何以人类-技术维度为框架来协商其实践的权威、身份和专业性的问题，其不仅与程序员新闻(programmer journalism)②等技术的特定形式有关，也与机器主导的过程开始承担传统上与专业控制相关的更多责任有关③。

将新闻记忆实践置于记忆社群的记忆实践的框架下进行思考，就是要突出过去在社群和实践活动中的影响。作为记忆社群的新闻记忆实践活动，是一个专业社群与非专业社群，其内部和彼此之间不断合作与竞争的过程，亦是一个客观的记录与积极的参与，具身性的复杂体验与去具身性的中介的、技术的实践相互嵌入、混合、作用的动态、复杂的过程，其中既有过去的结构性的存在，亦受到现在的利益和需求的制约。

第三节　社会实践中的记忆实践：新闻记忆的实践逻辑

社会学家早就意识到，表征最终是建立在实践的基础上，建立在"人们做什么"的基础上的。④ 新闻不是一个稳定的、统一的实体，而是一种在不同平台、传播媒介、国家背景和时间期限之内，并跨越这些平台、媒介、国家和时间而调整和改变的活动。这种可变性与不同类型的实践、使这些实践合法化的不同规范的理解以及新闻实践产生的不同条件有关。⑤ 也就是说，新闻实践与社会实践高度相关。无论是新闻生产即记忆实践，将新闻生产视作一种制度性与情境性、规范性与自主性、话语性与物质性相统一的记忆实践活动，还是记忆社群的记忆实践，将新闻记忆实践视作专业社群与非专业

① Van Dalen, A. (2012). The algorithms behind the headlines: How machine-written news redefines the core skills of human journalists. *Journalism Practice*, 6(5-6), 648-658.

② Lewis, S. C., & Usher, N. (2013). Open source and journalism: Toward new frameworks for imagining news innovation. *Media, Culture & Society*, 35(5), 602-619.

③ Bakker, P. (2012). Aggregation, content farms and huffinization: The rise of low-pay and no-pay journalism. *Journalism Practice*, 6(5-6), 627-637.

④ Van Leeuwen, T. (2008). *Discourse and practice: New tools for critical discourse analysis*(p.4). New York: Oxford University Press.

⑤ Carlson, M. (2016). Metajournalistic discourse and the meanings of journalism: Definitional control, boundary work, and legitimation. *Communication Theory*, 26(4), 349-368.

社群,其内部和彼此之间不断合作与竞争,在客观的记录与积极的参与,具身性的复杂体验与去具身性的中介的、技术的实践相互嵌入、作用的动态、复杂的过程。新闻记忆实践总是既表现出新闻记忆实践的特征,又置身于社会记忆实践以及社会实践的背景和过程中,展示和体现着其与特定社会实践的结构、关系。

在社会实践的背景中理解新闻记忆实践,首先就需要将其理解为一种记忆的实践,作为过去与现在、个体与集体、记忆与遗忘的结构性、系统性、动态性的集体记忆实践的一部分。其次,理解新闻记忆实践还必须将其视作一种社会的实践,视作在特定的社会发展阶段、特定的传统和文化情境中,以及特定的意识形态背景下进行的常态性与危机性、日常性与仪式性、认知性与情感性彼此交织、平稳过渡的社会(再)生产活动。只有从新闻记忆实践既作为记忆实践,又作为社会实践的统一性把握中,才能探知和觉察新闻记忆的实践逻辑。

一、认知与情感:日常实践中的新闻记忆逻辑

正如有研究指出的,情感是实践理论研究的盲点之一。人人都知道,所有的社会行为都负载着情感。问题在于,如何理解情感在行为中蕴含的方式,如何理解行为激起我们感情的方式。绝大多数关于实践的理论都透露出这样的意思,即实践活动基本上是一种认知性的努力。[①] 正是基于实践分析对情感因素有意无意的忽略,本书提出,要从情感与认知的双重逻辑来认识新闻记忆的实践活动。

有研究将"日常生活"界定为,那些同时使社会再生产成为可能的个体再生产要素的集合。没有个体的再生产,任何社会都无法存在,而没有自我再生产,任何个体都无法存在。因而,日常生活存在于每一社会之中。[②] 在人类社会的大多数时间里,日常生活都是以一种循环往复的常态继续着。新闻记忆就像生活的背景和底色,既不可或缺,又没有那么显眼和招摇。下面将日常生活拆解为"日常"和"生活"两个词,虽然这两个词都表达了社会

---

①　特纳编:《Blackwell 社会理论指南》(第 2 版),李康译,上海:上海人民出版社,2003 年,第127 页。

②　赫勒:《日常生活》,衣俊卿译,重庆:重庆出版社,2010 年,第 3 页。

常态化的涵义,但"日常"一词突出循环性、重复性,而"生活"一词则侧重于鲜活性、体验感。

1. 社会认知:新闻记忆的日常逻辑

社会学家帕克(Robert Park)将新闻视作是一种"主要与过去或未来无关,而是与现在有关的知识形式",是一种"综合知识"——一种"体现在惯例和常规中"的隐性知识——并非形成正式知识体系的核心形式。[①] 其不仅指出了新闻与世界联系的特定方式[②],还暗含了新闻作为一种觉知、了解周围世界环境特定知识形式的社会认知效果。

有研究认为,与生理知觉一样,新闻本身比其关注对象更重要。新闻体系对我们的最大馈赠,不是关于特定事件的特定信息,而是能知觉"任何"重大、有趣之事的信心。[③] 在此意义上,新闻作为感知周围环境变动的社会知觉系统,成为认知世界的象征。因此,每个人都需要新闻。在日常生活中,新闻告诉我们所没有直接经历的事情,从而使原本遥远的事情变得可见和有意义。[④] 作为告知我们周围世界最新变动的经验性知识,新闻体现出认知价值。

帕克在詹姆斯(William James)关于两种知识的概念——"知晓"或通过经验、直觉获得的知识,以及"理解"的知识,或通过系统调查获得的形式理性知识——的基础上,将新闻的知识界定在基于惯例和习俗的综合性知识一侧,而不是基于分析和理解的系统性知识一侧,主要是基于对新闻是一种离散的、偶发的、转瞬即逝的事件报道的认识。事实上,新闻并非仅仅关注现在,有研究发现,在过去的一个世纪里,美国的新闻对历史背景的关注越来越多,报道变得更长且包含更多的分析,更加强调多种时间框架,而不是仅强调现在。[⑤]

---

① Park, R. E. (1940). News as a form of knowledge: A chapter in the sociology of knowledge. *American Journal of Sociology*, 45(5), 669-686.

② Zelizer, B., & Allan, S. (2010). *Keywords in news and journalism studies*(p. 82). New York: Open University Press.

③ 斯蒂芬斯:《新闻的历史》,陈继静译,北京:北京大学出版社,2014 年,第 10-11 页。

④ Molotch, H., & Lester, M. (1974). News as purposive behavior: On the strategic use of routine events, accidents, and scandals. *American Sociological Review*, 39(1), 101-112.

⑤ Barnhurst, K. G., & Mutz, D. (1997). American journalism and the decline of event centered reporting. *Journal of Communication*, 47(4), 27-53.

这反映了在变革加剧的复杂世界里新闻实践的记忆面向,即记者的工作并非仅仅报道最新发生的事件,还要将其融入受众的某种一致性框架中。或者说,追求连贯一致的认识,而不是服务于特定的纪念活动,可能是记者对社会记忆作出的最重要的贡献。[①] 研究者们强调,很长一段时间以来,新闻业已不再以事件为中心,而是变得更具分析性、解释性和语境性。[②] 由此来看,新闻记忆实践通过浸润、引用过去来分析、解释现在,从而使其不仅成为帕克所称的"知晓"世界的经验性知识实践,还成为"理解"世界的分析性知识实践的一种形式,具有更加强大的社会认知效果。

此外,在"今日的历史就是过去的新闻,今日的新闻就是将来的历史"的层面,新闻报道被视作是历史记载最重要的依据。因此,有历史学家声称,"历史是一种经提炼过的报纸"。[③] 而"昨天的新闻、今天的历史"和"昨天的历史、今天的新闻"[④]所反映的新闻与历史之间的转化、互动,则进一步表明了新闻记忆实践所具有的历史认知价值。诸如纪念报道、历史类比等过去作为前景而不是背景的新闻记忆实践活动的反复操演,则更加鲜明、突出地标注了新闻记忆实践的历史认知逻辑。

在日复一日的现实世界中,新闻记忆实践以一般性的新闻生产表明其经验性知识的认知逻辑,以分析性、解释性新闻的生产来表达其作为"理解"性知识的认知逻辑,同时还通过各种纪念报道、历史类比,新闻与历史的转化和互动来标记其历史性的认知逻辑,最终都在于将新闻记忆的实践纳入某种一致性的框架中,以实现受众连贯一致的认识——这也是维持日常往复的关键所在。

2.情感体验:新闻记忆的生活逻辑

叙事是组织新闻记忆实践最突出的形式,当过去的表征以一种叙事的

---

① Schudson, M. (2014). Journalism as a vehicle of non-commemorative cultural memory. In Zelizer, B. , & Tenenboim-Weinblatt, K. *Journalism and memory* (pp.85-96). New York: Palgrave Macmillan.

② 见 Barnhurst, K. G. , & Mutz, D. (1997). American journalism and the decline of event centered reporting. *Journal of Communication*, 47(4), 27-53. 和 Fink, K. , & Schudson, M. (2014). The rise of contextual journalism, 1950s-2000s. *Journalism*, 15, 3-20.

③ 李茂政:《当代新闻学》,台北:正中书局,1987年,第20页。

④ 李红涛:《昨天的历史 今天的新闻——媒体记忆、集体认同和文化权威》,《当代传播》2013年第5期。

形式①呈现,其所拥有的情感力量,使其比结构化的学习(如学校、历史教科书等)更容易引起共鸣。② 如果将新闻置于社会文化的框架中,正如有研究指出的,"流行文化——像电影、音乐、电视和杂志——保存了生活中的某些东西,它们分享欢乐的笑声或同情的泪水;它们也许不准确也不可验证,但它们是情感化的"③。

新闻记忆实践的情感逻辑,首先表现为记者作为社会性的个体,其记忆的生产实践活动必然或多或少、或隐或显地受到感性的、情感因素的驱动或制约。正如有研究指出的,情感驱动着各种各样的新闻传播和讲故事的实践,使新闻报道充满力量。④ 所有的社会行为都负载着情感,⑤虽然专业社群的职业规范对记者的情感表达进行了严格的限制和要求,但无法否认的是,其在现实社会中确定选题、搜集素材、进行采访、写作报道的过程,不可能不受到某些情感的触动或激发。因此,其情感的表达虽然是隐忍和克制的,但情感的底色和力量并非不存在。

新闻记忆实践的情感逻辑,还表现为新闻记忆的实践过程无法避免各种情感因素的渗透。在信息来源或简约或冗长的回忆和讲述中,在新闻发言人或轻描淡写或义正辞严的声明中,在政治人物或惜墨如金或洋洋洒洒的话语表达中,情感作为极力规避的因素,并不是不存在,而是以委婉的、克制的方式变换了存在而已。

此外,新闻记忆实践的情感逻辑,还表现在其对于社会各种情感的表征和呈现,所唤起的社会公众的多样化的情感体验。有研究指出,新闻影响受众最广泛的途径之一,是新闻有助于建构一个情感的共同体。⑥ 在日常生活

---

① Kitch, C. (2005). *Pages from the past: History & memory in American magazines.* Chapel Hill: University of North Carolina Press.

② Kligler-Vilenchik, N., Tsfati Y., & Meyers, O. (2014). Setting the collective memory agenda: Examining mainstream media influence on individuals' perceptions of the past. *Memory Studies*, 7(4), 484-499.

③ Brabazon, T. (2005). *From revolution to revelation: Generation X, popular memory and cultural studies*(p. 67). Aldershot: Ashgate.

④ Papacharissi, Z. (2015). Toward new journalism(s): Affective news, hybridity, and liminal spaces. *Journalism Studies*, 16(1), 27-40.

⑤ 特纳编:《Blackwell 社会理论指南》(第 2 版),李康译,上海:上海人民出版社,2003 年,第127 页。

⑥ 舒德森:《新闻社会学》,徐桂权译,北京:华夏出版社,2010 年,第 32 页。

的大多数时候,新闻都是以一种隐忍、含蓄的方式来表达情感,但是现实生活中总是拥有丰富多彩的情感色彩,新生命降临的欣喜与期待、面对死亡阴影的惶恐与无助、突破创新的骄傲与欣慰,意外来临的惊慌与忐忑,等等。新闻记忆实践在记录社会生活的情感多样性的同时,也赋予其实践及社会公众对实践的多样化情感体验。

在生与死的社会日常中,新闻对死亡的报道,无论是名人的去世,还是普通人的离世,不再是克制、中立的,而是使用诸如"我们永远怀念""与我们同在"等话语来直接表达情感,从而使公众感受到更强烈的情感冲击。有关名人悼念报道的研究指出,新闻一直是通过"叙事范式"①,尤其是通过个人的故事来讲述的。一些公众人物的吸引力是如此强大,以至于他们的人生故事代表了一个时代、一代人,甚至一个国家。因此,这样一个人的死亡就不仅仅是一个新闻事件,而是舒德森所说的"文化爆发点",一个象征性的时刻,激发起人们对社会规范、希望和恐惧的反思。②

在新闻记忆的日常性实践中,认知和情感就像驱动实践的两翼,在帮助我们认识、理解社会生活变迁的过程中,连接、延伸着我们丰富多样的情感世界,从而为我们带来稳定、一致的认知和情感体验。

二、秩序与安全:危机实践中的新闻记忆逻辑

如果说,新闻的特征之一在于其日复一日的生产,其含蓄、克制的情感表达,使其构成了日常生活的一部分的话,那么,一旦新闻生产的日常节奏被改变,其客观、冷静的情感表达方式被突破,往往就意味着日常生活的被中断和被破坏。当危机和风险来临,新闻业作为最灵敏的"社会雷达",常态化的认知和情感逻辑退居其次,危机状态下个体和集体对秩序、安全的追求成为新闻记忆实践的首要逻辑。

1.秩序再造:社会危机中新闻记忆的基本诉求

当记者需要理解危机及其正在发生的事件和问题的不确定性时,对记

---

① Fisher, W. R. (1985). The narrative paradigm: In the beginning. *Journal of Communication*, 35(4), 74-89.

② Kitch, C. (2000). 'A news of feeling as well as fact': Mourning and memorial in American newsmagazines. *Journalism*, 1(2), 171-195.

忆的依赖往往会激增。或者说,新闻业的真正力量,特别是在危机中,可能
是把事件向后,而不是向前联系起来。[1] 无论是战争、自然灾害(如地震、飓
风、海啸等),还是恐怖袭击(如美国的"9·11事件"、英国的"7·7"伦敦地铁
爆炸案),以及航天飞机失事、总统遇刺等突发危机事件,都使得新闻业频繁
地回首过去,将现在的危机与过去历史上相似的事件联系起来,如媒体将伊
拉克战争标榜为"第二次海湾战争"[2],将哥伦比亚航天飞机失事称作是"挑
战者号"爆炸的重演[3],将"9·11"称作新的"珍珠港"[4],以及将新冠疫情置
于与"非典"的历史类比中[5],等等。新闻业之所以需要援引邻近、相似的事
件来处理当前的经历,是因为所援引的事件概括了其希望传达的创伤、危机
或灾难的含义。[6]

通过将现在与过去的历史相比较(历史类比),可以使针对当前问题的
某些行动方案的结果看起来是可预测的。也就是说,类比可以用来表示未
来之路类似于过去之路。[7] 正是通过新闻媒体的记忆实践,危机所引发的社
会紧张感,以及日常生活秩序所遭受的破坏,得以转移和修复。有学者对战
争期间的日记书写实践进行研究后发现,日常与非日常两个磁场是相互作
用的。当战争非日常的磁力逐渐明显地搅乱民众的日常,日常的磁场也同
时在增强抗力,试图将濒临失序危机的生活拉回轨道,以留住"一般"日常生
活的安全感与幸福感。日记书写成为战事紧张时期日记主挽留"日常"的轨

---

① Zelizer, B. (2016). Journalism's deep memory: Cold War mindedness and coverage of Islamic State. *International Journal of Communication*, 10, 6060-6089.

② Zelizer, B. (2004). When war is reduced to a photograph. In Allan, S., & Zelizer, B. (eds.). *Reporting war: Journalism in wartime* (pp. 115-135). New York: Routledge.

③ Edy, J. A., & Daradanova, M. (2006). Reporting the present through the lens of the past: From Challenger to Columbia. *Journalism*, 7(2), 131-151.

④ Zelizer, B. (2011). Cannibalizing memory in the global flow of news, In Neiger, M., Meyers, O., & Zandberg, E. *On media memory: Collective memory in a new media age* (pp. 27-36). New York: Palgrave Macmillan.

⑤ 李红涛、韩婕:《新冠中的非典往事:历史类比、记忆加冕与瘟疫想象》,《新闻记者》2020年第10期。

⑥ Zelizer, B. (2011). Cannibalizing memory in the global flow of news. In Neiger, M., Meyers, O., & Zandberg, E. *On media memory: Collective memory in a new media age* (pp. 27-36). New York: Palgrave Macmillan.

⑦ Edy, A. J. (1999). Journalistic uses of collective memory. *Journal of Communication*, 49(2), 71-85.

迹反应。① 以此来看,新闻作为"日常"的记忆实践,其所具有的对抗"非日常"的抗力亦会随着危机对社会造成的破坏性程度的增大而增强,其目的是维护或者再造社会日常秩序。

在严重危机时期,当意外事件被视作是对国家或社会秩序的威胁时,新闻工作者利用他们自己的国家观念来"常规化"事件。用来组织这些事件的符码不再是媒体机构和新闻专业的规范,而是记者自身的民族国家和文化的需求。② 有研究在美国"9·11事件"之后的新闻报道中发现,当国家共同体被认为处于危险的时候,纯粹的爱国主义就会出现。③ 在这种(悲剧、公共危险和国家安全威胁)情况下,"不存在站队,我们全都团结在一起"④。

当危机来临的时候,无论是新闻不断地向后看,还是将新闻日常的实践视作对抗"非日常"危机的抗力,抑或是新闻记者以国家利益而不是专业规范来组织实践,都反映了作为社会实践的新闻记忆实践,试图恢复、维护,甚至再造社会秩序的努力。

2. 本体性安全:社会危机中新闻记忆的根本要求

根据吉登斯的观点,从婴儿早期开始,行动者就已经有了某种原初的、无意识的需要,渴求一种熟悉感,渴求对自身所处社会世界中的稳定性有一种切实的把握。其将这种复杂的感情称之为"本体性安全"(ontological security)。⑤ 吉登斯所描述的本体性安全,突出了大多数人对自我身份的连续性以及稳定的周围社会和行动的物质环境的信任。信任概念的核心是对人和物的信赖感,这是本体性安全感的基础。吉登斯强调,本体性的安全与"存在于世界"的现象学和情感意义有关。这种安全增加了对社会、情感和物质的强调,即个人可以将自己在世界上的存在融入一个有意义的整体中,

---

① 参见洪郁如有关战争记忆与台湾日记书写的研究,文载《近代中国妇女史研究》2014年第12期。

② Zandberg, E. & Neiger, M. (2005). Between the nation and the profession: Journalists as members of contradicting communities. *Media Culture & Society*, 27(1), 131-141.

③ Waisbord, S. (2002). Journalism, risk and patriotism. In Zelizer, B. & Allan, S. *Journalism after September* 11(pp. 273-291). New York: Routledge.

④ Schudson, M. (2002). What's unusual about covering politics as usual?. In Zelizer, B. & Allan, S. *Journalism after September* 11(pp. 44-54). New York: Routledge.

⑤ 特纳编:《Blackwell社会理论指南》(第2版),李康译,上海:上海人民出版社,2003年,第118页。

或者在面对生活的挑战时融入有助益的意义生产实践中。①

　　归根结底,本体性安全是人们通过参与例行常规之再生产而得到的保障,②意义生产实践对于本体性安全来说至关重要。由是观之,新闻记忆实践不仅是一种社会常规的象征,其还以连贯、一致的意义生产,为社会实践提供了稳定的意义框架,从而在社会整体的层面担负起保障本体性安全的责任。当社会危机来临,例行常规被打破,各种不确定性不断涌现、上升,对危机及其正在发生的事件和问题的理解的需要导致对记忆依赖的激增。③此时,新闻记忆实践需要组织相关的过去,以作为理解现在危机事件的参照。正如有研究指出的,历史最有助于报道起初似乎难以解释的真正出乎意料的事件,以及令人震惊或混乱的事件。为了理解这些事件,记者和其他类型的文化领袖一道,寻找历史类比④和"框架图像"(frame images)⑤。无论是历史类比,还是框架图像,在危机时期,其主要功能就是利用过去的危机来解释现在的危机。

　　危机时期,新闻记忆的实践区别于平常时期的信息模式,其主要采取故事模式,也不再秉持传递观,而是以仪式观为主导。通过记录某些"决定性瞬间"⑥的照片在不同媒体平台的大幅、重复出现,通过极具视觉冲击力的某些镜头的不断回放,危机事件被转化为"媒介事件"⑦。正如有研究指出的,有关战争、危机的主题会使新闻业主动承担起社会动员和社会整合的重任,在将整个民族国家前所未有的团结起来的同时,赋予新闻实践一种社会治

---

　　① Lagerkvist,A. (2014). A quest for communitas: Rethinking mediated memory existentially. *Nordicom Review*,35(SI),205-218.

　　② 特纳编:《Blackwell 社会理论指南》(第 2 版),李康译,上海:上海人民出版社,2003 年,第118 页。

　　③ Zelizer,B. (2016). Journalism's deep memory: Cold War mindedness and coverage of Islamic State. *International Journal of Communication*,10,6060-6089.

　　④ Edy,A. J. (1999). Journalistic uses of collective memory. *Journal of Communication*,49(2),71-85.

　　⑤ Schwartz,B. (1988). Frame images: Towards a semiotics of collective memory. *Semiotica*,121(1/2),1-40.

　　⑥ 布勒松:《摄影的表达旨趣》,顾铮编译:《西方摄影文论选》,杭州:浙江摄影出版社,2007 年,第50-64 页。

　　⑦ Dayan,D.,& Katz,E. (1992). *Media events: The live broadcasting of history*. Cambridge: Harvard University Press.

疗仪式的效果。①

　　因此,危机时期的新闻记忆实践,不仅是维护意义框架连贯性与一致性的重要社会实践,还是帮助个体和社会平安度过危机时期的治疗仪式。正是通过恢复的故事、拯救的故事等过去面对类似危机如何应对的故事的讲述,通过记者与全体公民、与国家"在一起"的仪式的操演,新闻记者获得了一种日常、稳定性的感觉,公民和整个社会亦获得了一种情感和象征上的安全、稳定的感觉。

三、集体认同与记忆共同体:社会本体论中的新闻记忆逻辑

　　哈布瓦赫曾言:"人们正是在社会当中才正常地获得自己的记忆,也正是在社会当中唤回、认识并安置自己的记忆的。"②显然,集体记忆假设了一个统一的、实在的社会的存在。这一观念承袭了涂尔干有关"社会"的观念。在涂尔干那里,社会是自成一体的实在,具有自己独特的性质。社会要想生存下去,不仅需要一种能够令人心满意足的道德一致性,还需要最低限度的逻辑一致性,倘若超出了这个限度,社会也就岌岌可危了。③ 正因为如此,社会才会对其成员施以权威,以杜绝不和谐局面的发生。正是社会的无上权威,将自己转变成了某种思想方式,转变成了所有共同行动必不可少的条件。④

　　在社会作为统一的实在,以及社会拥有的对其成员的无上权威的本体论层面,新闻记忆实践发挥着形塑集体认同和建构记忆共同体的作用。

　　1. 集体认同:社会在新闻记忆中存在的动力

　　认同与意识相关,与对一个无意识的自我认知所进行的反思相关。这一点同时适用于个体和集体层面。我在何种程度上可以为"人",这首先取决于我是在何种程度上将自己视为"人",同样,对于一个被称为"部落""民族"或者"国家"的集体来说,它们在何种程度上作为一个集体而存在,也取

　　① Waisbord, S. (2002). Journalism, risk and patriotism. In Zelizer, B. & Allan, S. *Journalism after September* 11(pp. 273-291). New York: Routledge.
　　② Halbwachs, M. (1992). *On collective memory* (p. 38). Chicago: University of Chicago Press.
　　③ 涂尔干:《宗教生活的基本形式》,渠东、汲喆译,北京:商务印书馆,2011年,第18-19页。
　　④ 涂尔干:《宗教生活的基本形式》,渠东、汲喆译,北京:商务印书馆,2011年,第19-20页。

决于它们如何理解、想象和展现这些概念。① 集体认同是文化建构的产物:集体构建了一种"集体"或"我们"的自我形象,其成员与这个形象进行身份认同。其并不是"理所当然"地存在着,而是取决于特定的个体在何种程度上承认它。集体认同强大与否,取决于其在集体成员意识中的活跃程度及其如何促成集体成员的思考和行动。②

集体认同的社会建构性质及其活跃程度、力量强弱的变化性,将新闻记忆实践推向了集体认同建构的中心。正如有研究指出的,集体认同的一个中心性构成特征就是"拥有丰富的集体记忆遗产"。③ 有研究指出,集体以其过去发生的事件作为自己统一性和独特性的支撑点。社会需要"过去",首先是因为社会要借此进行自我定义。也可以说,只有使过去复活,一个民族才能存活。因为正如历史学家所言,每个集体在他们的过去中,同时找到了对自我的解释和意识——这是所有成员的共同财富,这财富越巨大,集体的概念就越稳固和深入人心。④

新闻记忆实践是一种公开的、抵达最广泛公众的,熟练地融合了新与旧、记忆和经验、熟悉和陌生的参考的实践形式。其构成了记忆的社会框架和主要内容,是社会重要的记忆之场。⑤ 一方面,新闻记忆实践经常、反复地调取、借用、呈现和表达特定的过去,使集体的过去变成活性的而不是惰性的,可用的而不是弃置的,从而在增强过去活跃程度的过程中,提升了其建构集体认同的力量强度;另一方面,新闻记忆实践又是现在中心性的,其对过去的使用总是基于现在的利益、观念和需要,从而使新闻记忆实践具有契合现在、服务现在的灵活性与适应性,提高了集体认同适应特定情境进行建构的针对性和有效性。

2. 记忆共同体:社会在新闻记忆中存在的形式

与"想象的共同体"⑥侧重于强调民族国家建立在基于印刷文本的想象

① 阿斯曼:《文化记忆》,金寿福、黄晓晨译,北京:北京大学出版社,2015年,第133页。

② 阿斯曼:《文化记忆》,金寿福、黄晓晨译,北京:北京大学出版社,2015年,第136页。

③ Anderson, B. (1983). *Imagined communities*(p. 6). London: Verso.

④ 阿斯曼:《文化记忆》,金寿福、黄晓晨译,北京:北京大学出版社,2015年,第136-137页。

⑤ Olick, J. K. (2014). Reflections on the underdeveloped relations between journalism and memory studies. In Zelizer, B., & Tenenboim-Weinblatt, K. *Journalism and memory*(pp. 17-31). New York: Palgrave Macmillan.

⑥ Anderson, B. (1983). *Imagined communities*. London: Verso.

的基础上不同，"记忆共同体"假定了我们经历所属群体和共同体已经发生的事件的能力——在我们加入他们之前他们就已经成为我们过去的一部分。[①]

记忆共同体的集体记忆，仅指那些所有成员共同分享的记忆。因此，成为记忆共同体意味着将各种不同的个体的过去整合成一个单一的共同的过去，一个特定共同体的所有成员一起来记住的过去。不仅如此，集体记忆的概念还意味着过去不仅是共同分享的，而且是共同记住的。通过帮助确保整个记忆共同体作为一个群体来记住其共同的过去，社会不仅影响我们记住什么和记住谁，而且影响我们在什么时候记住它。[②]

记忆共同体既突出了共同体的过去对于我们的先在规定性，又指明了成为记忆共同体的记忆被共同分享和共同记住的前提条件，从而表明了记忆共同体的社会性、主体间性的社会本质。

无论是"想象的共同体"基于印刷文本的想象来完成民族国家的建构，还是记忆共同体将所属群体的过去吸纳为我们自己过去的一部分，都提出了作为具有某种边界、共性的共同体的建构要求——以心灵的想象来超越身体的束缚，以过去来定义和团结现在。在此过程中，新闻记忆实践扮演着重要角色。首先，新闻记忆实践具有整合共同体过去的能力，通过对共同体过去的制度性、规范性的筛选和加工，通过浓缩、凝练一些具有较高辨识度的共同体的符号、形象，通过代表共同体象征符号的周期性重复和大范围传播，共同体的过去具有相对稳定的轮廓、内涵和表征，从而变成了一种共识性的共同的过去。其次，新闻记忆实践具有促进共同记忆的强大力量。那些定格"决定性瞬间"的经典图片、那些视听兼备的影像记录，不仅具有加深认知印象的效果，更具有形成情感冲击，引发情感共鸣的神奇力量，从而为特定社会和个体留下记忆的痕迹，甚至成为记忆的框架，具有为个体和社会进行记忆定向（orientated）的潜力。

此外，新闻记忆实践之故事性的组织方式，所具有的真实化效果，不仅使新闻中共同体的过去被接受为历史真实的，而且使过去以一种故事化、形

---

①　Zerubavel，E.（1996）．Social memories：Steps to a sociology of the past．*Qualitative Sociology*，19(3)，283-299．

②　Zerubavel，E.（1996）．Social memories：Steps to a sociology of the past．*Qualitative Sociology*，19(3)，283-299．

象生动的方式与现实中的个体相遇,很大程度上消除了作为历史的过去与现在的隔阂、壁垒,从而使共同体的过去转化为我们自己的过去的过程变得更加简单、轻松。在此意义上,历史学家才会感叹,虽然更多的档案被打开,更多的信息被历史学家所掌握,但历史学家塑造过去的权力反而更小了。相反,电影和电视成为权威的过去的讲述者和公共记忆的塑造者。①

就像强调新闻记忆实践之集体性、统一性的一面,并不是否定和忽视其差异性、多样性的一面一样,虽然在社会作为统一实体的本体论层面,新闻记忆实践既具有形塑集体认同和建构记忆共同体的作用,社会又以其统一的面貌存在于集体认同和记忆共同体中,但是,社会作为一个统一整体的观念所遭遇的质疑和挑战,也表明了社会客观存在的差异与隔阂,进而提示我们,新闻记忆实践也可能造成社会的区隔、分化。事实上,在很多时候,新闻记忆实践并非像前面分析所展示的那样统一,不同的新闻媒体、不同的社会时期、不同的新闻主题,其新闻记忆实践可能是竞争、矛盾,甚至冲突的。在新闻记忆实践逻辑的分析中,对日常时期、危机时期的划分,对认知、情感和秩序、本体性安全,以及集体认同和记忆共同体的分开论述,仅仅是基于理解和论证的需要,在实际的新闻记忆实践和社会实践中,它们之间并非如分析所展现的那样泾渭分明,恰恰相反,其常常是混合的、交杂的。

---

① Shapira, A. (1996). Historiography and memory: Latrun 1948. *Jewish Social Studies*, 3 (1), 20-61.

第四章　新闻记忆的网络

在信息时代的社会里,网络概念扮演了核心的角色。"网络"这一概念有着漫长而复杂的历史,可以追溯到包括人类学、经济学和社会学等一系列学科。[①] 本书无意回溯其历史,而是赞同有研究者的观点,"网络"概念是一种强有力的表达方式,可以重新表述社会理论、认识论和哲学的基本问题。[②] "网络"概念指出了行动被定位和被分配方式的转变。过去不可见的现在变得可见了,以前看似自给自足的东西现在被广泛地重新分配。有研究者将网络定义为一组相互连接的节点。节点是曲线与己身相交之处。具体来说,什么是节点依我们所谈的具体网络种类而定。[③]

在《社会结构:一种网络的路径》的前言中,威尔曼和伯克维茨将"网络分析"界定为"既非方法,也非隐喻,而是社会结构研究的一种基本知识工具"[④]。在此观点下的网络分析,视关系为社会结构的基本单元。这意味着网络分析并不以群体或社会理论为开端,而是审视节点(nodes)之间的关系或联结的密度和结构,而这里所说的节点可能包含了"个体……群体、企业、家庭、民族-国家或其他集体"[⑤]。

有研究使用"网络化第四阶层"(networked fourth estate)来指称那些与专业记者同时出现的,与去中心化的民主话语相关的公民和社会运动,以揭

---

① Scott, J. (2000). *Social network analysis*: *A handbook* (2nd ed)(pp. 1-5). London: Sage.

② Latour, B. (2011). Networks, societies, spheres: Reflections of an Actor-Network theorist. *International Journal of Communication*, 5(1), 796-810.

③ 卡斯特:《网络社会的崛起》,夏铸九等译,北京:社会科学文献出版社,2001 年,第 570 页。

④ Wellman, B., & Berkowitz, S. (1988). *Social structures*: *A network approach* (p. 4). Cambridge: Cambridge University Press.

⑤ Wellman, B., & Berkowitz, S. (1988). *Social structures*: *A network approach* (p. 4). Cambridge: Cambridge University Press.

示内容如何被创造和共享的再分配过程。① 也有研究用"网络化新闻"
(networked journalism)来指代专业人士和公民在创造新信息方面的新型合
作关系。记者像他们接触的公民一样,已经成为"记录、分享和分发信息的
分散能力"的节点。② 在更正式的新闻行业层面,有研究使用"网络化制度"
(networked institution)来描述新闻机构自身变得更加协作的需求。③ 所有
这些术语都表明,新闻业正在以不可预测的方式跨越传统的机构边界。作
为一个定位概念,"网络"抓住了专业人士与公民之间、机构与机构之间界限
模糊的趋势,因为他们在数字平台上发展了更多的合作伙伴关系。④

　　无论是作为文本的新闻记忆层面,还是作为实践的新闻记忆层面,新闻
记忆都是一个社会结构意义上的网络;其由若干节点构成,这些节点既包括
个体,也包括特定的群体、新闻机构、民族-国家等;这些节点之间的关系既
有结构性、制度性的,也有临时性、偶然性的;这些节点和关系所构成的联结
处于不断生成和转化的状态。对新闻记忆进行网络分析,就是从网络分析
作为一种社会结构分析的知识工具的层面,对构成新闻记忆文本和实践的
主要节点、关系和系统进行分析。

第一节　从目击者到行动者:新闻记忆的网络节点

　　将新闻生产设想为一个行动者网络,对新闻学研究具有强大的认识论
意义。⑤ 当我们开始"跟随行动者自身"⑥去追踪它们的关系,我们的研究对

---

　　① Benkler, Y. (2011). A free irresponsible press: Wikileaks and the battle over the soul of
the networked fourth estate. *Harvard Civil Rights-Civil Liberties Law Review*, 46(2), 311-397.

　　② Haak, B. Van der, Parks, M., & Castells, M. (2012). The future of journalism:
Networked journalism. *International Journal of Communication*, 6, 2923-2938.

　　③ Anderson, C. W., Bell, E., & Shirky, C. (2012). *Post-industrial journalism:
Adapting to the present*(p.72). New York: Tow Center.

　　④ Reese, S. D., & Shoemaker, P. J. (2016). A media sociology for the networked public
sphere: The hierarchy of influences model. *Mass Communication & Society*, 19(4), 389-410.

　　⑤ Domingo, D., & Wiard, V. (2016). News networks. In Witschge, T., Anderson, C.
W., Domingo, D., & Hermida, A. (eds.). *The SAGE handbook of digital journalism*(pp.397-
409). London: Sage.

　　⑥ Latour, B. (2005). *Reassembling the social*(p.12). Oxford: Oxford University Press.

象将迅速拓展至"新闻室的机制,其工作人员、新闻技术、技能和工作实践,并超越新闻室进入混乱的世界"①。拉图尔指出,行动者通过"创造世界的活动"表达了他们的存在感,"行动者不是沉默的事物,而是由大量行动者是谁,谁属于行动者的相互矛盾的声音持续不断地制造出来"②。拉图尔呼吁对行动者的定义应该优先于分析者强加的定义。由此,行动者网络理论将新闻研究的注意力转向了新闻生产和消费背后的复杂网络,其中包括非人类的"参与者"。或者说,行动者网络提供了一个框架,用于分析日益复杂和相互交织的信息生产、流通和使用环境,而无须对不同行动者分配的角色强加理论模型。

一、目击者与记者:在场的记忆与记忆的在场

自现代新闻业兴起至今,尽管新闻客观性已经从一种规范变成了一种理想③,但是,目击者、见证人在新闻实践中的特殊地位,仍然是新闻具有社会特权地位的重要原因。

1. 目击者:在场的记忆

目击者指的是在新闻现场目击、亲见新闻发生的人。与亲历者在新闻事件中的卷入性、利益相关性相区别,目击者具有与新闻现场旁观、无涉的身份特征。理解"目击者"这个词,不仅要从字面上认识其所突出的视觉中心性,还需要从根本上把握"目击者"所表达的感官性、身体性的在场性质。"目击者"的同义词是"见证人","见证人"突出了在场性、旁观性、证据性的内涵,通常与"目击者"交替使用。在新闻历史上,记者和新闻报道经常自诩为新闻现场的目击者和见证人。

正如有研究指出的,有时候,一个特定的记者真的就出现在"历史展开"的现场。然而,更多的时候,获得历史事件主要"目击者"身份的记者事实上

① Hemmingway, E. (2008). *Into the newsroom: Exploring the digital production of regional television news*(p. 27). London: Routledge.

② Latour, B. (2005). *Reassembling the social*(p. 31). Oxford: Oxford University Press.

③ Schudson, M. (2001). The objectivity norm in American journalism. *Journalism*, 2(2), 149-170.

并不在事件现场,而是在公众感知的那一刻与我们"在那里"。[1]

虽然在大多数新闻发生(突发事件)的情况下,记者都是不在场的,但是通过采访现场的目击者、见证人,并将目击者、见证人的叙述、回忆呈现在新闻文本中,新闻制造了一种"此时此地"的真实现场的感觉。这一"现场还原"的过程,以赋予目击者、见证人在场的真实性、客观性的方式,遮蔽了其在面对记者采访时对于新闻现场的叙述乃是一种回忆性表达的本质。

新闻的采访或者报道,着力凸显的是目击者、见证人在新闻现场的身份,而不是其在面对采访,以及后续的新闻报道中,必须依靠自身的记忆、回忆、叙述来组织所见所闻的加工和转化过程。也就是说,在新闻中,即使是新闻现场的目击者、见证人,其本质依然是一种在场的记忆,更遑论记者及其新闻报道声称通过采访、报道以实现对新闻现场的目击和见证所受到的记忆的影响。

2. 记者:记忆的在场

目击者、见证人所代表的在场的记忆,经由记者、新闻媒体的专业加工和生产,被转化成记忆的在场,成为整个共同体对社会生活、重大社会事件的记录与记忆。从在场的记忆到记忆的在场,记者和媒体实现的是双重维度的转化:在记忆的层面,从目击者感性的、个体的记忆转变为记者的专业的、规范的记忆,以及新闻媒体的中介的、媒介的记忆;在在场的层面,从目击者在新闻发生现场的在场,转变为记者对新闻报道现场的在场,以及受众接收新闻的媒介行为的在场与记录新闻现场的文本的在场。这种记忆和在场的转变,体现了新闻作为一种重要的现代性生产机制,其强大的记忆转化能力。

正如有研究指出的,对前现代社会的大多数人来说,在大多数情况下,社会生活的空间维度都是受"在场"的支配,即地域性活动的支配。现代性的降临,通过对"缺场"的各种其他要素的孕育,日益把空间从地点分离出来,从位置上看,远离了任何给定的面对面的互动情势。在现代性条件下,场所完全被远离它们的社会影响所穿透并据其建构而成。建构场所的不单是在场发生的事情,场所的"可见形式"掩藏着那些远距离关系,而正是这些

---

① Kitch, C. (2018). Journalism as memory. In Vos, T. P. (ed.). *Journalism*, *handbooks of communication science*(pp. 169-186). Boston/ Berlin: Walter de Gruyter.

关系决定着场所的性质。[①]　新闻业以其成熟的新闻生产体制,不仅掩蔽了目击者、见证人的在场的记忆主体性,还将目击者、见证人的在场转变为新闻记者及其报道的现场在场,在过滤掉个体记忆主观因素的过程中,通过凸显新闻报道的客观面貌实现了从他者在场到记者在场、新闻在场的角色转化。

从目击者到记者,从在场的记忆到记忆的在场,不仅是记者作为"见证人"身份的获得过程,也是新闻从现场记忆到记忆现场的独特地位的建构过程。将新闻从"此时此地"带向遥远、未来的"那里和那时"的,不仅是新闻生产体制以及无远弗届的媒体传播平台,更是现代社会制度所建立的象征标志与专家系统[②]的持续运行。正是象征标志(媒介)与专家系统(记者和新闻业)的现代性作用机制,使得基于特定见证人、目击者的特定时空中的新闻,脱域(disembeding)至无限广阔的时空世界和广泛多样的群体、社会中,从而赋予记者、新闻媒体及其新闻报道一种人为的、特殊的身份,仿佛过去还在他们的心中、报道中。就像"水门事件"与《华盛顿邮报》、伍德沃德、伯恩斯坦的联系[③],克朗凯特与二战电视记忆[④]的联系一样。

但是,传统意义上将记者理解为新闻生产者的观念正面临严峻的挑战,且不说更多新闻界外部的用户正越来越多地参与到新闻生产过程中,仅在新闻业内部,就有越来越多的角色:程序员、技术人员、数据可视化专家等参与到新闻生产中。[⑤]　这些角色对于记忆实践的影响尚待研究。

二、受众与用户:记忆的消费与记忆的生产

在新闻记忆的实践和文本中,绝大多数人都是作为面目模糊,但是高度统一的"受众"而存在的。在现代新闻业诞生的绝大多数时间里,记者及其所属的新闻媒体垄断了几乎所有的新闻生产、传播资源。在"稀缺性"主导的广播时代,受众只是新闻记忆的消费者。要实现从受众到用户,从新闻记

[①]　吉登斯:《现代性的后果》,田禾译,南京:译林出版社,2011年,第16页。
[②]　吉登斯:《现代性的后果》,田禾译,南京:译林出版社,2011年,第19页。
[③]　Schudson, M. (1992). *Watergate in American memory: How we remember, forget, and reconstruct the past*. New York: Basic Books.
[④]　Carlson, M. (2012). Rethinking journalistic authority: Walter Cronkite and ritual in television news. *Journalism Studies*, 13(4), 483-498.
[⑤]　Boczkowski, P. (2015). The material turn in the study of journalism: Some hopeful and cautionary remarks from an early explorer. *Journalism*, 16(1), 65-68.

忆的消费者到参与者、生产者的转变,得等到"后稀缺性"主导的后广播(post-broadcast)①时代的来临。

1. 受众:记忆的接受与记忆的消费

"受众"一词所暗含的被动受众(接收者、消费者)②涵义使这一概念备受争议。事实上,站在不同的角度看,对受众的理解是存在巨大差异的:从传统大众媒体的角度看,受众是相对被动的接受者;对媒体广告商来说,受众则是统计出来的商品;从文化生产的角度看,受众是积极的意义制造者;而对技术专家来说,受众则可能是开源(open source)系统的潜在参与者。③

受众即接受者的观点在大众传播的传统模式中能够非常明显地被识别出来。④ 但是,将受众作为公众的代表,希望通过新闻获得民主社会的公共信息,仍然符合新闻作为公共监督者的规范功能。因此,即使愈益意识到受众及其在线表达的能力,记者仍然将受众想象为依赖他们的工作以获取新闻信息的接受者。⑤

然而,将受众视为接受者并不等于将其视作消费者。⑥ 消费者是一个与生产者、劳动者相对的概念,既是资本主义体系的组成部分,也是其产物。如果将资本主义视作是一个商品生产的体系,⑦商品、市场、生产者、消费者就是其核心要素。消费者突出的是受众的市场价值和商品属性。有研究很早就指出,大众媒体的受众被包装成卖给广告商的商品。⑧ 受众作为消费者,根本没有供应者(消息来源)那么大的权力来对所生产的产品施加同等的影响。同样,他们只是旁观者,既不能决定握有权力的消息来源的行为,

① Hoskins, A. (2010). Media, memory and emergence. *Media Development*, 57(2), 15-18.
② Harcup, T. & O'Neill, D. (2017). What is news?. *Journalism Studies*, 18(12), 1470-1488.
③ Lewis, S. C., & Usher, N. (2013). Open source and journalism: Toward new frame works for imagining news innovation. *Media, Culture & Society*, 35(5), 602-619.
④ Westley, B. H., & MacLean, M. S. (1957). A conceptual model for communications research. *Journalism & Mass Communication Quarterly*, 34(1), 31-38.
⑤ Anderson, C. W. (2013). Towards a sociology of computational and algorithmic journalism. *New Media & Society*, 15(7), 1005-1021.
⑥ Lewis, S. C., & Westlund, O. (2015). Actors, actants, audiences, and activities in cross-media news work. *Digital Journalism*, 3(1), 19-37.
⑦ 吉登斯:《现代性的后果》,田禾译,南京:译林出版社,2011年,第49页。
⑧ Smythe, D. W. (1977). Communications: Blindspot of western Marxism. *Canadian Journal of Political and Society Theory*, 1(3), 1-28.

也无法塑造新闻故事的面貌。[①]

在新闻记忆网络中,受众是一个非常重要的节点,其一方面作为新闻记忆的接受者,在被动的记忆接受与主动的意义阐释中完成外部记忆、中介记忆向内部记忆、个体记忆的转化;另一方面,受众又作为新闻记忆的消费者,以其对大量记忆文本、记忆产品的购买和消费,实现着新闻记忆的市场价值。

长期以来,报纸和杂志在重大事件发生之后都会出版"特刊"或"纪念性"专刊。纪念性新闻不仅将新闻机构与其共同体的认同和记忆联系起来,还以其自身的物质性将新闻媒体转变为记忆之物,成为过去经验和感受的试金石。正如目击者的报道证实了记者"在那里",纪念性的媒体产品也证明了"我们在那里"。[②] 受众以其对记忆文本的解读和记忆产品的购买,证明了"我们"这一社会共同体的存在意义和市场价值。

2. 用户:记忆的生产与记忆的消费

纵然作为接受者的受众是一种"历史谬论"[③],有关受众积极性与被动性的争论[④]亦从未停止。作为互联网、数字媒体技术的产物,"用户"(user)改变了广播时代被动性、大众化、同一性的受众面貌,凸显和强调了后广播时代用户的个体性、分散性、差异化、主动性等特征。

正如有研究指出的,在新媒体环境中,开放结构挑战等级结构,微观生产挑战宏观生产,开放准入的业余生产挑战封闭准入的精英、专业生产,廉价、民主、易使用的技术改变了媒体生产的经济和技术壁垒。[⑤] 诚然,这些转变不仅是技术性的,还由我们自身推动。新一代用户拥抱这些技术,发现并创造新的用途,可以称其为"产消者"(prosumer),这是以前被视为相对独立的媒体生产者和受众的一种连接。[⑥]

① 甘斯:《什么在决定新闻》,石琳、李红涛译,北京:北京大学出版社,2009 年,第 362 页。

② Kitch, C. (2018). Journalism as memory. In Vos, T. P. (ed.). *Journalism, handbooks of communication science*(pp. 169-186). Boston/ Berlin: Walter de Gruyter.

③ Van Dijck, J. (2009). Users like you? Theorizing agency in user-generated content. *Media Culture Society*, 31(1), 41-58.

④ Bolin, G. (2012). The labour of media use: The two active audiences. *Information, Communication & Society*, 15(6), 796-814.

⑤ Merrin, W. (2014). *Media studies* 2.0. New York: Routledge.

⑥ Hoskins, A. (2010). Media, memory and emergence. *Media Development*, 57(2), 15-18.

新媒体环境不仅为用户带来了社会关系和身份经验的重塑，其还通过塑造、扩展、储存、组织和删除个人及其身份"材料"，对社会记忆图景进行了改造。首先，新闻记忆生产的区域边界和时间界限被彻底打破。任何地方、任何时间发生的新闻，互联网用户都可以在第一时间将目击者照片、视频等原始新闻素材上传到互联网上，甚至可以通过用户直播的方式来发挥传统媒体新闻直播的作用——将新闻现场带给所有人。正如有研究指出的，公民视频取代了专业记者的工作，成为"历史的初稿"。① 有研究将数字互联网时代，用户在新闻现场拍摄照片、视频并上传网络，后被世界不同地方的电视、报纸报道的现象称作"数字见证"（digital witnessing），其与新闻媒体的传统见证功能不相上下。数字见证提供给我们理解作为一种动态的、涉及跨媒体、全球化、移动连接、动员的记忆装配和组织的"全球数字记忆场"（globital memory field）的新视角。②

其次，用户的参与带来了过去在新闻中的可见性的显著改变。有研究指出，"连接转向"（connective turn）所带来的最突出之处是为我们与过去的关系提供了新的可见性和新的能动性。③ 与广播时代的受众只是内容的消费者，分享、反馈的能力和渠道极其有限这一情况不同，今天的数字媒体用户能够生产内容、反馈信息和塑造自己的媒体关系。④ 数字用户通过发文、转发、分享和评论参与到形成数字记忆的传播过程中。⑤ 一方面，更多的个体的过去被看见，就如有研究指出的，用户在社交媒体上创建的每一个帖子或故事都可以被赋予回忆，其能够非常容易地立即被更广泛的公众分享。这些内容挑战了大众媒体的线性逻辑，并为个体提供了成为记忆的代理人

① Kitch，C. (2018). Journalism as memory. In Vos，T. P. (ed.). *Journalism，handbooks of communication science* (pp. 169-186). Boston/ Berlin：Walter de Gruyter.

② Reading，A. (2010). The globytal：Towards an understanding of globalised memories in the digital age. In Maj，A.，& Riha，D. (eds.). *Digital memories：Exploring critical issues* (pp. 31-40). Oxford：Inter-Disciplinary Press.

③ Hoskins，A. (2011). 7/7 and connective memory：Interactional trajectories of remembering in post-scarcity culture. *Memory Studies*，4(3)，269-280.

④ Merrin，W. (2014). *Media studies* 2. 0. New York：Routledge.

⑤ Watson，B. R.，& Chen，M. S. (2016). @Todayin1963：Commemorative journalism, digital collective remembering，and the March on Washington. *Journalism Studies*，17(8)，1010-1029.

和呈现过去版本的机会[1]，从而形成了"长尾"(long tail)[2]记忆——理论上所有人的记忆都变成可见的和可用的。另一方面，更多的力量参与到对过去的可见性的塑造和改造中。传统媒体时代，大多数对记忆的理解都围绕着个体和共同体的概念框架进行，而后者主要是根据国家边界来架构，由不同的子群体所表达。随着数字互联网的应用和普及，固定形态的记忆文本被数字记忆假肢——照片共享网站、社交网站、博客以及手机的数据所替代。全球数字时代改变了我们对时空的理解以及记忆的内涵。我们正在经历新的流动性：不仅是人，数据和事件的记录也在以新的方式流动。数字媒体技术允许以廉价、全球可访问、全球可快速复制的方式创建、管理和存储事件和经验的记录。[3]　不仅是民族国家、新闻机构、专业记者，全球各地的政府、组织、个人都能够以这样、那样的方式参与到全球数字新闻的记忆实践中，并以或隐或显的方式影响其实践过程及数字存在形态。

从受众到用户，概念改变的背后隐藏的是整个媒介生态的变迁。一方面，新闻记忆的文本在愈益多样的文本可供性中，呈现出更加丰富的过去的记忆文本；另一方面，新闻记忆实践既受益于也必然受制于互联网所提供的时间可供性和过去可供性，在获得更丰富的新闻记忆来源、形式、格式的同时，也必然面临多种力量的参与、竞争，甚至冲突和斗争。

三、物质与技术：透明的记忆与可见的记忆

"每当有人行动并随之进行某项实践时，他都是在一种由物质实体构成的环境中这样做的。"[4]人类赖以生存的物质安排包括四种类型的实体：人类、人工制品、其他有机体和物。[5]　虽然大多数的实践理论家都是以人类为

① Neiger, M. (2020). Theorizing media memory: Six elements defining the role of the media in shaping collective memory in the digital age. *Sociology Compass*, 14(3), 1-11.

② Anderson, C. (2007). *The long tail: How endless choice is creating unlimited demand*. London: Random House Books.

③ Reading, A. (2010). The globytal: Towards an understanding of globalised memories in the digital age. In Maj, A., & Riha, D. (eds.). *Digital memories: Exploring critical issues* (pp. 31-40). Oxford: Inter-Disciplinary Press.

④ Schatzki, T. (2005). Peripheral vision: The sites of organizations. *Organization Studies*, 26(3), 465-484.

⑤ Witschge, T., & Harbersd, F. (2018). Journalism as practice. In Vos, T. P. (ed.). *Journalism, handbooks of communication science* (pp. 105-123). Boston/Berlin: Walter de Gruyter.

焦点或中心展开实践分析,但是也有越来越多的理论家承认非人类实体在实践中的作用。①

正如有研究指出的,事实上,新闻业一直是一种物质的和技术的事务。人们可以无休止地列举在收集、制作和传播新闻的过程中,在某一时刻发挥重要作用,或者现在仍然在发挥重要作用的物质和技术:信鸽、印刷机、电报、排字机、电话或电传机、联网的计算机、智能手机和算法……新闻业充斥着技术和物质。②

1. 物质:透明的记忆

物质(materials)与物(things)、客体或对象(objects)高度相关。在有的研究者那里,物似乎可以代替客体。站在物的一边,也就是接受其特定客体的部分。③ 但是,也有研究坚称,"物不是一个客体,(而且)不能成为一个客体"④。物代表了巨大的普遍性和特殊性,甚至是我们特别珍视的财产:物是世界的总和。⑤ 我们所说的物质,是对物作为世界总和及普遍性和特殊性的代表的性质、材质、质地、质感的整体把握,包括但不限于物质对象、物质工具、物质装备和物质环境等。

物既是被我们遭遇的,也是隐没在我们理解的阴影里的。只有当物不再为我们工作时:当电钻停止钻动,当汽车抛锚、窗户变脏,当它们在生产和流通、消费和展示的循环中的流动被停止时,我们才开始面对它们的物性(thingness)。或者说,物性和物质共同构成、凸显了物的普遍存在。有研究指出,客体声称自己作为物的故事,其实质是关于与人类主体的关系发生变化的故事,因此是关于物如何真正地不是命名一个客体而是命名一个特定

---

① Schatzki, T. R. (2001). Introduction: Practice research. In Schatzki, T. R., Cetina, K. K., & Von Savigny, E. (eds.). *The practice turn in contemporary theory* (pp. 10-23). London: Routledge.

② De Maeyer, J. (2016). Adopting a 'material sensibility' in journalism studies. In Witschge, T., Anderson, C. W., Domingo, D., & Hermida, A. (eds.). *The SAGE handbook of digital journalism* (pp. 460-476). London: Sage.

③ Riffaterre, M. (1994). The primacy of words: Francis Ponge's reification. In Minahen, C. D. *Figuring things: Char, Ponge, and poetry in the twentieth century* (pp. 27-38). KY: Lexington.

④ Derrida, J. (1984). *Signéponge/Signsponge* (p. 14). New York: Columbia University Press.

⑤ Brown, B. (2001). Thing theory. *Critical Inquiry*, 28(1), 1-22.

的主客体关系的故事。① 在此意义上,物的可见性及其可被理解性取决于特定的主客体关系。当我们将所有荣耀和特权给予作为历史的代理人的主体,就会使客体处于被动的阴影中,或被遗忘或臣服于统治。②

显然,记忆不仅是一个精神问题,也是一个物质问题。③ 而新闻研究中的一个挑战就是如何公正地对待作为任何实践活动重要组成部分的新闻业的物质环境,④特别是随着新闻生产物质环境的多方面变化:新闻生产的新空间,无论是家庭、共享的灵活办公空间、咖啡馆,还是合并重组的新闻编辑室,以及数字技术,包括移动设备、出版平台或内容管理系统等。正如有研究指出的,新闻业出现了我们可以称之为"物质转向"的现象,特别是行动者网络理论要求充分考虑非人类角色的作用,并将研究者的注意力集中在新闻生产的物质条件(简单地说,一切非人类的东西)——(移动)电话、办公桌、内容管理系统、计算机或其他非人类因素上。⑤ 因此,我们需要更加细致、全面地考察新闻业的物质环境的作用。因为,从某种意义上说,物质也像文化一样,总是与我们同在。它们塑造了我们在这个世界上的生存方式,并为社会行动提供了背景、语境和材料。⑥

在新闻记忆的文本层面,新闻可以被视作是物质的记忆,从手抄新闻信,到印刷的新闻纸,再到摄影新闻的照片,电视新闻的画面,及至当下数字新闻的文字、照片、音频、视频、数据、图表等的综合呈现,新闻记忆既是物质的产物,也体现了物质的记忆及变迁。在新闻记忆的实践层面,从记者外出采访、纸笔记录,到照相机、摄像机拍摄记录,通过系统软件加工处理,及至跨越时空的数字连接所带来的全球数字记忆实践,新闻记忆实践在适应物质变迁的同时,也面临着物质改变所带来的机遇和挑战。因为较之于人的

---

① Brown, B. (2001). Thing theory. *Critical Inquiry*, 28(1), 1-22.

② Huyssen, A. (2016). Memory things and their temporality. *Memory Studies*, 9(1), 107-110.

③ Huyssen, A. (2016). Memory things and their temporality. *Memory Studies*, 9(1), 107-110.

④ Witschge, T., & Harbersd, F. (2018). Journalism as practice. In Vos, T. P. (ed.). *Journalism, handbooks of communication science* (pp. 105-123). Boston/Berlin: Walter de Gruyter.

⑤ De Maeyer, J. (2016). Adopting a 'material sensibility' in journalism studies. In Witschge, T., Anderson, C. W., Domingo, D., & Hermida, A. (eds.). *The SAGE handbook of digital journalism* (pp. 460-476). London: Sage.

⑥ Kreiss, D. (2015). Afterword. *Journalism*, 16(1), 153-156.

主体性、能动性,物质往往是以一种透明的、惰性的方式存在的,所以,尽管物质不仅深刻地形塑了新闻记忆的文本和实践,还将自身镌刻、卷入新闻记忆的文本和实践活动中,但因其是以一种不可见的、惰性的方式发生作用的,故称其为"透明的记忆"。

2. 技术:可见的记忆

在今天这个时代,制造新闻的不仅有信源,而且有算法。① 正如有研究指出的,对新闻物质性的重新评估不能简单地等同于对技术的更多关注。这样的解读很容易导致技术中心主义的陷阱,即关注单个技术的效果,而不是对技术在新闻生产中的作用及其与经济、社会、文化变革等的作用关系进行更深入的理解。②

很显然,技术是物质的,属于物的一部分。之所以将技术从物中剥离出来单独论述,一方面反映了技术对新闻记忆实践和文本的深刻影响,另一方面也意在凸显技术对于其他的物之湮没和遮蔽,以及技术较之于其他的物所具有的能动性。

有研究提出了"新闻网络"(news networks)的概念,视其为使新闻生产成为可能的人类和技术行动者的集合。③ 研究发现,在新闻网络的相互塑造过程中,新技术在改变一些新闻实践方面具有能动性,比如它使记者能够在更紧张的截稿期限内完成工作,并生产出令更多人感兴趣的报道。新闻网络也在一定程度上超越了新闻编辑室,这得益于多种技术的帮助,这些技术将新闻网络与该网络中的记者、信息来源和公众联系起来。比如电子邮件和谷歌(这代表了记者在日常工作中采用的创新),并没有取代电话作为建构新闻采集网络的核心技术,却使记者与信源的关系更加非正式化和更加直接。④

正如有研究指出的,技术赋予人类权力的程度已经到了无法解释当代

---

① Boczkowski, P. (2015). The material turn in the study of journalism: Some hopeful and cautionary remarks from an early explorer. *Journalism*, 16(1), 65-68.

② Witschge, T. (2012). The 'tyranny' of technology. In Lee-Wright, P., Phillips, A., & Witschge, T. (eds.). *Changing journalism*(pp. 99-114). London: Routledge.

③ Hemmingway, E. (2005). PDP, the news production network and the transformation of news. *Convergence*, 11(3), 8-27.

④ Plesner, U. (2009). An actor-network perspective on changing work practices: Communication technologies as actants in newswork. *Journalism*, 10(5), 604-626.

媒体生活中显而易见的现象的地步："有时候,有些地方,我们并不能完全控制我们的机器。"①显然,这样说就是承认了"技术能动性"。所谓技术能动性,并不是把意识赋予技术,而是认识到人类在日益复杂和无处不在的技术系统中工作时可能面临的限制。

无论是印刷术的发明,还是摄影、排版技术在报纸中的应用,抑或是电视新闻制作和播发过程中所涉及的大量、复杂的机器、技术的协调与运用,更遑论拜互联网、数字技术所赐的数据新闻、程序员新闻、机器人新闻等层出不穷的技术迭代,及其所带来的新闻创新形式,技术为新闻记忆实践带来的变革,不仅意味着效率和便利,亦让更多样的过去的存在形态、更丰富的过去的资源参与和纳入新闻记忆实践过程中,从而赋予新闻记忆实践更强大的技术可供性和过去可供性。

以网络行动者理论来关照和分析新闻记忆实践活动,就是要淡化人类能动性的首要地位,转而强调物质、人工制品和非人类的总体能动性。因为,不仅是记者在做新闻,技术、人工制品和其他物质也在做新闻。② 行动者网络理论提出了"行动体"(actant)这个中性概念,用来模糊人类与非人类行动者的区别,以识别"网络中通过与他者联系而获得力量的任何元素"③。一个记者、一间新闻编辑室、一群活动家或一种客观性,都是一个网络行动者,就像一台电脑、一个内容管理系统或一个像 Twitter 这样的社交媒体平台一样,他们都是关系网络中的行动体。④ 正如不仅记者是记忆的个体,技术、人工制品、物质都会承载和展现记忆的痕迹一样。因为分析的需要,前面将构成新闻记忆网络的主要节点逐一进行了分析,但在实际的新闻记忆实践中,这些节点之间可能并不是泾渭分明的,而是纠缠、交叠在一起,共同参与到

① Neff, G., Jordan, T., McVeigh-Schultz, J., & Gillespie, T. (2012). Affordances, technical agency, and the politics of technologies of cultural production. *Journal of Broadcasting & Electronic Media*, 56(2), 299-313.

② De Maeyer, J. (2016). Adopting a 'material sensibility' in journalism studies. In Witschge, T., Anderson, C. W., Domingo, D., & Hermida, A. (eds.). *The SAGE handbook of digital journalism*(pp.460-476). London: Sage.

③ Hemmingway, E. (2008). *Into the newsroom: Exploring the digital production of regional television news*(p.24). London: Routledge.

④ Domingo, D., & Wiard, V. (2016). News networks. In Witschge, T., Anderson, C. W., Domingo, D., & Hermida, A. (eds.). *The SAGE handbook of digital journalism*(pp.397-409). London: Sage.

记忆实践过程中。或者用行动者网络的观点来看,网络中的任何行动者最终都可能被分析为一个网络。①

第二节 从线性到交互性:新闻记忆的网络关系

社会网络分析的核心是数学的一个分支——图论(graph theory)。图论分析图的形式性质。图是点与点、点与线之间的系统。在数学中,术语"网络"用来指图的扩展,其中的线和/或点具有诸如方向、价值、权重等属性。借用过来,网络分析可以指对网络的总体"密度"及网络中各个点的相对"中心性"的测量。② 借用图论和数学中的网络概念,此处对新闻记忆网络关系的分析,就是在前面对网络主要节点解析的基础上,对节点之间的方向、权重等属性进行思考和探讨。

一个井然有序的世界是这样一种世界:在这里"人们知道如何继续下去"(或者说,知道一成不变意味着什么,人们知道如何找到——且是确切地找到——继续下去的方式);在这里人们知道如何计算事件的或然性,如何增加或减少这种或然性。一个井然有序的世界也是这样一种世界:在这里某些情境间的连接以及某些行动的效力总的来说一直是恒常不变的,这样,人们就可以将过去的成功当作未来成功的导向。③

将过去发生的视作是未来可能发生的,或者说某种程度上将未来视作是对过去的重复,成为认识和把握现代社会规律的一种基本立场。无论是过去、现在和未来的划分,还是对过去与未来之间关系的理解,都是现代意识的重要体现。或者说,经由科学革命所确立的线性逻辑,构成了现代性意识的核心。

随着互联网的诞生和普及,对社会关系的认识开始摆脱线性逻辑的主

---

① Callon, M. (1987). Society in the making: The study of technology as a tool for sociological analysis. In Bijker, W. E., Hughes, T. P., & Pinch, T. J. (eds.). *The social construction of technological systems*(pp. 83-103). Cambridge: MIT Press.

② Carrington, P. J., & Scott, J. (2011). Introduction. In Carrington, P. J., & Scott, J. (eds.). *The SAGE handbook of social network analysis*(pp. 1-8). London: Sage.

③ 鲍曼:《对秩序的追求》,哈贝马斯等:《文化现代性精粹读本》,北京:中国人民大学出版社,2006 年,第 95-108 页。

导,超链接、交互界面等新的连接方式,使网络节点之间的关系呈现出迥异于线性连接的关系状态,极大地丰富了新闻记忆网络的关系形态。

一、线性关系:新闻记忆网络的生成与主导

正因为时间-空间是物质形态之最简单、最基本的运动形式,普遍必然地存在于一切其他的运动过程中,所以其才构成一切物质形态之间的一种普遍联系或纽带,仿佛是一切物质形态及其运动的共同背景或外部条件。① 牛顿的经典力学和基督教的线性时间观,分别从空间和时间上奠定了理解现代社会线性关系的认识论基础。或者说,线性关系构成了现代意义上的时间和空间运动的基础。

正如有研究指出的,知识书写的装置是依靠顺序性读写来规定的。当我们书写时,我们依线性序列排列素材,同样,读者大致上也会跟随这种由作者建立起来的序列。② 新闻作为一种现代意义上的知识形式,其遵循和体现了线性序列的生产与解读要求。

1. 线性文本:线性时间的记忆表达

时间不仅是一个科学或哲学的概念,而且还是一个时代的文化意识的重要组成部分,时间观念的变化一定揭示了文化变迁的奥秘。基督教文化以其线性时间观取代古希腊的循环时间观,规定了整个西方文明的新走向。历史的观念、进步的观念和发展演化的观念这些启蒙运动高扬的旗帜,只有在线性时间中才有可能。③ 或者说,线性时间是线性关系的最直观体现和最生动表达。

记忆作为一种典型的时间现象,其在瞬间生成,又绵延久远,其使过去澄明于现在,又将未来置放在现实中考量。④ 而当我们把新闻理解为一个"文本系统"⑤时,强调的则是新闻的文本性,也就是新闻作为一种修辞形式

---

① 王鹏令:《时—空论稿》,北京:人民出版社,1985 年,第 17 页。

② 李斯特等:《新媒体批判导论》(第 2 版),吴炜华、付晓光译,上海:复旦大学出版社,2016 年,第 34 页。

③ 吴国盛:《时间的观念》,北京:中国社会科学出版社,1996 年,第 4 页。

④ 赵静蓉:《文化记忆与身份认同》,北京:生活·读书·新知三联书店,2015 年,第 2 页。

⑤ Hartley, J. (1996). *Popular reality:Journalism, modernity, popular culture*(p. 3). London:Arnold.

或修辞形式的集合，一个话语结构，或一个再现的文化与文学类型，[①]其所具有的意义表达模式及其鲜明的形式标签。经由线性文本所进行的线性时间的记忆表达是新闻记忆文本最鲜明的特征。

在单一文本的层面，作为记忆文本的新闻，其最原始的口头表达形式，总是一句一句先后、依次说出。进入文字记忆阶段，其文字的表达则由具有明确逻辑的前后关联的单词、句子、段落逐级构成。不仅如此，在文字文本和图像文本之间，也总是根据意义表达需要对文字和图像进行上下、前后、左右关系的排列。广播新闻复现了原始新闻的口头传播要求，语句的前后逻辑关联成为听众理解新闻的核心，必要的重复、简短的句子成为提升广播新闻可理解性的关键。在模拟信号传播的电视新闻时代，主流的新闻文本表达依然是线性的，导播与声画结合的视频的先后出场，新闻与广告的交替播出，在许多方面，模拟电视的新闻文本依然遵循着线性逻辑。

在新闻作为"现代新闻范式"[②]的层面，有关标题、导语、主体和结尾的内容安排，以及倒金字塔写作所标记的新闻形式标签，不仅将新闻文本与小说、戏剧等虚构文本区别开来，更以其内容构成的各形式要素的前后安排，为标题、导语、结尾等指定了相对稳定的内容模式和结构性功能，对于形成现代意义上的新闻形式标签和结构模式具有重要意义。甚至可以说，现代新闻范式的形成既反映了新闻适应线性时间要求所作出的一系列结构化安排，也体现了现代性的线性时间在新闻文本中留下的记忆痕迹，或者说，线性文本乃是现代性的、线性时间的记忆文本。

在文本认知和理解的层面，作为线性时间记忆文本的新闻，通过内容的前后、上下顺序的排列，将社会生活的离散事件组织进新闻文本所框限的线性结构中，从而为杂乱无章的社会世界赋予文本秩序，以实现社会世界的秩序化认知和理解。就像有研究指出的，阅读小说和报纸的行为建立了一种基于牛顿学说时间概念的新的精神共同体。阅读小说和报纸也使人们更加相信，人在社会中的行为，和自然界的运动一样，可以按科学的因果关系来

---

① 舒德森：《新闻社会学》，徐桂权译，北京：华夏出版社，2010年，第16页。

② Høyer, S. (2005). The Anglo-American background. In Høyer, S., & Pöttker, H. (eds.). *Diffusion of the news paradigm* 1850-2000(pp. 9-19). Gothenborg: Nordicom.

解释。① 此外,作为线性时间的记忆文本,只有被置于前文本、后文本共同构成的文本结构中,才能对其所生成的记忆内容、特征等有更深入的理解。

经由线性时间要求所组织起来的现代新闻文本,既是对线性时间进行记忆的文本,对其的认知和理解就必须置于线性时间、现代新闻的线性结构,以及前文本、后文本共同构成的文本结构框架中,惟其如此,才能对新闻记忆文本所表达和组织的线性关系有更深入的把握。

2. 线性实践:线性历史的记忆组织

从记忆文本的维度对线性关系的论述,侧重于文本之内、文本与文本之间的过去、现在和未来,亦即一种线性时间的展示和表达关系;从记忆实践的维度对线性关系的论述,则着眼于新闻记忆的内容安排、实践活动在过去、现在和未来,亦即一种线性历史中的调用与组织。

线性历史与线性时间反映了对历史、时间的特定认识,是线性历史观和线性时间观的产物。线性时间观将时间视作是单向的、不可逆的,经由过去、途经现在、流向未来。就如有研究指出的,时间的线性概念被认为是"文明的时间架构"的基础。② 线性历史观将历史视作是有一个总的发展方向,并受着某种具有普遍性的动力原则所支配的,由落后向现代、由野蛮向文明不断进步、进化的过程。根据进化论的观点,人们可以按照一条"故事主线"来描绘历史,这条主线把杂乱无章的人类事件规划在一幅井然有序的图画之中:历史以弱小而孤立的狩猎和采集文化为"开端",经历了作物种植与畜牧社区的发展,从那里产生出了农业国家,最后以现代社会在西方的出现为顶点。③

与线性历史的观念相一致的,是在现代新闻业确立之初及其后很长一段时间里新闻实践对过去、历史、传统的有意忽略和摒弃。有研究指出,随着现代性和启蒙运动将西方从过去的怀旧观念推向进步的观念。④ 在进步

---

① 阿普尔比、亨特、雅各布:《历史的真相》,刘北成、薛绚译,上海:上海人民出版社,2011 年,第50 页。

② 诺沃特尼:《时间:现代与后现代经验》,金梦兰、张网成译,北京:北京师范大学出版社,2011 年,第30 页。

③ 吉登斯:《现代性的后果》,田禾译,南京:译林出版社,2011 年,第4-5 页。

④ Bury, J. B. (1932). *The idea of progress: An inquiry into its origins and growth*. New York: Dover.

的道路上，过去变成了一种冲击。新闻业所期望的现代性与记忆的主观性、不可靠性、不一致性、偶然性、犹豫和噪音是对立的。到了 18 世纪末，早期即盛行的记忆的艺术，被认为是过时的。那些长期以来与记忆相关的项目——传统、怀旧的过去、经验、直觉、想象力——被弃置一旁。新闻以其"主要与过去或未来无关，而是与现在有关"①的中心性实践，将自身定义为现代性的普及者②，期望通过生产价值中立的信息和公正、均衡的讨论，通过全面和完整的信息传递，推动理性的思考。简而言之，就是将客观性作为新闻职业规范的核心。

正如有研究指出的，在科学成为上帝，效率被人们重视的时代氛围下，客观性像是一个踌躇满志的职业群体的一种自然的、进步的意识形态。新闻从业者努力将自身与科学、效率和进步主义改革的名望联系起来。③ 作为组织新闻实践的职业规范，客观性要求新闻聚焦于现在、当下，要求先有采访再有新闻报道，要求采集事实后进行事实核查，要求从记者到编辑的层层把关等，都反映了新闻实践中的线性关系模式。

线性实践与线性文本，既是线性时间与线性历史的体现和反映，具有适应线性历史和线性时间要求的内在规定性，其又参与到线性时间与线性历史的建构、塑型过程中，通过新闻文本的生产和新闻实践的组织，将对过去、现在、未来的记忆以自身特有的文本形态、结构形式展示出来，最终成为线性时间与线性历史的一种记录和记忆。

二、交互关系：新闻记忆网络的联结与转化

线性关系固然是形成新闻记忆网络，并在其中占据主导地位的一种关系形态，但是随着互联网、数字技术所带来的新闻文本、新闻实践的数字化、网络化，新闻记忆网络各节点之间开始脱离线性关系的单一性，拥有了超链接、交互性等更多样的关系形态。

如果说线性关系是现代性的表征和产物的话，那超链接、交互性则代表

---

① Park, R. E. (1940). News as a form of knowledge: A chapter in the sociology of knowledge. *American Journal of Sociology*, 45(5), 669-686.

② Hartley, J. (1996). *Popular reality: Journalism, modernity, popular culture* (p. 33). London: Arnold.

③ 舒德森：《新闻社会学》，徐桂权译，北京：华夏出版社，2010 年，第 98 页。

了后现代的价值取向。正如有研究指出的,后现代最触目惊心的事实是,其承认短暂、分裂、不连续性和混乱构成了波德莱尔的现代性概念的一半,但并不试图超越它、抵制它甚或去界定包含在其中的"永恒与不变的"各种要素,而是在分裂和混乱的变化潮流中游泳,甚至颠簸,似乎那就是存在着的一切。① 与现代性表征的线性关系注重逻辑和意义之间的关联不同,后现代性所表征的交互关系既打破了逻各斯中心主义,也放弃了意义连贯性的追求,其将解构权威和意义的连续性,将特殊个体的体验、感觉,及其琐碎细屑的当下作为关照的中心。

1. 超链接:新闻记忆网络的联结

"超链接"一词的前缀"超(hyper)"源于希腊语中指代"之上的、超越的或之外的"词汇②。超链接是对线性连接的超越,是互联网连接的一种典型形式。其网络中的每个节点都有一些出口、入口或链接,从而提供了比传统的线性连接更"自然"的信息管理模式③。与线性关系强调前后、上下、左右、中心和边缘等的意义联系和相关性逻辑不同,超链接取消了对意义连贯性与一致性的追求,通过将毫不相干的事物连缀在一起,展示了后现代社会的真实状态。德里达将拼贴与蒙太奇视作是后现代话语的主要形式,认为其内在的异质性激励我们这些接受文本或形象的人,去创造一种既不可能是单一的又不可能是不变的含义。文本的生产者和消费者双方都参与了意义和含义的创造,结果是要打破(解构)作者硬塞进的各种意义或者提供一种连续性叙事的权力。④

在新闻记忆网络中,超链接首先表现为异质文本,如文字、图像、声音、图表、数据、动画等具有完全不同属性的文本的拼贴。与报纸主要是依赖文字文本(后包括图画、照片等图像文本),广播主要依赖声音文本,电视主要依赖活动的影像文本不同,互联网所呈现的新闻文本形态极具杂糅性,不仅有文字、图片,还有声音、视频,此外,图表、数据、动画等都进入新闻文本中,

---

① 哈维:《后现代的状况》,阎嘉译,北京:商务印书馆,2003 年,第 63 页。
② 李斯特等:《新媒体批判导论》(第 2 版),吴炜华、付晓光译,上海:复旦大学出版社,2016 年,第 30 页。
③ 李斯特等:《新媒体批判导论》(第 2 版),吴炜华、付晓光译,上海:复旦大学出版社,2016 年,第 32 页。
④ 哈维:《后现代的状况》,阎嘉译,北京:商务印书馆,2003 年,第 72 页。

使得新闻记忆不仅文本形态高度异质并形成"超文本"①，有关新闻记忆的体验也迥然不同。比如文字所要求的想象与逻辑，图像所产生的情感冲击，声音、视频所带来的身临其境的体验感，数据、图表所要求的抽象思维能力，等等，不同的文本形态所造就的完全不同的记忆要求和体验，在互联网用户点击新闻链接的一瞬间迸发出来。这些将给新闻记忆文本和实践带来怎样的冲击，尚未有实证或深入的研究，但可以肯定的是，其必然不同于过去相对单一的文本介质的记忆体验。

在新闻记忆网络中，超链接不仅表现为异质文本的拼贴，还表现为逻辑意义的放弃。如果说异质性的文本形态会带来记忆文本和记忆实践的不同面貌的话，那对逻辑意义的放弃则意味着诸如文本、话语这样的意义表达概念的过时和被抛弃。换句话来说，超链接不仅是异质文本的拼贴，还是无意义的连接。也就是现代性所确立的理性、意义的价值，在超链接的世界中根本不重要。毋宁说，超链接就是一种表示连接的存在方式，就像光怪陆离的后现代世界中那些五花八门的事物，以各得其所的方式存在着，而超链接就是这种存在方式之一。所以，在互联网的超链接中，文本与文本之间、对象与对象之间，其关系都是任意的、随意的、偶然的，主要取决于互联网用户的鼠标点击——前一秒还在为某个不认识的单词进行搜索，下一秒就被某明星离婚的新闻所吸引，再下一秒则可能转移到某个家乡美食的制作视频，就这样从新闻到非新闻，又从非新闻到新闻，彻底撕裂、扯碎了新闻记忆的完整拼图。且不说新闻对外部世界图景的建构完整性在互联网的超链接世界里不复存在，仅就这些碎片化的新闻拼图而言，其接受和理解的行为的游离、破碎都将极大地改变新闻记忆的景观。

就如有研究指出的，在一个普遍连接的时代，人与物、人与人、物与物都获得了空前的彼此连接、相互联系的机会和可能②，但与此同时，也可能带来人与物、人与人、物与物的空前隔绝与断裂。

2. 交互性：新闻记忆网络的转化

自 20 世纪 90 年代早期，交互性就已成为一个经常辩论的术语，并被不

---

① 超文本指的是可以提供链接网络的文本，这一链接网络由其他的"外部文本、上层文本以及超越自"的文本组成。有关超文本的界定可见李斯特等著的《新媒体批判导论》第 30-35 页。

② Hoskins, A. (2010). Media, memory and emergence. *Media Development*, 57(2), 15-18.

断地再定义。有研究概括出至少四种理解交互性概念的路径。第一种是从技术角度或者结构性视角看待交互性,认为交互潜能植根于不同媒介系统的硬软件之中;第二种从人类能动性角度界定交互性,并且将人类参与和设计或使用的自由度看作是界定的变量;第三种将交互性这个概念用于描述新媒介用户之间的交流,这种交流经由新媒介得以实现,并孕育了人际沟通新的可能;第四种是视交互性为一种政治概念,并认为它与政府治理、公民身份的广泛变迁密不可分。[①]

一般认为,传统媒体提供被动消费而新媒体则提供交互性。交互性代表了一种更为强大的、媒介文本的用户参与意识,一种与知识来源更为独立的关系,以及个体化的媒介使用和更多的用户选择。[②]

新闻记忆网络的交互性关系,首先体现在新闻记忆的生产者与消费者的互动、转换上。在传统的新闻生产中,新闻的生产者与新闻的接受者、消费者之间存在相对明确、单一的传受、产消的线性关系。因为记者、新闻媒体的专业权威性和渠道垄断性,新闻信源对其亦有较高的依附性,从而使传统的新闻记忆网络呈现出较鲜明的记者、媒体的专业生产中心性特征。在用户参与的交互式网络中,新闻记忆的各节点经由连接、互动,可以彼此转化。如记者、媒体不再是单一的生产者,而是大量消费来自其他记者、媒体、信源、用户、机构、组织等的信息;用户也不再是被动的接受者、消费者,而是可以同时扮演新闻信源、新闻消费者、新闻生产者的多重角色。用户生产内容(UGC)的大范围传播由可能变成现实。

其次,交互性还突出了人类身体、感性的存在和体验。无论是口头新闻,还是手抄、印刷新闻,都要求理性、逻辑的理解能力和想象的参与。电视虽然具有较强的类社会互动特征,但是只有在 VR、AR 新闻等所造就的虚拟现实、增强现实中,人类才获得了真正交互性的体验。在虚拟现实中,人类的理解、理性退居其次,对虚拟现实的沉浸、感受、体验成为其最吸引人之处。换句话来说,人、机之间,人与物之间的交互式关系,通过将身体的感性置于中心,排除了记忆、理解、想象等知性构成要素,从而实现了自笛卡尔身

---

① 盖恩、比尔:《新媒介:关键概念》,刘君、周竞男译,上海:复旦大学出版社,2015 年,第 92 页。
② 李斯特等:《新媒体批判导论》(第 2 版),吴炜华、付晓光译,上海:复旦大学出版社,2016 年,第 25 页。

心二元论提出以来身体所遭遇的贬损、排斥的逆转,人类的身体、感性不仅被重新发现,还被高度凸显出来。这也提醒我们,新闻记忆网络不仅依赖理性、逻辑的维系,还有大量身体、感性的体验充斥其间,而这也正是行动者网络有意突出之处。

此外,交互性还体现在物质、技术等非人类行动体与人类行动者的功能转换上。"黑箱"是行动者网络分析中反复出现的一个概念。对于行动者网络中的人类来说,那些他们不可能看到的其他行动体之间关系的复杂性,就是黑箱。这也是记者所面临的使用各种技术时的状况,即使这些技术是在新闻编辑室里临时开发出来的,但从记者的角度来看,这些技术制品内部如何工作仍然是神秘未知的,因此是一种技术的"黑箱"。[①] 黑箱在新闻记忆网络中亦存在,比如数据新闻对大量过去数据的抓取和呈现,算法推荐基于过去的新闻接触数据所进行的新闻推荐,这些程序、算法背后存在着怎样的数据选择、遗漏,甚至偏向,对于大多数互联网的用户,甚至是记者、媒体来说,都是黑箱似的存在。也就是说,除了少数程序开发者(如程序员)可能对于程序、算法、计算机内部存在的偏见、漏洞有所了解,对于新闻记忆网络中的大多数节点而言,这都是超出其理解范畴的黑箱。而正是这些黑箱的运行,不断地组织、生产着人类行动者与非人类行动体的角色转换。黑箱的存在不仅暴露了过去被视作技术主宰的人类的局限性,也进一步凸显了物质、技术较之于人类的独立性、未知性和能动性,从而提出了非人类与人类,究竟谁是主体的问题。当然,以行动者网络的视角来理解新闻记忆网络,最重要的是参与记忆行动的节点及其相互关系,而不是支配与被支配的特定关系类型。

线性文本和线性实践所反映的各网络节点之间存在的线性关系,固然构成了新闻记忆网络的主要关系形态,也可以说是历史形成的新闻记忆网络的稳定形态。但是,随着新的更加多元、丰富的新闻记忆文本和实践的涌现,无论是超链接所带来的超文本、无所不在的连接性,还是交互性所带来的记者与非记者、生产者与消费者、人类与非人类、理性与感性等的互动、转

---

① Domingo, D., & Wiard, V. (2016). News networks. In Witschge, T., Anderson, C. W., Domingo, D., & Hermida, A. (eds.). *The SAGE handbook of digital journalism* (pp. 397-409). London: Sage.

换，在反映新闻记忆网络不断生成、调整、动态转化的关系本质的同时，也预示着一个更加混沌、无序的开放世界的加速形成。在此意义上，线性关系代表的就不仅是新闻记忆网络节点的主要构成形态，更以其对线性时间、线性历史的典型表征构成了以理性、逻辑、秩序为中心的现代性的象征；而超链接、互动性的不断增强，则不仅显示了各类网络行动者身份、边界的不断模糊，更暗含着一个颠覆理性、摧毁秩序的后现代社会的加速来临。由此所带来的是在新闻记忆网络中，过去、现在与未来之间的关系将以更加复杂、流动、液态的形式存在。

同时，还必须意识到的是，尽管更多的互联网用户参与到新闻内容生产的过程中，但传统的新闻控制者并非坐以待毙。正如有研究指出的，互联网的崛起并没有使主要的新闻组织土崩瓦解，相反，互联网使它们拓展了跨技术霸权。它们可以使用多个新闻采集源，也能利用强大的母公司的威望。皮尤研究中心发现，互联网80％的新闻和信息流向集中在排名前7％的网站上。大多数网站（67％）受互联网时代之前"遗留下来"的新闻组织的控制。[1]因此，在看似去中心、解构等级、秩序的网络中，依然保留着强大的从中心到边缘的线性流动关系。如果因为超链接、交互性关系的愈益突出就否定线性关系的主导力量，那就未免太天真、乐观了。

第三节　从个体记忆到社会记忆：新闻记忆的网络系统

正如科学与其他领域中的每一种新观念一样，系统的概念也有一段漫长的历史。这一历史中包含有许多杰出人物的名字，不过他们没有强调"系统"这个词。通常认为，贝塔朗菲是"一般系统论"的先驱。[2] 在贝塔朗菲看来，系统观点已经渗透到从系统科学到系统技术，再到系统哲学的广泛领域，由此所带来的不仅是"系统"这个新的科学范式与古典科学分析的、机械

---

[1]　柯兰、芬顿、弗里德曼：《互联网的误读》，何道宽译，北京：中国人民大学出版社，2014年，第19页。

[2]　克内尔、纳塞希：《卢曼社会系统理论导引》，鲁贵显译，台北：巨流图书公司，1998年，第26页。

的、单向因果的范式的大不同，其还带来了思想和世界观的重新定向。①

贝塔朗菲将系统定义为"相互作用着的若干要素的复合体"，②同时，其还指出，这一对系统的定义抽去了空间和时间的条件，也抽去了对系统以前的历史事件可能有的依赖关系。③ 这是在理解系统概念时必须注意的，也就是不仅要把握系统的结构要素及其关系性，还要从系统所处的特定时空定位来把握其与历史系统的关系。

以系统论的观点来观照新闻记忆网络系统，首先就需要将新闻记忆系统视作是一种开放系统。开放系统被定义为与环境交换物质的系统，表现为输入和输出，物质成分的组建与破坏。④ 作为开放系统的新闻记忆系统，亦表现为记忆与遗忘，专业性的记忆生产与非专业性的记忆生产的组织，新闻记忆系统与社会记忆系统的互动、交流等。此外，系统论还暗示着新闻记忆系统是具有层级结构的。从原子、细胞，到生命个体、社会组织，再到国家、世界，均构成了系统论意义上的系统对象。新闻记忆不仅是个体记忆的重要来源和框架，还构成民族国家记忆的仪式与表达，亦成为社会记忆的构成与延续，从而形成了一个由个体记忆、民族国家记忆、社会记忆共同构成的记忆网络系统。此外，在系统论的视野下，新闻记忆系统总是受制于并体现了特定的社会时空结构及其记忆可供性。

一、新闻记忆：个体记忆的重要来源与框架

常识告诉我们，记忆是一种基本的个体现象，当我们独自一人或者跟别人对话时，还有什么比记忆更加个人化的？ 记忆——连带着还有遗忘——看来不仅基本上是个体性的，而且根本上就是个体性的，就像疼痛一样原始和孤单。⑤

作为身体或心理现象的个体记忆好像是彻底私人性的：我的记忆不是你们的记忆，一个人的记忆也不可能移植到另一个人的记忆中，对于主体的

---

① 贝塔朗菲：《一般系统论》，林康义、魏宏森等译，北京：清华大学出版社，1987年，第51页。
② 贝塔朗菲：《一般系统论》，林康义、魏宏森等译，北京：清华大学出版社，1987年，第51页。
③ 贝塔朗菲：《一般系统论》，林康义、魏宏森等译，北京：清华大学出版社，1987年，第52页。
④ 贝塔朗菲：《一般系统论》，林康义、魏宏森等译，北京：清华大学出版社，1987年，第132页。
⑤ 奥立克：《从集体记忆到关于记忆实践和记忆产品的社会学》，埃尔、纽宁主编《文化记忆研究指南》，李恭忠、李霞译，南京：南京大学出版社，2021年，第187-201页。

所有亲历体验来说，记忆，作为"我的"，是属我性、私有财产的一个典型。①但是，记忆并不只是这样一个过程：人们记住一些客观上存在的事情（事件等），然后它们可以被中立地感知到，在普遍的象征体系里被捕捉到，并以一种静态的形式得到保留。相反，在认知和接受的行为中，人们将某件特定的事情转化为一个能够记住，并且值得记住的现象，转化为一次有意义的，因而亦可交流的体验。他们将自己所认知的材料建构和组织起来，将其与此前的知识联系起来。②

1. 新闻报道：个体记忆的重要来源

从记忆来源的角度来看，新闻记忆构成了个体记忆的重要来源。个体记忆固然包括大量个体对于亲身经历，以及经由家庭、朋友等亲密关系群体所传播、传承的记忆。这一记忆内容甚至就是早期人类记忆的全部，这也是为何在传统社会里良好的尤其是超强的个体记忆能力是值得炫耀和称赞的根本原因——记忆力与记忆容量、记忆的传承高度相关。博闻强记是一件职业装备，需要精心养护。③

但是，随着现代社会的陌生化和巨大化，个体对于超出亲身感知之外的世界的记忆，越来越依赖新闻媒体及其报道。有关记忆议程设置的研究将议程设置理论运用到记忆研究中发现，媒介记忆议程，即媒体中最突出的过去事件与公众记忆议程，即个人认为最重要的过去事件之间是存在议程设置效果的。④　新闻记忆为个体记忆设置议程的结论显示，新闻记忆会影响我们对过去大事重要性的判断，也就是影响我们想起哪些过去。

研究受众记忆的学者发现，大多数人对某个事件的"经历"是从某个特定的记者那里或在某个特定的媒体环境中看到、听到的经历。虽然新闻报道不是事件本身，但新闻报道是事件的主要公共记忆，多年后，它从情感和感官上嵌入受众的理解中。这就是布朗（Roger Brown）和库利克（James

---

① 利科：《记忆，历史，遗忘》，李彦岑、陈颖译，上海：华东师范大学出版社，2018年，第121页。

② 斯特劳布：《心理学、叙事与文化记忆：过去和现在》，埃尔、纽宁主编《文化记忆研究指南》，李恭忠、李霞译，南京：南京大学出版社，2021年，第265-282页。

③ 德拉埃斯马：《记忆的隐喻：心灵的观念史》，乔修峰译，广州：花城出版社，2009年，第40页。

④ Kligler-Vilenchik, N. (2011). Memory-setting: Applying agenda-setting theory to the study of collective memory. In Neiger, M., Meyers, O., & Zandberg, E. *On media memory: Collective memory in a new media age* (pp. 226-237). New York: Palgrave Macmillan.

Kulik)所说的"闪光灯记忆"①(flashbulb memories)时刻,在这些时刻,被照亮的不只是事件,还有它的传播背景。这样的新闻在其出人意料的创造瞬间成为一种记忆文本。②

有关"闪光灯记忆",即对日常生活中发生的重大事件所进行的记忆研究,揭示了新闻报道对个体记忆的重要影响——这些事件往往被深深地误记了。而对甚至是最重大的事件的记忆也会发生错误的原因分析亦指出,由于这些事件经常受到新闻界的高度关注,我们对这些事件的记忆不仅包括我们自己的经历,还包括了后来的新闻报道及其框架。③

"闪光灯记忆"反映了重大事件的非亲历者个体,其记忆所受到的新闻报道的影响。这是一种个体并没有作为新闻人物进入新闻报道中的情形。对于"有幸"被新闻报道的那部分人来说,新闻记忆就成为其个体记忆中最显著、最值得反复回放,为此需要特别珍藏的记忆。无论是地域性还是全国性的新闻,最频繁地出现在新闻中的行动者必然是那些在地域性或全国性的活动中扮演角色的个体。但是,对于到底是哪些行动者被报道,却没有必然的答案。他们可能是所谓的"知名人士"的个体,也可能是"无名之辈",即那些具有代表性的普通人。④

一旦这些个体被新闻所报道,无论是知名人士,还是无名之辈,都会将其作为个体记忆中最显著、最突出的部分,以各种方式来展示新闻记忆——或是将那一期的新闻报道放大或装裱,置于家庭或工作场所中某个最显眼的位置,或是在日常的人际交往中将对其的新闻报道作为一个反复回味的重要谈资,也可能是日后有关其的新闻报道对此前报道的引用与回放,等等。新闻记忆在构成个体记忆重要内容的同时,以其制度化、机构化的生产获得了超越于个体记忆的权威性。借助于新闻记忆,个体记忆不再成为个体独有的记忆,而成为公开传播的,社会公共记忆的一部分。

---

① Brown, R., & Kulik, J. (1977). Flashbulb memories. *Cognition*, 5, 73-99.

② Kitch, C. (2018). Journalism as memory. In Vos, T. P. (ed.), *Journalism, handbooks of communication science* (pp. 169-186). Boston/ Berlin: Walter de Gruyter.

③ Olick, J. K. (2014). Reflections on the underdeveloped relations between journalism and memory studies. In Zelizer, B., & Tenenboim-Weinblatt, K. *Journalism and memory* (pp. 17-31). New York: Palgrave Macmillan.

④ 甘斯:《什么在决定新闻》,石琳、李红涛译,北京:北京大学出版社,2009年,第9-10页。

2.新闻图式:个体记忆的重要框架

"图式"(schema)是心理学家巴特利特予以详述的一个词。尽管巴特利特认为"图式"一词太过确定和肤浅,但其也坦承很难想出其他更好的描述性词汇来替代它。在巴特利特看来,"图式"指的是对过去反应或过去经验的一种积极的组织,其与"积极的、正在发展的模式"或"有组织的场景"等概念意思接近。① 或如有研究指出的,正是在过去图式的帮助下,陌生的被调整为已知的,不熟悉的被同化并转变为熟悉的。②

图式不是对过去细节的准确回忆,而是基于一系列因素对过去历史的建构,其中包括基于特定信念的像图式一样的知识结构。③ 或者说,图式不注重过去的细节,其反映的是过去的结构、模式的积极组织和安排。由此来理解新闻记忆,就会发现,新闻记忆不仅在报道的层面为个体记忆提供来源和内容,还在日积月累的报道模式、刻板印象、媒体模板等层面积累新闻图式,为个体记忆进行框架建构。

在《框架分析》一书中,戈夫曼将框架定义为人们认识和解释社会生活经验的一种认知结构,其"能够让使用者定位、感知、确定和命名那些看似无限多的具体事实"④。戈夫曼认为,框架是人们把现实生活世界中的一个个片段,归整成自己经验和知识的规则。正是依赖于这样的框架,人们经验到的生活世界,才有了条理和秩序,同时,这些被整合条理化了的经验知识,又成为人们下一次理解现实生活世界的基础。⑤

框架出现在传播者、文本、接受者和文化中。传播者在框架的指导下进行判断,并利用框架组织其信念系统;文本的框架,则主要表现为存在或缺少某些关键词、陈腐短语、刻板形象、信息来源,以及提供主题强化的事实或

① 巴特莱特:《记忆:一个实验的和社会的心理学研究》,黎炜译,杭州:浙江教育出版社,1998年,第263-264页。
② 斯特劳布:《心理学、叙事与文化记忆:过去和现在》,埃尔、纽宁主编:《文化记忆研究指南》,李恭忠、李霞译,南京:南京大学出版社,2021年,第265-282页。
③ Wertsch, J. V. (2004). Specific narratives and schematic narrative templates. In Seixas, P. (ed.). *Theorizing historical consciousness*(pp. 49-62). Toronto: University of Toronto Press.
④ Goffman, E. (1974). *Framing analysis: An essay on the organization of experience*(p. 21). New York: Harper & Row.
⑤ 黄旦:《导读:新闻与社会现实》,塔奇曼:《做新闻》,麻争旗等译,北京:华夏出版社,2008年,第2页。

判断的句子;接受者的框架会指导其思考和结论;而文化则是常用的、被调用的框架储备,或者说文化可以被定义为在一个社会群体中,在大多数人的话语和思维中,通过经验证明的一套共同框架。①

很显然,作为新闻接受者的个体的记忆框架,受到了来自作为新闻生产者、新闻报道文本,以及特定的社会文化的共同作用和影响。有研究指出,对重大公共事件的记忆是一个社会"大声思考自己"的工具,其是一个框架,我们在这个框架内分析后续的(并重新评估先前的)历史事件。作为一种认知工具,人们用它来理解世界上可能更难定位或定义的元素。换句话说,记忆是一种文化程序,它引导我们的意图,设定我们的情绪,并使我们能够行动。② 因此,新闻所积淀的图式、脚本、模板、程序,以新闻记忆的方式,架构着我们对世界的认知、理解、记忆和行动。

二、新闻记忆:民族国家的记忆仪式与表达

安德森在《想象的共同体》中论述到,18 世纪西欧启蒙运动和理性世俗主义的兴起,带来了天堂的解体和救赎的荒诞,但并没有带来人的受苦的随之消失。因而,这个时代所亟需的是,通过世俗的形式,重新将宿命转化为连续,将偶然转化为意义。而很少有东西比民族这个概念更适合于完成这个使命。在政治上表现为民族国家的"民族"的身影,既浮现在遥远的过去之中,同时也延伸到无限的未来之中,正是民族主义的魔法,将偶然化成命运。③

民族国家被想象为历史连续的,从遥远的过去走来,并延伸到无限的未来中去。在此意义上,正是记忆确证了民族国家的历史与存在。新闻以其对民族国家历史、现实的记录与记忆,以及对未来的憧憬与期待,表达和构成了特定民族国家的记忆。

---

① Entman, R. (1993). Framing: Towards clarification of a fractured paradigm. *Journal of Communication*, 43(4), 51-58.

② Schwartz, B. (1988). Frame images: Towards a semiotics of collective memory. *Semiotica*, 121(1/2), 1-40.

③ 安德森:《想象的共同体》,吴叡人译,上海:上海人民出版社,2005 年,第 10-11 页。

1. 新闻文本:民族国家的记忆表达

有研究指出,大众新闻业是 19 世纪的发明。[①] 由于中产阶级缺乏工人和资本家那样对经济的直接权力,他们转而寻求通过将世界文本化的公共阅读来控制世界。[②] 正是通过想象、幻想、信息、分类、知识等文本和符号,国家才在为自己的文本性而创造和维系的读者群中变成“统一的”,从而使新闻媒体从帝国官僚手中接管了民族国家的政治想象任务。[③]

新闻作为民族国家记忆的文本,首先是以民族国家的记忆为中心的。新闻文本以本地新闻、外埠新闻、国内新闻、国际新闻等类型,记录和划定了民族国家内部的区域及其与其他民族国家的边界。不仅如此,其还通过将本地新闻、国内新闻置于外埠新闻、国际新闻之前,并给予前者更多的版面和时段,传递了本地、本国中心的态度和立场。

新闻作为民族国家记忆的文本,在以民族国家为中心的记忆表达中,形成和促进了民族国家的凝聚性结构。当社会秩序的生成方式由在场的具身性的仪式重复转变为不在场的去具身性的文本阐释,意义的共享及其强大的社会整合力量在更大范围的覆盖与传递中形成了特定社会、文化的“凝聚性结构”。

凝聚性结构是连接和联系社会的力量。[④] 在共时的层面,凝聚性结构可以把人与他身边的人连接到一起,通过构造一个“象征意义体系”——一个共同的经验、期待和行为空间,来创造人与人之间的相互信任并为其指明方向。在历时的层面,凝聚性结构把昨天跟今天连接到了一起:将一些应该被铭刻于心的经验和回忆以一定形式固定下来并使其保持现实意义,其方式便是将发生在从前某个时间段中的场景和历史拉进持续向前的“当下”的框架之内,从而生产出希望和回忆。正是在铭刻特定社会的经历、体验并赋予

---

① Hartley, J. (1996). *Popular reality: Journalism, modernity, popular culture*(p. 43). London: Arnold.

② Klancher, J. (1990). British periodicals and reading publics. In Coyle, M., Garside, P., Kelsall, M., & Peck, J. (eds.). *Encyclopedia of literature and criticism*(pp. 876-888). London: Routledge.

③ 舒德森:《新闻社会学》,徐桂权译,北京:华夏出版社,2010 年,第 37-38 页。

④ 阿斯曼:《文化记忆》,金寿福、黄晓晨译,北京:北京大学出版社,2015 年,第 6 页。

其现实意义上的独特优势，使得新闻成为"现代性的主导文本系统"①，拥有了强大的将民族国家凝聚起来的结构性力量。

2.新闻生产与消费：民族国家的记忆仪式

新闻的阅读与写作是一种仪式化的行为。② 当我们阅读报纸时，这个群众的仪式——根据黑格尔的观察，报纸是现代人晨间祈祷的代用品——是吊诡的。它是在沉默的私密中，在头骨的巢穴中进行的。然而每一位参与者都清楚地知道，他所奉行的仪式正被数以千计（或数以百万计）完全不认识，但却确定存在的其他人同时参与着。更有甚者，这个仪式在整个时历中不断地每隔一天或半天就重复一次。我们还能构想出什么比这个更生动、世俗、想象的共同体的形象呢？ 与此同时，报纸的读者们在看到和他自己那份一模一样的报纸也同样在地铁、理发厅或邻居处被消费时，更是持续地确信那个想象的世界就植根于日常生活中，清晰可见。而这就是现代民族的正字商标。③

或者说，民族国家正是在新闻读者阅读新闻的过程中，通过静默无声的阅读行为，通过日复一日的阅读行为的重复，通过对大量同样阅读行为的确信与想象，成为被每个人所记忆和拥有的共同体。

仪式是为维护群体共同信仰的生命力服务的，而且它仅仅为此服务，仪式必须保证信仰不能从记忆中抹去，必须使集体意识最本质的要素得到复苏。通过举行仪式，群体可以周期性地更新其自身的和统一的情感；与此同时，个体的社会本性也得到了增强。④ 电视制造的"媒介事件"⑤具有最突出的世俗世界仪式效果。此外，在战争、灾难等的新闻报道中，新闻业同样发挥着凝聚情感共识、维持社会稳定的重要仪式作用⑥。而有关名人悼念⑦、

① Hartley, J. (1996). *Popular reality：Journalism, modernity, popular culture* (p. 43). London：Arnold.

② 凯瑞：《作为文化的传播》，丁未译，北京：中国人民大学出版社，2019年，第20页。

③ 安德森：《想象的共同体》，吴叡人译，上海：上海人民出版社，2005年，第31-32页。

④ 涂尔干：《宗教生活的基本形式》，渠东、汲喆译，北京：商务印书馆，2011年，第518页。

⑤ Dayan, D., & Katz, E. (1992). *Media events：The live broadcasting of history.* Cambridge：Harvard University Press.

⑥ Grusin, R. (2010). *Premediation：Affect and mediality after 9/11.* New York：Palgrave Macmillan.

⑦ Kitch, C. (2000). 'A news of feeling as well as fact'：Mourning and memorial in American newsmagazines. *Journalism*, 1(2), 171-195.

危机事件①的报道亦会使新闻业主动承担起社会动员和社会整合,以将整个民族国家前所未有地团结起来的重任②。

新闻,不仅以日常性的生产和消费持续进行着特定民族国家的想象和记忆,其还以媒介事件,以及社会危机时刻、重大时刻等非日常性的新闻的生产和消费,凝聚、维持着民族国家的稳定和团结。在此意义上,新闻的生产和消费,不仅构成了民族国家的记忆仪式,还构成了民族国家作为稳定的共同体的存在和象征。

三、新闻记忆:社会记忆的构成与延续

韦尔策(Harald Welzer)在《社会记忆》的代序中这样描述一位作家的任务,就"像日常事物将在未来年代的善意之镜中呈现出来的那样,去描绘日常事物",就是说在将来的遥远时日里,"那时,我们平淡的日常生活中的每一件小事,都将让人觉得从一开始就是挑选出来的,而且像是节日里的事情一样"。韦尔策接着写道,作家衡量了所见事物的——用瓦尔堡(Aby Warburg)的话来说,叫做——"记忆能量"以及它们将来在社会记忆中具有的意义。"到了21世纪的20年代,人们会在一家技术博物馆里看到有轨电车和售票员制服——可是人们对售票员的表情和动作的感知,却如何在社会记忆中找到自己的位置呢?"③

新闻记忆具有这种强大的"附带地形成过去的"能力。尽管新闻宣称是对"最新的""当下的""现在的"报道,但是,无论是参考过去的先例以确定新闻的价值,还是通过历史类比来理解混乱的当下,抑或是运用集体记忆来提供背景以呈现一个更广泛的历史棱镜,新闻不仅没有像其所宣称的那样远离过去,反而是在频繁地调用、借用过去中组织着有意、无意的记忆的生产。

1.新闻图像:焦点之外的社会记忆

韦尔策分析了四种构成过去的社会实践:互动、文字记载、图片和空间,

---

①　Waisbord, S. (2002). Journalism, risk and patriotism. In Zelizer, B. & Allan, S.(eds.). *Journalism after September* 11(pp. 273-291). New York: Routledge.

②　Kitch, C. (2000). 'A news of feeling as well as fact': Mourning and memorial in American newsmagazines. *Journalism*, 1(2), 171-195.

③　韦尔策:《社会记忆(代序)》,韦尔策编:《社会记忆:历史、回忆、传承》,季斌等译,北京:北京大学出版社,2007年,第1-11页。

这些实践并不是为了形成历史这个目的而制作出来，但是承载着历史，并在各自的社会应用中形成着过去。因此，与文化记忆关注过去中的某些焦点，并被凝结、定型为一些可供回忆附着的象征物不同①，社会记忆关注的是焦点以外的，无意识的、无意图的保存那种总是将我们变成历史存在物的东西。②

在此意义上，无论是静态的新闻照片，还是动态的新闻视频，作为视觉呈现的新闻图像都是一种非常典型的社会记忆形式。正如有研究指出的，照片是一种记忆之物，其包含了过去的某个时刻，并在时间上冻结了它。③这种品质使照片成为记录真相的强大媒介。照片结合了信息和情感：它们是重大历史事件的表征，同时也唤起强烈的情感和象征性联系。④由于其对重大历史的表征和强大的情感力量，许多新闻照片在书籍中被重新包装，并在博物馆展览，成为艺术、历史以及新闻的一部分。正是新闻照片记录现实的定位，使其被视作最真实的记忆。不仅如此，在照片聚焦的主体之外，那些作为照片的背景、道具、细节而存在的事物，也会在未来成为社会记忆的一部分。

瓦尔堡的"上帝住在细节中"⑤的观念与社会记忆的概念类似。在瓦尔堡看来，图像与文化之间隐秘的精神象征通常不是存在于形式或主题中，而是存在于图像的某些特殊细节中。这些特殊细节是图像的附饰，是散布在文本边缘、游离于主题之外、看似无关紧要的文本要素。⑥以此来观照新闻图像所形成的记忆就会发现，在新闻照片和新闻视频有意识、有目的聚焦的人物、对象之外，那些处于照片和视频边缘的、背景的、无关紧要的元素，如

---

① 阿斯曼：《文化记忆》，金寿福、黄晓晨译，北京：北京大学出版社，2015年，第46页。

② 韦尔策：《社会记忆（代序）》，韦尔策编：《社会记忆：历史、回忆、传承》，季斌等译，北京：北京大学出版社，2007年，第1-11页。

③ Hirsch, M. (2001). Surviving images: Holocaust photographs and the work of postmemory. *Yale Journal of Criticism*, 14(1), 5-37.

④ Hariman, R., & Lucaites, J. L. (2014). Hands and feet: Photojournalism, the fragmented body politics and collective memory. In Zelizer, B., & Tenenboim-Weinblatt, K. (eds.). *Journalism and memory*(pp. 131-147). Basingstoke: Palgrave Macmillan.

⑤ Gombrich, E. H. (1999). Aby Warburg: His aims and methods. *Journal of the Warburg and Courtauld Institutes*, 62, 268-282.

⑥ 吴琼：《"上帝住在细节中"——阿比·瓦尔堡图像学的思想脉络》，《文艺研究》2016年第1期。

作为背景的街道、建筑物、来往的人群、天空的颜色等，都会成为未来的人们了解新闻照片和视频所反映的特定社会记忆的重要来源。

新闻图像所表达的社会记忆，类似于日常民族主义（banal nationalism）的表达形式。庸常民族主义的典型形象不是"带着热情的、有意识挥舞的旗帜，而是悬挂在公共建筑物上不被注意的旗帜"①，从而将我们的注意力转移到常规的、没有标记的、习惯性的方式上。在此意义上，新闻图像中那些不被注意的背景、习以为常的物件，都构成了庸常民族主义的典型表达和内容构成，进而成为作为焦点之外的社会记忆的一部分。

2. 用户生产内容：作为"长尾"的社会记忆

韦尔策将这种附带地形成过去的无限纷繁庞大的领域称为"社会记忆"，或者说，可以将社会记忆定义为一个大我群体的全体成员的社会经验的总和。② 在汇聚和形成全体成员的社会经验上，互联网、数字技术赋予新闻记忆最强大的力量。

较之于专业记者和媒体基于职业规范所进行的记忆生产，互联网和数字技术让更多的非专业人士参与到新闻记忆的生产过程中，从而深刻地改变和形塑了新闻记忆面貌。正如有研究指出的，在移动互联网的时代，新闻界不再是一个单一的把关机构，而是一个构建新闻的合作平台。我们已经进入了一场"传播革命"③中：公民可以进行"看门"④、生产"网络新闻"或者是"公民新闻"⑤。有研究发现，用户生产内容有时被广泛用于事件的报道，但理想情况下是对记者报道的补充。但是，用户生产内容使记者对与之相关的新闻采集、核查和分发等问题作出反应，有可能影响记者对自身角色的定义。⑥

---

①　Billig, M. (1995). *Banal nationalism* (p. 8). London: Sage.

②　韦尔策：《社会记忆（代序）》，韦尔策编：《社会记忆：历史、回忆、传承》，季斌等译，北京：北京大学出版社，2007年，第1-11页。

③　McChesney, R. (2007). *Communication revolution: Critical junctures and the future of media*. New York: New Press.

④　Bruns, A. (2005). *Gatewatching: Collaborative online news production*. New York: Peter Lang.

⑤　Allan, S. (2006). *Online news*. Milton Keynes: Open University Press.

⑥　Johnston, L. (2016). Social news = journalism evolution? How the integration of UGC into newswork helps and hinders the role of the journalist. *Digital Journalism*, 4(7), 899-909.

用户生产内容不仅为专业、主流的新闻生产提供了更多来源和声音，还在相当程度上冲击着记者和新闻媒体作为专业、主流新闻生产者的垄断、权威地位。正像有研究发现的，在线公民记者通过提供相反版本的叙事破坏了主流新闻报道，其所生产的记忆集中在个人经历上，其声称有权从个人的角度来讲述社会故事。通过参与记忆形成的新闻生产过程，这些公民重新协商了其与记者、新闻业的关系。这表明，信息流动的新模式正在形成，革新了包括新闻业和社会在内的既存的制度性权力结构。[①]

用户生产内容通过让更多的人进入新闻生产过程中，在丰富新闻来源、报道对象、内容范围的同时形成了作为"长尾"的社会记忆——更多普通的人，更多琐屑、细碎的事情，更多丰富多样的经历和体验被记录和记忆——理论上所有人的记忆都变成可见的和可用的。同时，也让更多的力量参与到对过去可见性的塑造和改造中，从而不仅重构了新闻记忆实践，亦形塑着社会记忆的过程与面貌。

以系统论的观念来理解新闻记忆网络系统，不仅要将新闻记忆系统视作一个与个体记忆系统、民族国家记忆系统和社会记忆系统之间进行记忆信息、记忆能量交换的开放系统，还要将其视作是在自身系统内，通过记忆与遗忘、技术可供性与过去可供性之间的相互作用不断调整、变革的动态系统。新闻记忆网络系统既体现了特定的社会时空结构及其记忆可供性，又必然受制于特定的时空结构及其记忆可供性。

---

① Robinson, S. (2009). "If you had been with us": Mainstream journalists and citizen journalists jockey for authority over the collective memory of Hurricane Katrina. *New Media & Society*, 11(5), 795-814.

第五章　新闻记忆的场域

虽然很多理论家都使用"场域"（field）概念来指代一种社会空间，但卢因（Kurt Lewin）是第一个将隐喻发展成一种理论方法的人，其借用电磁学中的"场"概念来阐明心理学和社会学中某些重要的观察、论证。[①] 布尔迪厄的场域理论源自韦伯和涂尔干，他们将现代性视为一个分化为半自治（semi-autonomous）和日益专门化（specialized）的行动领域（如政治场域、经济场域、宗教场域、文化场域）的过程。较之于我们熟悉的"公共领域"（public sphere）[②]、"媒介空间"（media space）[③]等空间隐喻，场域不仅是一个在经验上更有用的概念，也是一个开启新的知识探索类型的工具。[④]

场域被理解为一种社会空间和社会力量。[⑤] 在空间的层面，场域不仅有一定边界，而且是相邻、共存和连接的。对卢因、布尔迪厄来说，这种相互关系和相互依赖正是场域概念的核心。同时，场域也是一个具有地形学特征的空间。地形学是指某一地区的形状和特征，而不仅是它的边界。所以，某个场域并不是任何事情都可能发生的简单区域，场域的地形学提供了特定的可供性，决定场域活动的是该场域的结构。因此，布尔迪厄将场域视作结构化的社会空间。[⑥] 在力量的层面，有研究指出，"场论假定一个四周包围的

[①] Martin, J. L. (2003). What is field theory?. *American Journal of Sociology*, 109(1), 1-49.

[②] Habermas, J. (1989). *The structural transformation of the public sphere*. Cambridge: MIT Press.

[③] Castells, M. (1997). *The power of identity*. Oxford: Blackwell.

[④] Bourdieu, P. (1993). *The field of cultural production* (pp. 30-32). Cambridge: Polity.

[⑤] Vos, T. P. (2016). Journalistic fields. In Witschge, T., Anderson, C. W., Domingo, D., & Hermida, A. (eds.). *The SAGE handbook of digital journalism* (pp. 383-396). London: Sage.

[⑥] Bourdieu, P. (1998). *On television*. New York: New Press.

引力场，我们既无法看到，也不能测量"。相互联系和相互作用是这个貌似看不见的引力场的产物。① 但是，力量的相互作用并不意味着各场域之间是平等的。场域之间的力量作用关系及其自治性在斗争中改变。②

依照前述场域理论来观照新闻记忆场域可以发现，首先，新闻记忆场域是拥有特定边界的场域，其具有相对独立性和部分自主性，在一定程度上按照自身场域逻辑运行。其次，新闻记忆场域又处于一个更大的场域内，与各种不同的力量和关系场域相互斗争、相互作用。有研究发现，在不同的历史时期，某些时候新闻业被政治场域所支配③，某些时候又被经济场域所主导④，而在某些时候，新闻业又经历了一定程度的自治⑤。因此，解释场域的逻辑变量需要根据场域之间的力量关系及其自主性程度而改变。⑥

第一节　作为记忆生产的场域：基于自治逻辑的分析

新闻业作为一个中观的场域，既由外部力量所塑造，也具有特定集体空间的内部能动性。⑦ 这个集体空间拥有协商的边界、合理性及内在的逻辑，体现了结构和能动性、自治和限制之间的相互作用。将新闻记忆场域视作一个相对独立的场域，就是假定其拥有特定边界，某种程度上按照自身场域逻辑独立运行。

---

① Martin, J. L. (2003). What is field theory?. *American Journal of Sociology*, 109(1), 1-49.

② Bourdieu, P. (1993). *The field of cultural production* (p. 30). Cambridge: Polity.

③ Pasley, J. L. (2001). "*The tyranny of printers*": *Newspaper politics in the early American republic*. Charlottesville: University Press of Virginia.

④ Baldasty, G. J. (1992). *The commercialization of news in the nineteenth century*. Madison: University of Wisconsin Press.

⑤ Schudson, M. (1978). *Discovering the news: A social history of American newspapers*. New York: Basic Book.

⑥ Bourdieu, P. (2005). The political field, the social science field and the journalistic field. In Benson, R. D., & Neveu, E. (eds.). *Bourdieu and the journalistic field* (pp. 29-47). Cambridge: Polity.

⑦ Lowrey, W. (2018). Journalism as institution. In Tim P. Vos (ed.). *Journalism, handbooks of communication science* (pp. 125-148). Boston/Berlin: Walter de Gruyter.

一、记忆生产与生产记忆：过去的可见性与可供性

与历史不同，记忆是鲜活的，总是现实的群体来承载记忆，正因为如此，它始终处于演变之中，服从记忆和遗忘的辩证法则，对自身连续不断的变形没有意识，容易受到各种利用和操纵，时而长期蛰伏，时而瞬间复活。历史一直是对不再存在的事物的可疑的、不完整的重构。记忆总是当下的现象，是与永恒的现在之间的真实联系。从本质上说，记忆既不断繁衍又不断删减，既是集体的、多元的，又是个体化的。相反，历史属于所有人，又不属于任何人。记忆植根于具象之中，如空间、行为、形象和器物；历史关注的只有时间之流、事物的演变及相互关系。①

记忆与历史的显著区别，以及新闻关注当下离散、孤立事件的倾向，使得新闻记忆不同于其他别的记忆形态。新闻记忆总是立足于当下的、现实的离散、孤立事件；其呈现为话语与物质的形态，在个体记忆、国家记忆、社会记忆之间生成、转化；在绝大多数时候，无论是记者，还是新闻媒体，都不承认新闻以及生产新闻的工作的记忆属性，正是这些构成了新闻记忆场域的独特边界，或者说正是新闻以现在的离散、孤立事件为中心，服从于记忆和遗忘、操纵和控制的法则约束，以及根本不认为其与记忆相关的态度，使其成为新闻记忆而不是任何别的记忆形态。

1.记忆的生产：新闻中过去的可见性

与社会需要过去来进行自我定义不同，新闻似乎与过去无关。只要新闻业一直存在，普遍的假设是，它提供了最初而不是最终的历史的草稿。在这种分工的背景下，新闻业已经被视为一种环境，其重点是这里和现在。受限于很快就会推翻最后期限的时间限制，记者们将自己与那些同过去打交道的人区别开来。②

尽管新闻声称其关注、报道的是现在而不是过去，但是过去并非像新闻所声称的那样与其无关，恰恰相反，新闻充满了自己的制度历史以及更广泛

---

① 诺拉主编：《记忆之场》，黄艳红等译，南京：南京大学出版社，2017年，第5-6页。
② Zelizer, B. (1993). News: First or final draft of history?. *Mosaic*, 2, 2-3.

的历史伟大时刻的参考①，也可以说，新闻充满了过去。但是，过去在新闻中的可见性，或者说，作为新闻可用的资源，过去被使用的程度及其所带来的在新闻报道中的可见性程度都是存在显著差异的。

在纪念新闻②中，过去是中心和焦点。纪念新闻除了报道新闻场域外的纪念仪式、纪念活动，还聚焦于新闻机构和新闻从业者，对新闻场域内自身的过去进行报道。正如有研究指出的，新闻媒体扮演着舞台、演员和导演的三重角色：作为舞台，新闻媒体为其他参与者（如政治家、纪念机构）服务，其利用这个平台来塑造他们过去的版本；作为演员，新闻媒体的记者、评论员、创意和管理人员制作新闻和娱乐节目，显示其与过去的关系；作为导演，新闻媒体可以决定谁有权登上这个舞台、表演多长时间，以及以什么样的框架对其进行记忆叙事。③ 由此可见，以过去为中心和焦点的纪念新闻，不是一个谁的过去、什么过去都可以被看见、被注意的中介过程，而是一个各种代理人围绕过去与现在、记忆与遗忘不断竞争、角力的过程。

在以过去为中心的纪念新闻之外，很多时候的新闻，或是将过去作为现在的一种参照或衡量标准④，通过现在与过去的类比⑤来认识和理解现在，或是将过去作为背景，为新闻媒体提供当前事件的报道资源⑥，从而使过去在新闻中的可见性呈现出巨大差异——从过去作为中心和前景，到过去作为背景和语境。

有研究很早就指出，过去不仅通过自我意识的框架化的纪念活动延续，

---

① Kitch, C. (2014). Historical authority and the 'potent journalistic reputation': A longer view of legacy-making in American news media. In Zelizer, B., & Tenenboim-Weinblatt, K. *Journalism and memory* (pp. 227-241). New York: Palgrave Macmillan.

② Kitch, C. (2002). Anniversary journalism, collective memory, and the cultural authority to tell the story of the American past. *Journal of Popular Culture*, 36 (1), 44-67.

③ Neiger, M. (2020). Theorizing media memory: Six elements defining the role of the media in shaping collective memory in the digital age. *Sociology Compass*, 14(3), 1-11.

④ Neiger, M., Zandberg, E., & Meyers, O. (2014). Reversed memory: Commemorating the past through coverage of the present. In Zelizer, B., & Tenenboim-Weinblatt, K. *Journalism and memory* (pp. 113-127). New York: Palgrave Macmillan.

⑤ Edy, A. J. (1999). Journalistic uses of collective memory. *Journal of Communication*, 49 (2), 71-85.

⑥ Tenenboim-Weinblatt, K., & Neiger, M. (2020). Journalism and memory. In Wahl-Jorgensen, K., & Hanitzsch, T. *The handbook of journalism studies* (2nd ed) (pp. 420-434). New York: Routledge.

也通过心理的、社会的、语言的和政治的过程,也就是通过非纪念性的集体记忆保持过去的活力。① 很显然,在新闻记忆中,除去那些作为中心的、类比的、语境和背景的过去,绝大多数的过去都是以非纪念性的形式,以心理的、社会的、语言的过程在新闻中存在的。或者说,就像日常民族主义(banal nationalism)②不是表现为民族旗帜的热情挥舞,而是以悬挂在建筑物墙头的旗帜的静默存在一样,新闻记忆中的过去更多是以生活常规的、无明确标记的、习惯和传统的方式而存在。

2. 生产的记忆:新闻中过去的可供性

与记忆生产侧重于过去在新闻中呈现出的能见度和可见性差异不同,生产记忆立足于过去为新闻提供的可能性和供给性程度差异,或者说,在新闻记忆中,过去的可见性是一种实现状态,而可供性则是一种可能状态,也可以说可见性是过去的结果状态,而可供性则是过去的蛰伏状态。从过去的可供性到过去的可见性,既是新闻记忆的生产过程,也是过去在新闻中不断竞争以获得表达资源和呈现形态的过程。因此,对过去可供性的理解可以从资源和形态两个层面进行。

在资源层面,不同的过去所具有的价值,对其的开掘、重视程度,都是存在巨大差异的。由此所带来的,不仅是新闻对过去与现在关系理解的变化,还有供给新闻生产的过去资源的改变。新闻对过去与现在关系的认识,经历了从客观性新闻的呈现客观事实到解释性新闻③将新闻用相关的背景材料装备起来,以为受众提供解释和分析;新闻不再以事件为中心,而是更具分析性、解释性和语境性④;新闻不是仅强调现在,而是包括了当下的过去、最近的过去、遥远的过去,以及最近的未来和遥远的未来的多种时间框架⑤等一系列变迁。换句话来说,新闻业发展和变迁的历史,也是一个对过去和

---

① Schudson, M. (1997). Lives, laws and language: Commemorative versus non-commemorative forms of effective public memory. *The Communication Review*, 2(1), 3-17.

② Billig, M. (1995). *Banal nationalism* (p. 8). London: Sage.

③ de Burgh, H. (2008). *Investigative journalism* (2nd ed). Oxon: Routledge.

④ Barnhurst, K. G., & Mutz, D. (1997). American journalism and the decline of event centered reporting. *Journal of Communication*, 47(4), 27-53.

⑤ Neiger, M., & Tenenboim-Weinblatt, K. (2016). Understanding journalism through a nuanced deconstruction of temporal layers in news narratives. *Journal of Communication*, 66 (1), 139-160.

现在关系的理解不断调整、改变的历史。反映在新闻实践中，就是过去是否可以作为资源被用于新闻生产中，也就是在思想观念层面对过去可供性的认识改变。

当然，过去可供性的改变最明显地体现在随着数字互联网技术的应用和普及，更多普通的、个人的、日常的、琐屑的过去进入新闻记忆中，从而使新闻记忆具有更丰富的色彩和更鲜活的力量。此外，更多本地的、全球的过去可以超越特定区域和民族国家的边界在数字互联网中流动，从而带来了全球数字记忆①网络中本地与世界、现在与过去的交汇、碰撞，不仅形成了世界性的记忆(cosmopolitan memory)②，也形成了无数"长尾"③记忆。

在形态层面，从印刷新闻仅以文字(后加入图画、照片)记录过去，到广播新闻以声音记录过去，再到电视音画同传、视听兼备记录过去，及至互联网新闻中过去以声音、文字、图片、影像、数据、图表、动漫、动画等更加多样的形态存在。在被表达和被呈现的形态上，过去的可供性同样发生了翻天覆地的变化。或如有研究指出的，新媒体创造了一个新的机会，使更多的叙事和群体的记忆被大众所知道、组织和中介。这些新的记忆可供性可能有助于建立一种更加公正的记忆文化。④

二、新闻编辑室：中心与挑战

新闻编辑室被视作是新闻专业工作者的场域，学者们通过对新闻编辑室及专业工作者工作的实证研究来了解这一场域。从怀特的"把关"研究到

———————

① Reading, A. (2010). The globytal: Towards an understanding of globalised memories in the digital age. In Maj, A., & Riha, D. (eds.). *Digital memories: Exploring critical issues* (pp. 31-40). Oxford: Inter-Disciplinary Press.

② Levy, D., & Sznaider, N. (2006). *The Holocaust and memory in the global age.* Philadelphia: Temple University Press.

③ Anderson, C. (2007). *The long tail: How endless choice is creating unlimited demand.* London: Random House Books.

④ Tirosh, N. (2018). iNakba, mobile media and society's memory. *Mobile Media & Communication*, 6(3), 350-366.

汤斯塔尔对记者工作[①]、塔奇曼对做新闻的研究[②]，再到里夫[③]和厄舍[④]最近的新闻编辑室研究，新闻编辑室成为分析新闻生产自主性与制约性共存的最受关注的场域。

1. 新闻编辑室：新闻组织的核心形式

新闻编辑室是整个 20 世纪新闻业的主要工作和组织形式。[⑤] 以新闻编辑室为中心，就是以专业工作者的新闻工作和整个新闻业的专业生产为核心。在现代新闻业确立其客观、独立的身份价值的过程中，新闻编辑室作为生产独立性、专业性的象征，成为某种程度上新闻业特权地位的象征。新闻编辑室是一个在物理空间上独立的场所或区域，其通过与广告、发行部门在空间上的隔断，在媒体内部形成了鲜明区隔——新闻独立于广告、发行。正如有研究所言，新闻编辑室中心性意味着关注记者的文化，因为它出现在新闻编辑室和其他集中的新闻制作场所的有限区域内。[⑥]

记者以阐释性社群的专业话语来建构、维护其专业社群的身份、权威，其中非常重要的就是赋予新闻编辑室以无可替代的中心性地位和意义。换句话来说，新闻编辑室的中心性不仅是新闻媒体内部空间安排的结果，还是专业从业者不断进行话语建构的结果。就如有研究指出的，新闻界不仅是特别的记忆代理人，也是记忆竞争舞台上的演员，其将自身视作社会权威的故事讲述者，同样希望提供他们自己对集体过去的解读。[⑦]

新闻编辑室不仅是新闻专业、权威的空间象征，还代表着新闻生产的稳定性机制与自主性空间，这也正是新闻编辑室作为一个相对独立、自主的新

---

① Tunstall, J. (1971). *Journalists at work*. London: Constable.

② Tuchman, G. (1978). *Making news*. New York: Free Press.

③ Ryfe, D. (2012). *Can journalism survive?*. Cambridge: Polity Press.

④ Usher, N. (2014). *Making news at the New York Times*. Ann Arbor: University of Michigan Press.

⑤ Deuze, M., & Witschge, T. (2018). Beyond journalism: Theorizing the transformation of journalism. *Journalism*, 19(2), 161-181.

⑥ Wahl-Jorgensen K (2009). News production, ethnography, and power: On the challenges of newsroom-centricity. In Bird, E. (ed.). *The anthropology of news and journalism: Global perspectives* (pp.21-35). Bloomington, IN: Indiana University Press.

⑦ Meyers, O., Neiger, M., & Zandberg, E. (2011). Structuring the sacred: Media professionalism and the production of mediated Holocaust memory. *The Communication Review*, 14 (2), 123-144.

闻场域的核心意义所在。这种核心性通过新闻媒体日复一日的新闻生产,通过大量新闻编辑室研究所揭示出的常规和惯例的持续运行,通过将编辑室的新闻工作惯例转化为新闻教育的课程内容①,也就是通过新闻实践—新闻研究—新闻教育的专业系统的接续和循环,完成了对新闻编辑室中心性的组织、论证与学习。

2.挑战新闻编辑室:新闻业的变革趋势

随着新闻的采集、编辑和包装更多地发生在新闻编辑室之外的地方,随着新闻机构将其工作流程虚拟化并将许多工作委派给在线的特约记者或通讯员,新闻生产愈益超越特定的组织边界。有研究主张当代的新闻研究应"炸毁新闻编辑室"②。

随着新闻业——尤其是印刷业的裁员达到令人震惊的数量,传统媒体环境中代表稳定的新闻编辑室正在发生颠覆性的变革。不稳定和"工作不安全文化"③正在成为新闻编辑室的标签。一方面,大量的兼职、合同工、自由职业者、临时工参与到新闻工作中,另外还有一些报酬非常低或无报酬的角色④:不定期撰写报道、制作片段、在线推送报道或提供其他编辑服务的从业者。另一方面,除了记者、编辑等传统的新闻编辑室人员外,信息技术(IT)专家、系统设计师、项目经理、信息架构师、产品开发人员和其他编程技术人员、监督员、读者代表等,也越来越多地参与到新闻生产实践中⑤。有研究认为,这些都预示着新闻业正朝向"后工业"(post-industrial)的新闻模式发展,⑥也就是从集中式、等级制的工业生产模式逐渐转变为卡斯特所说的

---

① Cottle, S. (2007). Ethnography and news production: New(s) developments in the field. *Sociology Compass*, 1(1), 1-16.

② Anderson, C. W. (2011). Blowing up the newsroom: Ethnography in an age of distributed journalism. In Domingo, D., & Paterson, C. (eds.). *Making online news* (pp. 151-160). New York: Peter Lang.

③ Ekdale, B., Tully, S. H., & Singer, J. B. (2015). Newswork within a culture of job insecurity. *Journalism Practice*, 9(3), 383-398.

④ Cohen, N. S. (2015). Entrepreneurial journalism and the precarious state of media work. *The South Atlantic Quarterly*, 114(3), 513-533.

⑤ Bakker, P. (2014). Mr. Gates returns. *Journalism Studies*, 15(5), 596-606.

⑥ Anderson, C. W., Bell, E., & Shirky, C. (2012). *Post-industrial journalism: Adapting to the present*. New York: Tow Center.

"网络化企业"(network enterprise)①生产模式。

这种后工业生产模式通过数字通信、传播及当事人-客户网络在全球范围内整合了工作流程，使来自世界不同地方的人：专业的或非专业的，合作、协调生产新闻。此外，新闻也越来越多地由公众正式或非正式的合作来完成，其参与到从共享实时信息到创作自主新闻报道的共同创造统一体中，从而形成了网络化新闻②的新形式。后工业新闻生产模式还意味着新闻的生产不再局限于新闻编辑室，而是分布在家庭、咖啡馆、地铁、街道等多种环境中，成为媒介生产和消费的城市景观。③

由是观之，新闻编辑室正承受着新闻流动性、网络化生产增多，以及不断裁员、降低成本等新闻场域内外的多重压力，这也意味着以新闻编辑室为代表的集中的、垄断的、稳定的新闻生产，正面临着"后工业"的"网络化企业"的混合的、流动的、分布式的新闻生产的挑战，由此所带来的可能是对新闻编辑室所代表的传统的新闻业从业者、新闻生产过程和新闻系统观念的彻底变革。

从传统的新闻编辑室作为新闻业的工作和组织中心，到新闻业逐渐转向"后工业"的"网络化企业"，这不仅是新闻生产的空间从集中式空间向分布式空间的物理空间转场，更意味着建构、维系新闻专业性的话语场域的开放、下沉、分散和竞争。但是，即使是"炸毁新闻编辑室"的主张同时也承认，"新闻编辑室并没有消亡。在许多方面，它比以往任何时候都更重要。因为即便是现在，它仍然是各种分散的行动者网络发现自己被捆绑在一起创造一种职业位置的中心"④。

虽然新闻编辑室的中心性、垄断性地位正面临前所未有的挑战，但其作为象征专业、权威生产的空间，依然是新闻记忆实践的核心场域。这一场域既有其自身的记忆生产逻辑，亦受到来自经济、技术、政治等场域的作用和影响。

①　Castells, M. (2010). *The rise of the network society* (3rd ed). Cambridge: Blackwell.

②　Haak, B. Van der, Parks, M., & Castells, M. (2012). The future of journalism: Networked journalism. *International Journal of Communication*, 6, 2923-2938.

③　Hartmann, M. (2009). The changing urban landscapes of media consumption and production. *European Journal of Communication*, 24(4), 421-436.

④　Anderson, C. W. (2011). Blowing up the newsroom: Ethnography in an age of distributed journalism. In Domingo, D., & Paterson, C. (eds). *Making online news* (pp. 151-160). New York: Peter Lang.

第二节 作为记忆经济的场域:基于经济逻辑的分析

政治、技术和社会因素,以及这个职业内部的动态,塑造了什么是新闻业,其如何运行,以及如何随时间而改变。但是,如果我们要全面了解新闻业,就必须考虑经济因素。[①] 经济视角,提供了对新闻作为一种产品、实践和制度,以及对新闻生态变化之驱动力的洞察。[②]

布尔迪厄认为,社会世界作为一个整体,是围绕着两种权力形式——经济资本和文化资本——的对立而构建的。[③] 他所说的经济资本,仅指货币和可以转化为货币的资产。文化资本则包括教育资质、技术专长、常识、语言能力和艺术感知力。总体来说,经济资本更强大,而文化资本总是需要转化为"合法的"财富。[④]

经济资本和文化资本在各个场域的具体表现形式各不相同。在新闻场域内,经济资本通过发行、广告收入或收视率来表现,而该领域的"特定"文化资本则体现在那些被美国普利策奖和其他知名的专业或学术论坛所认可的优秀新闻报道上。新闻场域(像所有其他场域一样)是围绕着所谓的"异质性"极点(代表该场域外部力量,主要是经济力量)和"自主性"极点(代表该场域特有的资本,如艺术、文学或科学技能)之间的对立而建构的。[⑤]

布尔迪厄对新闻场域与经济资本关系的论述,为我们从经济的角度审视新闻记忆活动提供了有益的启示。新闻记忆既是一种记忆的产品,也是一种记忆的实践,其一方面以作者—文本—接受者的社会意义链(文化场

---

① Nielsen, R. K. (2016). The business of news. In Witschge, T. C., Anderson, W., Domingo, D., & Hermida, A. (eds.). *The SAGE handbook of digital journalism* (pp. 51-67). London: Sage.

② Picard, R. G. (2018). The economics of journalism and news provision. In Vos, T. P. (ed.). *Journalism, handbooks of communication science* (pp. 281-296). Boston/ Berlin: Walter de Gruyter.

③ Bourdieu, P. (1998). *On television*. New York: New Press.

④ Benson, R. (2006). News media as a "journalistic field": What Bourdieu adds to new institutionalism, and vice versa. *Political Communication*, 23(2), 187-202.

⑤ Benson, R. (2006). News media as a "journalistic field": What Bourdieu adds to new institutionalism, and vice versa. *Political Communication*, 23(2), 187-202.

域)而存在,另一方面,又位于生产者—商品—消费者的市场供需链(经济场域)中。因此,基于经济逻辑对新闻记忆的分析,就是以市场、商品、消费的思维来认识和把握新闻记忆的经济驱动本质。

一、生产的逻辑:作为商品的新闻记忆

大众文化商品化的出现,使有关过去的图像和叙事前所未有的流通成为可能,从而改变了记忆。[①] 正如有研究指出的,使记忆成为 20 世纪早期一个独特现象的是其对商品化的依赖。商品化使过去的记忆和图像得以大规模流通;它使所有有能力支付的人都能获得这些记忆。[②] 从经济的视角来理解新闻记忆,首先就需要将新闻对过去的生产、加工、改造、形塑置于记忆作为商品的生产逻辑中,在历史与当下的双重维度中把握经济因素对新闻记忆场域的影响。

1.新闻记忆的生产资源:从新闻到档案

在"新闻是一种非常容易腐烂的商品"[③]层面,新闻的价值是当下的、暂时的和短暂的。但是,在"今日的历史就是过去的新闻,今日的新闻就是将来的历史"[④]层面,新闻却拥有长远的、持久的价值。依此来理解新闻记忆,一方面需要把握新闻对当下现实的记录和记忆价值,另一方面也需要把握其对未来和历史的积累、沉淀的价值。换句话说,日新月异的现实社会固然是新闻记忆的重要来源,但日积月累的新闻报道也会积淀为新闻记忆的重要资源。

从经济的角度来理解新闻记忆的生产资源,就是要从新闻生产中过去的可用性、可供性的角度来审视经济因素如何影响过去在新闻中的呈现和表达。也就是说,从经济效益的角度看,生产资源的高度可用,将极大地影响新闻记忆的生产动力和生产效率。所谓生产动力,就是新闻利用过去、加

---

① Landsberg, A. (2004). *Prosthetic memory: The transformation of American remembrance in the age of mass culture*(p. 2). New York: Columbia University Press.

② Landsberg, A. (2004). *Prosthetic memory: The transformation of American remembrance in the age of massculture*(p. 18). New York: Columbia University Press.

③ Park, R. E. (1940). News as a form of knowledge: A chapter in the sociology of knowledge. *American Journal of Sociology*, 45(5), 669-686.

④ 李茂政:《当代新闻学》,台北:正中书局,1987 年,第 20 页。

工过去的驱动力强度和意愿程度；所谓生产效率，就是新闻对过去的利用、加工在经济上的投入和产出比。

无论是客观性新闻标榜其无涉过去、专注现在，还是解释性新闻利用更多过去的背景、事件来进行分析、解释，抑或是越来越多的网络化新闻中过去与现在的超链接、混杂状态，过去在新闻中或隐或显，或线性或网络化的存在，在反映新闻记忆形态变革的同时，也显示了记忆资源的变化对新闻记忆生产动力和效率的影响。

从 19 世纪末到 20 世纪中叶，新闻的平台大幅增长——少数报纸让位于大量的、多样化的媒介景观，包括收音机、杂志、广播、有线电视——记忆实践在所有可用的平台中呈指数级增长——过去和现在的类比，用过去来讲述现在的故事，以过去的图片来说明现在，等等。① 由此可见，新闻记忆的实践是与新闻平台的增加及其过去可用资源的丰富程度高度相关的。当记忆变成一种有利可图的商品，②新闻记忆亦会受益其中。

《哥伦比亚新闻评论》的出版商在《百年回顾》专刊中写道，在过去的一百年中，"新闻不仅书写了历史的初稿，而且在定义历史上扮演了更重要的角色……我们所了解到的（事件的）文字和图像被烙刻在我们的集体记忆中，作为定义我们生活和时代的时刻"。其并未明确指出的是，这种"记忆"是通过重新审视（经常重印）过去的新闻报道而形成的，这一循环过程已经成为新闻自身功能的一部分。③ 正如有研究指出的，新闻不仅记录正在发生的事情，也不单提供正在发生的事情的档案，新闻自身就是档案性的。④

对于任何一家新闻媒体来说，其所生产的新闻，经过归档处理、编码检索、精心保存后都可以转化为宝贵的档案资源。所谓资源，既蕴含稀缺之义，又意指重要之用。因为，任何新闻报道一经生产流通，其作者、媒体机构

---

① Zelizer, B. (2014). Memory as foreground, journalism as background. In Zelizer, B. , & Tenenboim-Weinblatt, K. *Journalism and memory* (pp. 32-49). New York: Palgrave Macmillan.

② Morris-Suzuki, T. (2005). *The past within us: Media, memory, history*. London: Verso Books.

③ Kitch, C. (1999). Twentieth-century tales: Newsmagazines and American memory. *Journalism & Communication Monographs*, 1(2), 119-155.

④ Olick, J. K. (2014). Reflections on the underdeveloped relations between journalism and memory studies. In Zelizer, B. , & Tenenboim-Weinblatt, K. *Journalism and memory* (pp. 17-31). New York: Palgrave Macmillan.

即可宣称对其拥有专属知识产权,虽然任何其他作者、媒体也可以对其再次、多次利用,但无论是从知识产权的角度,还是从档案调阅的便利性、档案保存的完好性角度,都无法与初创者相提并论。正是在此意义上,我们说特定媒体在新闻记忆生产中对自身新闻档案的调阅、使用,是一种最经济、最便捷的资源利用方式。

同时,从整个新闻系统的记忆生产来说,大量、多样的新闻报道经年累月的积淀,其所形成的面向全社会的新闻档案,使得新闻记忆的来源不再局限于某家媒体、某篇报道,而是让所有公开的新闻都成为记忆可用的档案资源。有研究指出,新闻一经流通,就很难保持排他性,也很难排除其他人接收信息——这是市场存在的基本经济要求。[①] 在全社会可用的层面,作为档案的新闻同样具有记忆再生产的经济性与便利性。

2.新闻记忆的生产成本:从工业生产到后工业生产

按照涂尔干的观点,工业主义,而非资本主义所引发的复杂的劳动分工,锻造了现代社会的秩序。商品生产、流通和消费,资本主义特有的这些经济活动形式,也正是借助工业主义的逻辑得以加速展开。[②] 工业生产意味着机器、机械在生产中的运用,产品的生产流程的制度化,以及集中性的生产地点,即工厂的出现。[③] 以此来审视新闻记忆的生产就会发现,在工业生产的背景下,无论是新闻的生产,还是新闻记忆的生产,都是专业人士(主要是记者和编辑)遵循特定的生产流程,在不断发明、应用的新技术、新机器的帮助下,在集中性的生产空间,即新闻编辑室中完成的。

从生产成本的角度来看,无论是固定职位的专业人员的开支,还是维系新闻编辑室运转的日常消耗,抑或是专业人员调用过去的资料进行新闻记忆生产的具体产品成本,这些工业化背景下的新闻记忆生产成本都是高昂的。为了节约生产成本,最便捷的路径就是参考和引用彼此的新闻报道。有学者声称,新闻是广泛传播的、完全合乎逻辑的互文。[④] 在记忆经济的理

---

① Picard, R. G. (2018). The economics of journalism and news provision. In Vos, T. P. (ed.). *Journalism, handbooks of communication science* (pp. 281-296). Boston/ Berlin: Walter de Gruyter.

② 汪民安:《现代性》,桂林:广西师范大学出版社,2005 年,第 106 页。

③ 汪民安:《现代性》,桂林:广西师范大学出版社,2005 年,第 107 页。

④ 舒德森:《新闻社会学》,徐桂权译,北京:华夏出版社,2010 年,第 131 页。

论视角下,这正是典型的成本控制驱动——同一新闻被不同媒体重复、借鉴和引用。

随着"后工业"①新闻模式的发展,越来越多的人、技术、物质参与到新闻生产过程中,新闻的生产也走出了集中的新闻编辑室,广泛分布在家庭、咖啡馆、自主创业的工作间、地铁、街道等多种环境中。区别于集中性、流程化的工业生产,后工业生产是一种分布式、分散型的新兴新闻生产方式,表现在新闻记忆生产中,就是大量低报酬、无报酬的公众参与到数字目击、数字记录、数字传输、数字再生产的记忆生产全过程,不仅有效地降低了新闻记忆的劳动力成本、生产资料成本和生产流通成本,还极大地丰富了新闻记忆来源、形态的多样性。因为从理论上来说,互联网中的所有记忆都是开放的、可用的。② 所有记忆均开放、可用,固然降低了记忆的生产成本,但也可能带来记忆产品的同质化,从而降低其市场竞争力。因此,成本控制与成本投入,也许是参与市场竞争必须面对的两难选择。

二、消费的逻辑:被消费的新闻记忆

20 世纪 80 年代以来,西方社会关注的重点,不再是被现代主义文化所颂扬的"现在的未来",而是转向备受推崇的"现在的过去"③。在历史学家看来,"怀旧"是害怕失去记忆、害怕集体记忆缺失的一种拙劣的表现,且被记忆商贩无耻地加以利用。记忆变成了消费社会的消费品之一,而且销售势头良好。④

恰如有研究指出的,消费资本主义在过去和将来越盛行,现在就会越扩张,其为当代主体提供的认同就越不稳定,就会有越来越多的人遁入过去寻求稳定。换句话说,不稳定的当下生产了我们对过去和回忆的欲望,因为其

① Anderson, C. W., Bell, E., & Shirky, C. (2012). *Post-industrial journalism: Adapting to the present*. New Ycrk: Tow Center.
② Hoskins, A. (2009). The mediatisation of memory. In Garde-Hansen, J., Hoskins, A., & Reading, A. *Save as… digitai memories* (pp. 27-43). London: Palgrave Macmillan.
③ Huyssen, A. (2003). *Present pasts: Urban palimpsests and the politics of memory*. California: Stanford University Press.
④ 勒高夫:《历史与记忆》,方仁杰、倪复生译,北京:中国人民大学出版社,2010 年,第 108 页。

可以通过提供传统的认同形式来弥补稳定性的丧失。[1]　随之而来的,一方面是公众对遗忘的焦虑的蔓延,另一方面则是新媒体能够比从前存储和带给我们更多的回忆,由此便产生了档案强迫症,既想完整地维持当下,又想完整地保存过去。迅速而决定性的流逝与对当下确切意义的焦虑、对未来的不确定感结合在一起,并赋予最微不足道的遗迹、最细微的证物潜在纪念物的荣誉。[2]　表现在新闻记忆中,就是有关过去的新闻,无论是将过去作为中心的纪念新闻,还是过去隐而不彰的日常新闻;无论是新闻记忆的符号形态,还是新闻记忆的物质形态,都被大量、快速地生产和消费。

　　1. 作为纪念品的新闻:凸显记忆的消费

　　把纪念作为关注焦点的举动与这个热衷于纪念的时代之间,确实存在某种联系。纪念触及了一切具有历史性的当代社会。也就是说,这些社会的建立依靠的是建设性的人类自由,而不是神圣意志的支配,它们用本国历史的重大日期取代了基督教纪念日。[3]　纪念不仅可以活生生地展现在人们眼前,也可以使人们体会到彼此的亲属关系,使人们感到自己变得更加强壮、更有信心;如果一个人看到了如此遥远的过去重新回到了他的身边,如此宏伟的事物重新激荡着他的胸怀,他就会更加确信自己的信仰。[4]　这也是最能激起消费欲望的新闻记忆产品——纪念新闻格外激动人心之处。

　　与纪念活动受限于特定的物理场所和空间区域不同,纪念新闻具有突破、超越特定空间局限的强大力量,其不仅以一切社会场域中个体的、集体的,庆祝的、悼念的,周年的、世纪的纪念仪式或纪念活动为对象,还不时组织对自身的纪念,从而将新闻场域和社会场域的一切纪念纳入其中。不仅如此,整个新闻场域不同媒体对于特定纪念仪式或活动的广泛、持续的关注和报道,在形成声势浩大的纪念场面的同时,这些互文、累积的纪念新闻亦转变为纪念仪式的一部分,成为纪念的一种文本或话语形式。从集体记忆的角度甚至可以说,缺少了纪念新闻的纪念不仅不成功,也根本不存在。

　　在就职典礼、加冕盛典、周年纪念或纪念日等仪式之后,新闻业还会开

---

①　Huyssen, A. (2003). *Present pasts: Urban palimpsests and the politics of memory.* California: Stanford University Press.

②　诺拉主编:《记忆之场》,黄艳红等译,南京:南京大学出版社,2017 年,第 14 页。

③　诺拉主编:《记忆之场》,黄艳红等译,南京:南京大学出版社,2017 年,第 34 页。

④　涂尔干:《宗教生活的基本形式》,渠东、汲喆译,北京:商务印书馆,2011 年,第 518 页。

发、生产出特定的新闻纪念品。新闻纪念品与其他类型的纪念品一样，具有物质的形态，其既是纪念新闻的产品，又是面向社会公开销售的商品。从纪念新闻到纪念品的转化，体现了新闻记忆市场的强大消费需求。正如有研究指出的，在美国总统奥巴马当选后的头三个星期里，纪念产品的消费可能高达2亿美元。在一个充满商业怀旧的美国文化中，这似乎并不奇怪。从体育比赛的胜利到名人的死亡，都可以生产"纪念品"。①

无论是第一位非裔美国总统当选后美国主流媒体大量发行的纪念DVD、精装畅销书，②还是杂志为纪念自身历史所制作、发行的纪念专刊，甚至是报纸、杂志即将倒闭时出版的告别市场版，这些对荣耀的宣扬与对失败的告别、对历史的书写与对自身的表达一起，以物质纪念品的形式，使新闻记忆不仅具有话语记忆的强大力量，还具有物质记忆的持久收藏价值。从而使新闻记忆的消费，不仅表现为对记忆话语的符号的消费，还表现为对记忆纪念品的物质的消费。归根结底，就是通过公众对新闻记忆的符号和物质的双重消费，不仅将新闻记忆的商品价值最大化，同时将特定新闻媒体的品牌价值③最大化。

2. 作为必需品的新闻：潜藏记忆的消费

虽然常规新闻报道聚焦于"此时此刻"，但其总是在假定的新闻消费者的既有知识基础上进行的。在此框架内，新闻中过去的持续存在是"事件发生的场景"④。新闻机构及记者预先假定，新闻消费者是"始终的学生"，他们学习了以前的课程，能够将过去消费的新闻转化为当前有用的知识。⑤ 所以，即使这样的联系没有直接表现出来，所有的新闻报道事实上都与过去相

① Kitch，C. (2011). Obamabilia and the historic moment：Institutional authority and 'deeply consequential memory' in keepsake journalism. In Neiger，M.，Meyers，O. & Zandberg，E. *On media memory：Collective memory in a new media age* (pp. 189-200). New York：Palgrave Macmillan.

② Kitch，C. (2011). Obamabilia and the historic moment：Institutional authority and 'deeply consequential memory' in keepsake journalism. In Neiger，M.，Meyers，O. & Zandberg，E. *On media memory：Collective memory in a new media age* (pp. 189-200). New York：Palgrave Macmillan.

③ Kitch，C. (2018). Journalism as memory. In Vos，T. P. (ed.). *Journalism，handbooks of communication science* (pp. 169-186). Boston/ Berlin：Walter de Gruyter.

④ Carey，J. W. (1989). *Communication as culture* (pp. 151-152). Boston：Unwin Hyman.

⑤ Carey，J. W. (1989). *Communication as culture* (pp. 151-152). Boston：Unwin Hyman.

关,这个过去为当前事件的展开及解释将来事件和趋势提供了更深层次的背景。①

尽管过去在新闻中无处不在,但是,较之于其他记忆产品的最鲜明特征,是新闻根本不宣称其记忆属性,或者说,不承认其是一种记忆产品。反之,绝大多数新闻从业者都将新闻视作一种日常必需品,就像食物和水一样,人们总是需要新闻供给以进行新闻消费。就如有研究指出的,每个人都需要新闻。"在日常生活中,新闻告诉我们无法直接经历的事情,从而使原本遥远的事情变得可见和有意义。……因此,新闻是这种讲述无法经历的事件的不变需求的结果。"②

在大多数时候,我们都会认为每个人是真的需要新闻的。无论是对无法亲历的世界的了解,还是通过新闻来创造一个意义空间和秩序世界,新闻对现代社会中的个体和集体都是极其重要的。但是,甚至是新闻作为必需品的观念可能都是新闻业制造出来的一种虚假意识,其根本目的是不断扩大新闻的销路,将新闻的市场最大化。或者说,新闻不仅是消费社会③的发动机,其本身还是重要的社会消费品。

以此来理解新闻记忆的消费就会发现,纪念新闻和新闻纪念品固然是我们记忆消费的重要对象,但大量日复一日、层出不穷的日常新闻的消费才真正投映出新闻记忆的商品底色和市场结构。有研究指出,过去与未来的建构与重构,是日常生活的一个连续的过程。在这样的结构中,有限数量的可用活动并未被注意到,只有少数被创造为可观察的活动。这些少数成为资源——在实际需要时可用——打破、划分和塑造生命、历史及未来。④ 新闻正是这少数可用于塑造我们生命、历史与未来的资源。当我们持续不断地消费新闻记忆,相当程度上就是持续不断地建构与重构过去和未来。这也正是为什么20世纪上半叶集中出现如此之多记忆产品的重要原因——无论是世界大战,还是现代性理想的破灭,都提出了对现在与过去之间关系认

---

① Neiger, M. (2007). Media oracles: The political import and cultural significance of news referring to the future. *Journalism*, 8(3), 326-338.

② Molotch, H., & Lester, M. (1974). News as purposive behavior: On the strategic use of routine events, accidents, and scandals. *American Sociological Review*, 39(1), 101-112.

③ 波德里亚:《消费社会》,刘成富、全志刚译,南京:南京大学出版社,2000年。

④ Molotch, H., & Lester, M. (1974). News as purposive behavior: On the strategic use of routine events, accidents, and scandals. *American Sociological Review*, 39(1), 101-112.

识的尖锐问题——记忆产品的大量生产和消费,某种程度上正表达、回应了对此类问题的探寻和思考。

在正常运转的消费者社会中,消费者会主动寻求被诱惑。他们的生活从吸引到吸引,从诱惑到诱惑,从吞下一个诱饵到寻找另一个诱饵,每一个新的吸引、诱惑和诱饵都不尽相同,似乎比之前的更加诱人。他们生活于这种轮回,……对那些成熟的、完全合格的消费者来说,以这种方式行动是一种强迫症、一种必需品;然而,这种"必需品",这种内在的压力,这种以其他方式生活的不可能性,却以行使自由意志之名展现在他们面前。[①] 或者说,消费新闻记忆,既是展现消费者自由意志和公平选择的机会,也是其寻求自我认同、获取社会和历史定位的机会,更是消费社会建构平等、民主幻象,通过将过去商品化来促销现在的机会。无论是消费作为纪念品的新闻,还是消费作为日常生活必需品的新闻,都体现了新闻中过去之被凸显或潜藏的经济价值。

第三节　作为记忆技术的场域:基于技术逻辑的分析

将新闻与它的技术相分离是很困难的。因为新闻依赖于某种形式的技术来制作信息并与公众分享:从扩音器和字母到记事本和相机,记者总是使用各种工具来拓展和扩大他们对信息的收集、记录、呈现和传播能力。新闻业所应用的技术是广泛的,类似于一个不断增强新能力和重塑能力的矩阵,它们以直接或间接的方式建立在过去的技术之上并不断变革。[②]

同样的,将记忆与其技术相分离亦相当不容易。无论是柏拉图,还是奥古斯丁,都认为神圣的记忆仅存在于人的内部[③]。记忆的古代史,其中非常重要的一部分就是记忆术,即"通过在脑中烙印场景和形象的技巧来记忆"。[④] 在此理解之下,记忆是人的内部活动。随着文字的发明和印刷术的

①　鲍曼:《工作、消费主义和新穷人》,郭楠译,上海:上海社会科学院出版社,2021 年,第 29 页。
②　Zelizer, B. (2019). Why journalism is about more than digital technology. *Digital Journalism*, 7 (3), 343-350.
③　柏拉图:《柏拉图全集·第 2 卷》,王晓朝译,北京:人民出版社,2003 年,第 197-199 页。
④　叶芝:《记忆的艺术》,钱彦、姚了了译,北京:人民文学出版社,2018 年,第 5 页。

普及，"借助记忆保存知识的时代宣告结束"①。记忆由人的主体性活动，即内部记忆，转向借助工具、技术来完成的对象性活动，即外部记忆。作为记忆的辅助、工具或设备，技术与记忆密不可分。②

无论是作为文本的新闻记忆在各种技术发明的创新中不断革新文本呈现形态，还是作为实践的新闻记忆总是在各种技术装置、应用联结的网络中不断塑造和重塑其记忆实践活动，技术与新闻记忆深度互嵌、彼此勾连。

一、技术可供性：技术改变的记忆力量

生态心理学家吉布森（James Gibson）最早提出了"可供性"（affordances）的概念③，其将可供性定义为环境的属性，能够为不同生物体提供具体行动的可能性。例如，空气提供呼吸和视觉感知，而水为人类提供饮用、洗涤、沐浴和游泳。社会学家伊恩·哈奇比（Ian Hutchby）提出了技术研究的可供性框架，作为一种避免技术决定论和强社会建构论（strong social constructivism）陷阱的方法。④ 其将技术视作框架，而不是确定行动的可能性。因此，这种方法"需要建立在技术作为世俗对象的约束性和使能性的概念基础上"⑤。也就是说，技术可供性的研究固然强调不同技术特征的重要性，但同时也考虑这些技术的设计及其实际使用的文化、社会力量。

1. 时间可供性：被改变的记忆时间结构

直到 19 世纪，美国的新闻界在时间上都是随意的。⑥ 到 19 世纪末，这一切都改变了，"在文明的任何时刻"发生的"重要"事件，"最晚在第二天早上就会被芝加哥知道"。⑦ 在普利策和赫斯特的领导下，新闻变成了一种易

---

① 叶芝：《记忆的艺术》，钱彦、姚了了译，北京：人民文学出版社，2018 年，第 163 页。

② 德拉埃斯马：《记忆的隐喻：心灵的观念史》，乔修峰译，广州：花城出版社，2009 年，第 4 页。

③ Gibson, J. J. (1977). The theory of affordances. In Shaw, R. E. & Bransford, J. (eds.). *Perceiving, acting, and knowing: Toward an ecological psychology* (pp. 67-82). Hillsdale: Erlbaum.

④ Hutchby, I. (2001). Technologies, texts and affordances. *Sociology*, 35(2), 441-456.

⑤ Hutchby, I. (2001). Technologies, texts and affordances. *Sociology*, 35(2), 441-456.

⑥ Barnhurst, K. G. (2011). The problem of modern time in American journalism. *KronoScope*, 11(1-2), 98-123.

⑦ Wilkie, F. B. (1891). *Personal reminiscences of thirty-five years of journalism*. Chicago: F. J. Schulte.

腐烂的产品,如果"不在几个小时内收获、加工和交付",就会失去价值。[①] 显然,新闻的时间性变革与技术的发展和应用高度相关。电报、高速轮转印刷机、现代化的交通和通信工具等为新闻加速提供了条件和可能。

如果说在现代新闻业的发展初期,技术加速了对现在、此时此刻的捕捉和传递,进而确立了作为社会变动最新信息记录的新闻的社会地位的话,那么,随着新闻业的发展,诸如注重引用和分析过去的事件、背景的解释性新闻,倡导更深入的研究、解释和背景,以及精心制作较长叙事的慢新闻[②]等更多新闻创新形式的出现,则反映了技术的应用所受到的社会、文化的影响。一方面,以通信卫星、互联网、数字技术等为代表的技术革新不断加快新闻生产和流通的速度,另一方面,社会现代化过程所暴露出来的矛盾、问题的复杂性,又要求新闻不仅提供事实,还要进行解释、分析,甚至预测。在此意义上,技术的加速被公众、社会的"刹车"所制约,这也是可供性特别强调的使能性与制约性的问题。这表明,技术可供性固然可以改变时间可供性,如现场直播、网络直播、超链接各种过去的资料等,但时间可供性在新闻领域的运用却受到社会、政治、文化条件等的制约。也就是说,可供性只提供了条件和可能,并不代表实现和现实。

无可否认的是,技术可供性所带来的时间可供性的改变,深刻地形塑着新闻记忆的文本及实践面貌。在新闻记忆的文本中,现在依然是中心,但是,过去、未来等多种时间框架也被更多地纳入文本中,[③]不仅如此,互联网、通信技术所造就的迅速的过时和迭代,使更具细粒度(fine-grained)的时间替代了传统的过去—现在—未来的粗糙的时间划分,为新闻提供了更细致的时间频谱[④]——当下的和刚刚的过去、最近的过去、中等距离的过去和遥远的过去、最近的未来,以及遥远的、推测的未来——从而使新闻记忆的时间细粒度更强。

① Wilson, C. (1985). *The labor of words: Literary professionalism in the Progressive Era* (p. 26). Athens: University of Georgia Press.

② Le Masurier, M. (2015). What is slow journalism?. *Journalism Practice*, 9(2), 138-152.

③ Barnhurst, K. G., & Mutz, D. (1997). American journalism and the decline of event centered reporting. *Journal of Communication*, 47(4), 27-53.

④ Neiger, M., & Tenenboim-Weinblatt, K. (2016). Understanding journalism through a nuanced deconstruction of temporal layers in news narratives. *Journal of Communication*, 66 (1), 139-160.

在新闻记忆的实践中,技术可供性不仅使记忆实践在过去、现在、未来的时间资源的利用、开发、加工、处理上更加自由、多样和从容,同时也使过去、现在、未来这些时间资源的相互转化变得更加迅速、可用(useable)。比如,无限追求更新速度的网络新闻,其将现在的时间不断放大和延伸,但也使不断更新中的现在加速变成旧的、过去的;置质量于速度之上,试着为占主导地位的快新闻文化提供补充的慢新闻,可以从容地引入更多过去的资料、背景来解释现在,但在其生产的过程中,新闻可能就变成旧的了。换句话来说,技术可供性加速了不同时间频谱的生成、转化,也使得新闻记忆中过去、现在、未来之间的关系更加复杂和更具动态性。正如有研究指出的,新媒体时代,新闻报道的生命已经被缩短和被延伸。尽管最初的新闻周期很短,但新闻的故事和图像很容易被在线重新调用,并在社交媒体上广为传播。[1]

2.空间可供性:被改变的记忆空间组织

技术不仅深刻地改变了我们对时间的感知和呈现,也重塑了我们所生活的物理空间和符号空间。在记忆的历史上,无论是文字的发明,还是印刷术的普及,都极大地改变了记忆的空间可供性,使来自遥远地方的记忆成为可能。新闻的历史亦显示了技术对空间可供性的改变,如电报的发明和应用,不仅使远距离的新闻传播成为可能,电报技术的不完善还造就了倒金字塔这一经典的现代新闻结构形式[2]。

技术所改变的空间可供性,首先体现在记忆生产空间的集中和分散上。在整个 20 世纪,新闻编辑室都是新闻业的主要工作和组织形式。[3] 作为整个新闻生产的中心,新闻编辑室通过电报、电话、新闻传输系统等技术装置将自身与外界联系起来,也将记者与技术系统安排进整个新闻编辑室的生产流程中。随着互联网将整个世界联系起来,新闻编辑室的中心性地位遭遇了挑战,因为只要有网络的地方,都可以进行新闻的生产和传播,从而带

---

① Horsti, K. (2017). Communicative memory of irregular migration: The re-circulation of news images on YouTube. *Memory Studies*, 10(2), 112-129.

② Pöttker, H. (2003), News and its communicative quality: The inverted pyramid—when and why did it appear?. *Journalism Studies*, 4(4), 501-511.

③ Deuze, M., & Witschge, T. (2018). Beyond journalism: Theorizing the transformation of journalism. *Journalism*, 19(2), 161-181.

来了记忆生产空间的分散——家庭、街道、公园、地铁、咖啡店等——任何网络信号可以覆盖的地方,都可以成为记忆生产的空间。

技术所改变的空间可供性,还体现在记忆对象和传播空间的无远弗届上。有研究发现,有关"7·7"伦敦地铁爆炸事件的一张标志性照片是由一位幸存者用手机拍摄,然后上传至个人博客的,但随后这张照片就被其他人发给了美联社、天空新闻、BBC、MSNBC等新闻机构。[①] 正是互联网使来自世界各地的新闻机构和新闻公众通过这些广为传播的现场照片共同见证了遥远地方的灾难。

事实上,在新闻的历史上,报纸、广播、电视等媒介都对记忆的空间可供性进行了塑造,只是互联网以一种使所有节点都参与其中的方式,实现了物理边界的跨越和超越,进而在高度参与性和全面连接性上对整个网络空间,继而对全球社会空间进行重组和重塑。由此所带来的是新闻记忆的空间资源、实践组织等的全球、全网参与、配置和安排。

二、中介的记忆:技术变革的记忆形态

从本质上来看,集体记忆是一种中介的(mediated)现象。[②] "中介"(mediation)成为人文社会科学的关键词,与近代大众媒介的发展密切相关——随着报业等大众化媒介的制度化,中介通常被用来与直接、真实进行对照。[③] 汤普森在《媒介与现代性》一书中指出,大众传播媒介已经成为理解现代社会"中介的社会性"(mediated sociality)的一个无法忽视的建制。[④]

事实上,当我们从字面上考察集体记忆的矛盾本质时,媒介在集体记忆中的作用会变得非常突出:个人可以处理和储存记忆,但是社会没有大脑,因此,"记忆"和"记住"的生理和心理能力在集体层面是陌生的。"集体记

---

① Reading, A. (2009). Memobilia: The mobile phone and the emergence of wearable memories. In Garde-Hansen, J., Hoskins, A., & Reading, A. (2009). *Save as … digital memories*(pp. 81-95). London: Palgrave Macmillan.

② Neiger, M., Meyers, O., & Zandberg, E. (2011). *On media memory: Collective memory in a new media age*(p. 3). New York: Palgrave Macmillan.

③ Williams, R. (2015). *Keywords: A vocabulary of culture and society*(pp. 152-154). New York: Oxford University Press.

④ Thompson, J. B. (1995). *The media and modernity: A social theory of the media*(pp. 18-37). Stanford: Stanford University Press.

忆"的概念借用并隐喻性地指代"一个社会所同意的过去的版本：社会及其制度以一种个体和社会对事件的解释相一致的方式，形成和改变共同体成员关于过去的共同叙事"，因此，当这些叙事在公共舞台上通过中介的过程形成时，就变成了集体的。① 对新闻记忆的理解亦如此：正是通过新闻文本的大量一致性表征和新闻实践不断进行的共同性叙事，新闻才在文本和实践层面转变成新闻记忆。

中介的记忆，突出的是新闻记忆对人、媒介、技术，以及各种物质条件、物质环境的依凭和依赖。新闻记忆是高度中介的，必须经由人、媒介、技术等多重中介，经由新闻现场、新闻加工、新闻传输等一系列复杂过程，从而使技术既为新闻记忆的中介创造了条件，又带来了技术中介的记忆问题。

1. 假肢记忆：记忆的延伸

现代性使一种新的公共文化记忆形式成为可能和必要，这种新的记忆形式，有学者称之为"假肢记忆"（prosthetic memory）②。假肢记忆具有四个方面的特征：首先，其不是天然的，不是生活经验的产物，也不是 19 世纪世袭意义上的"有机的"，而是源于与媒介化表征的接触（看电影、参观博物馆、看电视）。其次，由于假肢是装在身上的，所以假肢记忆是一种由大众媒介化的表征体验所产生的感官记忆。再次，称其为"假肢"意味着互换性（interchangeability）与可交换性（exchangeability），并强调了其商品化形式。最后，假肢记忆强调了作为假肢的有用性（usefulness）。③ 正是大众文化技术和资本主义经济，打开了一个新的世界形象，其外在于人的生活经验，创造了假肢记忆这一便携的、流动的、非本质的记忆形式。④

尽管兰德斯伯格（Alison Landsberg）是以电影为例展开对假肢记忆论述的，但显然，假肢记忆不仅可以描述电影形成的记忆体验，对于新闻记忆的生产、实践、体验和消费来说，假肢记忆的概念和观点同样具有适用性与

---

① Neiger, M. (2020). Theorizing media memory: Six elements defining the role of the media in shaping collective memory in the digital age. *Sociology Compass*, 14(3), 1-11.

② Landsberg, A. (2004). *Prosthetic memory: The transformation of American remembrance in the age of mass culture* (p. 2). New York: Columbia University Press.

③ Landsberg, A. (2004). *Prosthetic memory: The transformation of American remembrance in the age of mass culture* (pp. 20-21). New York: Columbia University Press.

④ Landsberg, A. (2004). *Prosthetic memory: The transformation of American remembrance in the age of mass culture* (p. 18). New York: Columbia University Press.

说服力。借鉴假肢记忆的概念及有关观点,在非创伤的层面,可以将新闻记忆理解为个体和集体的记忆假肢。首先,新闻记忆将外部丰富多样的世界以图像、文字、照片等多种技术形式呈现和展示在我们面前,扩大和延伸了我们有限的经历和接触;其次,这些多样化的技术表达形式能够创造丰富的情感、心理体验,就像佩戴在我们身上的假肢一样,与我们的身体息息相关;再次,新闻记忆作为文化工业的一种形式,在资本的驱动下流动和转移,对于个体和集体来说,消费新闻记忆就像消费其他商品一样,总是需要不断地更新、替换;最后,新闻记忆无论是对个体,还是集体,都具有价值和效用:其不仅有助于认识、了解过去与现在,还有助于建立个人与共同体的想象性关系。

假肢记忆还有一个暗含的前提:假肢记忆,像假肢一样,常常是创伤的标志。[1] 战争、自然灾害(如地震、飓风、海啸等)、恐怖袭击(如美国的"9·11"、英国的"7·7"伦敦地铁爆炸)往往会给个体和集体留下创伤。新闻通过讲述类似的过去创伤的故事,通过帮助社会进行自我反思,使个体和集体从曾经的创伤中逐渐恢复。[2] 不仅如此,对于未亲身经历此类创伤的个体和群体而言,假肢记忆通过照片、视频等所形成的感官刺激,能够形成亲身体验的强大效果,从而使创伤记忆超越特定的个体和群体,被更广泛的人类对象所体验和感受。

由此可见,借助技术假肢,无论是非创伤性记忆,还是创伤性记忆,都拥有了更广泛的接触对象,并通过声音、画面、图片、照片等多种技术手段增强了感官体验效果。在商品化的利益驱动下,假肢记忆被不断生产和消费。其对认识和体验更广泛的世界,建立与更遥远个体和群体的联系至关重要。在此意义上,作为记忆假肢的新闻记忆,延伸、拓展了个体和集体的记忆。

2. 数字记忆:记忆的繁衍

19 世纪和 20 世纪早期的主要媒介(印刷品、照片、胶片和报纸)不仅是

---

① Landsberg, A. (2004). *Prosthetic memory: The transformation of American remembrance in the age of mass culture*(p. 20). New York: Columbia University Press.

② Berkowitz, D. (2011). Telling the unknown through the familiar: Collective memory as journalistic device in a changing media environment. In Neiger, M., Meyers, O., & Zandberg, E. *On media memory: Collective memory in a new media age* (pp. 201-212). New York: Palgrave Macmillan.

模拟过程的产物,更是大生产技术的产物。这些传统媒介都是采用工业大生产的方式生产出来的物理性人工制造物,借由拷贝和商品化的形式销往世界各地。在此意义上,有研究指出,假肢记忆仅提供了一个关于记忆技术分析的前连接转向(pre-connective turn)的视角,因此几乎没有触及数字技术的出现所带来的记忆网络的激增和扩散问题。①

数字化所标志的从物理数据到二进制信息的转换,使得媒介处理数据、光波和声波的物理过程转变为数字组合、分配的过程。也就是说,它们被转化为抽象的数字符号,而不是一些类似的对象或物理表面。② 从模拟媒介文本转化为数字比特流的原理和实践非常重要,因为我们可以从中了解媒介文本生产中的复杂操作是如何从物理、化学和工程学的物质领域中被释放出来,并转移到象征性的计算机领域。其所带来的根本性后果是:媒介文本是去物质化的,它们已与其物理形式,如影印、书、胶卷完全分离;数据可被压缩在极小的空间中;可以被高速接入及非线性访问;比模拟方式的操作更容易。③

以此来理解数字技术所带来的记忆变革就会发现,新闻记忆不再以大生产技术、机械复制的方式,以个体或集体假肢的物质形态而存在,而是以数字信息的分配、流动和组合的高速连接、自我繁殖的新方式,以去物质性的数字记忆形态而存在。

数字记忆意味着突破记忆的固定的、物质的形态,任何以数字形式存在的数据都可以通过数字的高速流动、自由接入和访问,不断组合、生成新的记忆。在 2009 年伊朗抗议活动中,一位被枪杀的遇害者的照片在全球媒体中广为传播。这张照片最初是被这位遇害者的朋友用手机拍下的,但数据随后被传播开来:手机拍摄的视频被上传到多个网站;视频中的图像被截屏、打印出来,用于抗议杀害;遇害者临终前的照片被各大电视公司播出,并

① Hoskins, A. (2011). Media, memory, metaphor: Remembering and the connective turn. *Parallax*, 17(4), 19-31.
② 李斯特等:《新媒体批判导论》(第 2 版),吴炜华、付晓光译,上海:复旦大学出版社,2016 年,第 19 页。
③ 李斯特等:《新媒体批判导论》(第 2 版),吴炜华、付晓光译,上海:复旦大学出版社,2016 年,第 20 页。

成为包括英国、美国和澳大利亚报纸在内的世界性媒体的头条。①

数字记忆彻底摆脱了人类主体性的控制以及物质性、空间性的束缚和制约，以自由、高速的流动和组合冲破了一切空间、时间的壁垒，使得任何时间、任何地方发生的新闻，只要被转化为数字数据，就可以被链接、组合、生成、传播到任意时间和任意地点。因此，无论多么遥远的过去、多么遥远的地方，在数字网络中，都可以通过检索、搜索、链接、组合而被转化成新闻记忆。不仅如此，数字的高度便捷的开放、接入和访问，使得无论是基于主体能动性的人类，还是基于数据驱动的算法、程序，都能够通过对数据的采集、分析、制作、生产出更多形态的新闻，如数据新闻、公民新闻等，从而使新闻记忆更具多样性与差异性，带有更多个人的、技术的色彩，而不是制度的、规范的色彩。

如果说假肢记忆是在机械化复制的大生产技术背景下，利用记忆技术实现的对人类记忆的延伸与拓展的话，那么数字记忆则是在计算机、互联网的技术驱动和转化中，实现的记忆的自我繁殖和数字衍生，从而突破和超越了人类记忆的界限。人与人、人与机器、机器与机器，都可以经由数字连接和转化生成新的记忆，不仅全球范围的记忆生产成为可能，有机与无机、过去与现在、未来的记忆生产和交互亦成为可能。这一切都从根本上跨越、重置了记忆研究领域长期存在的诸如有机和无机、独有和共享、数字和模拟、个体和媒体、本地和全球等传统的记忆二分法。②

但是，技术壁垒的突破与技术鸿沟的造就是相伴相生的。在全球数字记忆场中，西方以强大的技术手段、技术更新和组织能力，拥有了对世界其他地方的记忆控制权。有研究特别指出，要警惕西方强大的记忆机器对本地记忆的蚕食和吞噬。因为媒介化的新闻平台通常是由西方驱动的，其所反映的也是西方对事件的看法，因此很容易使记忆充满了西方的想象和理

---

① Reading, A. (2011). Memory and digital media: Six dynamics of the globital memory field. In Neiger, M., Meyers, O., & Zandberg, E. *On media memory: Collective memory in a new media age* (pp. 241-252). New York: Palgrave Macmillan.

② Reading, A. (2011). Memory and digital media: Six dynamics of the globital memory field. In Neiger, M., Meyers, O., & Zandberg, E. *On media memory: Collective memory in a new media age* (pp. 241-252). New York: Palgrave Macmillan.

解,而不管其是否反映了当地的体验和感受。①

第四节　作为记忆政治的场域:基于政治逻辑的分析

正是基于对屈服于法西斯主义,改写历史,毁灭人类、记忆、历史和档案等 20 世纪欧洲危险的回应,哈布瓦赫、柏格森、利科、诺拉、勒高夫等思想家关注、聚焦于集体记忆问题,从而为集体记忆研究奠定了理论基础。② 也可以说,集体记忆理论研究的肇始即源于对当时欧洲政治现实的反应。因为,对这些思想家来说,记忆、记住和记录是存在、成为和归属的关键。③

记忆政治(memoro-politics)是一个用来表达权力如何通过身体和心灵进行运转的概念。④ 正如有研究指出的:我们对现在的体验,大多取决于我们对过去的了解;我们有关过去的形象,通常服务于现存社会秩序的合法化。⑤ 在此过程中,身体实践和纪念仪式至关重要。体化实践以身体为对象,刻写实践则以现代的存储和检索技术为手段,有关过去的意象和有关过去的记忆知识,是通过(或多或少是仪式性的)操演来传达和维持的。⑥

对记忆政治的研究,就是要通过对影响记忆在身体和心灵运行的政治因素的分析,来揭示记忆被权力、意识形态形塑和建构的本质。

一、权力:记忆的配置

与社会学将权力理解为一种暴力或强制力的观点不同。福柯将权力定义为:权力,不是什么制度,不是什么结构,不是一些人拥有的什么势力,而

---

①　Zelizer, B. (2011). Cannibalizing memory in the global flow of news. In Neiger, M., Meyers, O., & Zandberg, E. *On media memory: Collective memory in a new media age*(pp. 27-36). New York: Palgrave Macmillan.

②　Garde-Hansen, J. (2011). *Media and memory*(p. 18). Edinburgh: Edinburgh University Press.

③　Garde-Hansen, J. (2011). *Media and memory*(p. 18). Edinburgh: Edinburgh University Press.

④　Hacking, I. (1995). *Rewriting the soul: Multiple personality and the science of memory*. Princeton: Princeton University Press.

⑤　康纳顿:《社会如何记忆》,纳日碧力戈译,上海:上海人民出版社,2000 年,第 4 页。

⑥　康纳顿:《社会如何记忆》,纳日碧力戈译,上海:上海人民出版社,2000 年,第 40 页。

是人们赋予某一个社会中复杂的战略形势的名称。① 在福柯看来,权力是通过话语的作用来塑造对诸如犯罪、疯癫或性行为等现象的普遍态度的。② 福柯指出,新的权力手段,它们不靠权力,而靠技术;不靠法律,而靠正常化;不靠惩罚,而靠控制。③

葛兰西的"文化霸权"理论指出,强力可以用于敌人而不能用于必须迅速地吸收到自己这方面来的自己力量的一部分,为了做到这一点,须要有热情和"善良的意愿"。④ 其对议会制国家权力运行本质的基本观点是:"正常"实现领导的特点是采取各种平衡形式的强力与同意的结合,而且避免强力过于显然的压倒同意;相反地,甚至企图达到表面上好像强力依靠大多数的同意,并且通过所谓舆论机关——报纸和社会团体表现出来。⑤

无论是福柯的话语权力观还是葛兰西的文化霸权理论,都指出了新闻媒体在权力运行与控制过程中的重要作用。有研究认为,政治权力需要传播媒介,犹如传播媒介需要领导的权力。由于彼此需要,所以它们并不互相对立抗衡。它们可能(也确实)彼此监督,但并非为了插足干涉有益于双方的行为,而是为了避免那种威胁双方所处的生物体系或总的体系中的异常行为。⑥ 以此来关照权力对新闻记忆的影响,就会发现:一方面,新闻记忆处于权力场域中,必然受到权力施加的控制;另一方面,新闻场域又是重要的话语权力运行场域,各种力量都会寻求对话语权力的支配与控制,其中包括新闻业自身。

1.记忆仪式:公开的权力表达

人类学家格尔茨(Clifford Geertz)认为,统治精英会利用一系列得自继承或是新发明的象征、庆典来合理化他们的生存,并安排他们的行动。⑦ 大卫·科泽则指出了仪式在现代政治生活中的重要作用:野心勃勃的政治领袖们使用仪式争夺权力,当权者们力保他们的权威,革命者们则拓展政治忠

---

① 福柯:《福柯集》,杜小珍编选,上海:上海远东出版社,2003年,第346页。
② 吉登斯:《社会学》(第4版),赵旭东等译,北京:北京大学出版社,2003年,第860页。
③ 福柯:《福柯集》,杜小珍编选,上海:上海远东出版社,2003年,第342页。
④ 葛兰西:《狱中札记》,葆煦译,北京:人民出版社,1983年,第143页。
⑤ 葛兰西:《狱中札记》,葆煦译,北京:人民出版社,1983年,第197-198页。
⑥ 阿特休尔:《权力的媒介》,黄煜、裘志康译,北京:华夏出版社,1989年,第225-226页。
⑦ 格尔茨:《地方知识——阐释人类学论文集》,杨德睿译,北京:商务印书馆,2014年,第144页。

诚的新基础。所有这些政治人物,从暴动的领袖到维持现状者,都使用仪式来为支持他们的人创造出一种政治现实。现代国家的民众是通过参与仪式来认同那些更大的政治势力的,因为这些政治势力只能借助象征形式得以表现出来。同时,也唯有通过政治仪式,我们才能理解这个世界的情形,因为我们唯有将所生活的这个世界大大简化,才能彻底地认识它。①

在新闻记忆中,纪念新闻是一种最突出的记忆仪式。也可以说,纪念新闻是仪式化的新闻记忆。无论是胜利的、荣耀的瞬间,还是挫败的、离别的时刻,无论是庆祝新生的喜悦,还是哀悼死亡的悲痛,无论是作为媒介事件记录与记忆的新闻,还是自身作为媒介事件一部分的新闻,纪念新闻通过对纪念仪式以及自身话语实践的记录与记忆,实现了将个体与集体、过去与现在缝合进整体性、一致性叙事中的功能,从而在集体记忆的层面,成为社会的通过仪式。

通过仪式(rites of passage)②是人类学的一个术语,包括分离、阈限和整合三个阶段,揭示了个人或群体从原有社会结构中分离出去,经由仪式重新获得相对稳定状态的过程。③ 纪念新闻大多处于阈限阶段,也就是位于个人、群体从原有结构分离出来之后与重新获得相对稳定状态之前的中间、过渡阶段。当突如其来的灾难、冲突和死亡对个人、群体和社会的原有关系造成破坏、冲击,纪念新闻就会扮演非常重要的通过仪式角色。④ 新闻界大量调用过去,并将受到破坏和冲击的现在置于与过去类似危机、灾难的关系框架中,从而为处于分离状态的个体、社会提供情感联系与心灵慰藉。有研究特别指出,仪式表演可以被看作社会过程中特别的阶段,藉此团体得以调整和适应内外部的变化。从这个观点来看,仪式象征符号成了社会行动的一个因素、行动领域的一股积极力量。⑤ 正是纪念新闻中大量仪式象征符号的重复、循环和操演,个体、群体与社会最终会重新获得相对稳定的状态,以应对不断变化的环境。

---

① 科泽:《仪式、政治与权力》,王海洲译,南京:江苏人民出版社,2014 年,第 1-2 页。

② Van Gennep, A. (1960). *The rites of passage*. Chicago: University of Chicago Press.

③ 特纳:《仪式过程》,黄剑波、柳博赟译,北京:中国人民大学出版社,2006 年,第 94-95 页。

④ Kitch, C. (2000). 'A news of feeling as well as fact': Mourning and memorial in American newsmagazines. *Journalism*, 1(2), 171-195.

⑤ 特纳:《象征之林》,赵玉燕等译,北京:商务印书馆,2012 年,第 24 页。

　　有研究指出,新闻业作为第四等级的信仰一直是新闻事业发展的关键。这一概念假定新闻界对那些有权力的人进行审查,以确保他们不会过度使用权力或滥用权力,因此,新闻被视作是对抗性的,没有对抗性的新闻报道,掌权者滥用权力将不可避免。① 但是,在通过仪式中,也就是社会状态的不稳定、转变过程中,新闻界主动放弃了其权力对抗者的角色,自觉地将民族国家利益置于市场、商业利益之上,将社会整合的仪式性角色置于专业要求的规范性角色之上,从而使记忆仪式成为权力公开表达的时刻。此时,新闻界不再是权力的对抗者、监督者、批评者,而是成为维护权力运行和稳定的配合者、支持者。有研究对美国三家共20期新闻杂志在"9·11"发生一个月内和当年年底的报道进行分析后发现,这三家不同的新闻杂志在处理"9·11",以及对其意义的评估上是一致的,而不是分歧的。三家杂志共同讲述了一个关于悲剧及其结果的连贯的故事,一个从震惊、恐惧到激动、自豪的故事。记者们将那些令人不安和混乱的新闻纳入他们以前使用过的故事情节中,使其构成美国富有韧性和进步的宏大叙事的一部分。②

　　显然,新闻媒体在社会不稳定的通过仪式中,放弃权力制衡角色而扮演民间宗教角色,无论是基于外部权力的强制性要求,还是基于媒体特殊时期的社会定位和选择,都反映了权力与新闻记忆之间复杂纠葛、动态调整的关系状态。

　　2.记忆调音:隐秘的权力运行

　　集体记忆可以让我们以两种方式参与社会生活。一方面,集体记忆是社会的模式(model of society),是社会的需求、问题、恐惧、心态和抱负的反映(reflection);另一方面,集体记忆是构造社会的模式(model for society),是界定社会经验,表达价值观和目标,并为实现目标提供认知、情感、道德的指引或导向的程序。③ 由此可见,新闻记忆不是被动等待现在的调用的过去,而是积极参与现在的过程的过去,其以隐秘的话语权力运行的方式参与

　　① Craft, S., Barnhurst, K. G., Brennen, B., Glasse, T. L., Hanitzsch, T., & Singer, J. B. (2014). Trajectories. *Journalism Studies*, 15(6), 689-710.

　　② Kitch, C. (2003). "Mourning in America": Ritual, redemption, and recovery in news narrative after September 11. *Journalism Studies*, 4(2), 213-224.

　　③ Schwartz, B. (1996). Memory as a cultural system: Abraham Lincoln in World War II. *American Sociological Review*, 61(5), 908-927.

到现在和过去的建构与重构中。如果说记忆仪式构成了权力公开表达的时刻，体现了在社会不稳定状态下新闻记忆场域对于权力场域的配合、支持的话，那么，记忆调音则反映了社会日常状态下新闻场域所受到的话语权力的隐秘操纵和支配，构成了权力以话语框架、模式、模板等形式在新闻记忆场域中的日常运行状态。

"调音"（keying）是阐释过程的一种机制，其将对某个基本框架活动意义的理解转变为对另一基本框架活动意义的理解。调音公开地将过去可得的（象征的）模式（书写的叙事、图片、图像、空间）与现在的经验相匹配，通过将记忆转化为文化系统，通过将文化符号排列为公开、可见的话语并在社会世界的组织和机构中流动，成为个体在心理上组织其社会经验的方式，从而解释了集体记忆的"认知"和"配伍"过程。[①] 新闻记忆调音的过程，就是将长期占据主导、优先地位的话语框架、模式、模板与现在的经历、体验进行匹配的过程。也可以说，在过去话语的竞争和斗争中，占据支配、优势地位的话语会驱逐、排斥处于从属、弱势地位的话语，进而以累积、沉淀下来的框架、模板、模式的形式对现在进行调音，最终导致那些被驱逐的、排斥的过去不仅变得没有意义，也变得不可见。无论是福柯的话语权力观，还是葛兰西的文化霸权理论，都意在揭示权力从暴力到话语，从强制到同意的运行方式的转变。也可以说，权力正在从传统的暴力机关的集中式运行转向毛细血管样的分布式运行，其不仅变得愈益渗透和参与到日常生活中，也变得更加隐秘和不易察觉。

新闻记忆还可以通过特定技巧的运用来掩盖、遮蔽话语权力运行的本质，比如大量聚焦个人化的琐屑故事，以遭遇的个别性来回避矛盾的结构性，以公开大声的喧哗来掩护权力悄无声息的运行。有研究通过对冲突报道的分析发现，在冲突背景下的记忆建构过程中，媒体可以扮演双重角色：既可以充当受害者复述其冲突经历的讲故事的工具，也可以通过关注个人故事，帮助冲突的记忆去政治化（depolitization）。[②] 也就是说，通过关注、聚焦个人化的叙事，可以有效转移对冲突原因、结构性矛盾的注意力。亦即以

---

① Schwartz, B. (1996). Memory as a cultural system: Abraham Lincoln in World War II. *American Sociological Review*, 61(5), 908-927.

② Angel, A. (2016). Media and the construction of memory: The case of the Arboleda massacre in Colombia. *Catalan Journal of Communication & Cultural Studies*, 8(2), 301-308.

一种个人化、琐碎化、故事性的报道来掩盖社会现实的结构性、政治性、本质性问题,从而形成一种"公开的沉默"而不是"隐秘的沉默"①的效果。

二、意识形态:记忆的宰制

自"意识形态"这个术语在法国②及马克思、恩格斯的作品③中最初出现以来,后又出现在许多著作家的作品中并渗透到几乎所有人文社会科学中。今天,对这个术语在文献中出现情况的调查显示,其以两种根本不同的方式被使用。一方面,许多著作家似乎把"意识形态"当作纯粹描述性的术语:人们把它说成是一种"象征实践"——与社会互动或者政治规划有关的"象征实践"——的"思想体系"或"信念体系"。该术语的这种用法导致了一种所谓的中性的意识形态观念。然而在当代的文献中还明显地存在着另一个意义上的"意识形态"。在某些著作家的作品中,意识形态基本上是与维持不对称的权力关系的过程,也就是与维持统治的过程联系在一起的。该术语的这种用法表达了一种所谓的批判的意识形态观念,保留了其否定的含义。在该术语的历史沿革的大多数情况下,它都传达了这样的意思。④

如果将意识形态视为一种"社会胶合剂",那新闻媒体则可被视作一种涂抹黏胶的特别有效的机制。⑤ 或者如阿尔都塞所言,新闻媒体作为重要的意识形态国家机器,不是"运用暴力",而是"运用意识形态"发挥功能,导致最终占统治地位的意识形态就是"统治阶级"的意识形态。⑥ 据此来审视新闻记忆可以发现,不仅新闻记忆的实践构成意识形态运行的重要机制,新闻记忆的文本亦具有自然化意识形态的表征效果。就如有研究指出的,意识形态致力于建立过去与个人经验形式的共识,那些过去被认为是重要的和值得记忆的。⑦

---

① Xu, B. (2018). Commemorating a difficult disaster: Naturalizing and denaturalizing the 2008 Sichuan earthquake in China. *Memory Studies*, 11(4), 483-497.

② 列斐伏尔:《马克思的社会学》,谢永康、毛林林译,北京:北京师范大学出版社,2013年,第40页。

③ 汤普森:《意识形态理论研究》,郭世平等译,北京:社会科学文献出版社,2013年,第1页。

④ 汤普森:《意识形态理论研究》,郭世平等译,北京:社会科学文献出版社,2013年,第3-4页。

⑤ 汤普森:《意识形态与现代文化》,高铦译,南京:译林出版社,2005年,第3页。

⑥ 阿尔都塞:《哲学与政治》,陈越编译,长春:吉林人民出版社,2011年,第282-283页。

⑦ Garde-Hansen, J. (2011). *Media and memory* (p. 52). Edinburgh: Edinburgh University Press.

1.神话化:意识形态的运行方式

实证主义史学家往往用"神话"这个术语来指称非真实的故事,与其所讲述的"历史"故事形成鲜明对照。但是,人类学家、符号学家对"神话"的认识却有不同。在马林诺夫斯基看来,神话是具有社会功能的故事。作为关于过去的故事,神话为现在充当着"宪章"角色。也就是说,神话故事履行的功能是证明现在某些制度的正当性,并维持其现状。[①] 而在符号学家巴特看来,神话是一种言说方式。神话不是凭借传递其信息的媒介物来界定的,而是靠表达这信息的方式来界定的:有神话的形式界限,却没有实体界限。[②] 巴特分析了神话作为言说方式的一个经典案例,《巴黎竞赛报》封面上一位身穿法国军服的黑人青年行军礼并仰视飘扬的法国三色旗,其所传达的涵义是:法国是一个伟大的帝国,她所有的儿子,不论肤色,都在其旗帜下尽忠尽责。[③] 也可以说,作为言说方式的神话表达和确证了作为社会功能的神话。

有研究指出,《纽约时报》被称为"国家的抄写员⋯⋯我们社会的特权和卓越的故事讲述者",其新闻故事叙述的神话性质,对传统和集体记忆有着重要的影响。[④] 也有研究指出,"神话般的充分性"是新闻的一个重要属性。他们认为,尽管记者经常把自己视为神话的敌人,但事实上,他们在传播神话并增加神话的活力。[⑤]

事实上,新闻和神话不仅在证明制度的正当性并维持现状上功能类似,其所讲述的故事亦有很多相似之处。正如有研究指出的,新闻和神话都讲述道德的故事,它们告诫人们要提防灾难与疾病、堕落和腐朽;它们讲述痊愈和舒适生活、社会公正和改革的故事;它们提供有关秩序和紊乱、正义得到伸张与正义遭到剥夺的戏剧;它们呈现出对英雄和反面人物、需要学习的

---

① 伯克:《历史学与社会理论》,李康译,上海:上海人民出版社,2019年,第182页。
② 巴特:《神话修辞学》,屠友祥译,上海:上海人民出版社,2016年,第139页。
③ 巴特:《神话修辞学》,屠友祥译,上海:上海人民出版社,2016年,第146页。
④ Lule, J. (2001). *Daily news, eternal stories: The mythological role of journalism* (p.7). New York: Guilford Press.
⑤ Lawrence, J. S., & Timberg, B. (1979). News and mythic selectivity: Mayaguez, Entebbe, Mogadishu. *Journal of American Culture*, 2, 321-330.

榜样和需要谴责的社会渣滓的描述。① 神话的恒常性使其通过复述而被认识,其可变性则产生了探索新的个人化表现手段的魅力,从而构成了神话的"主题"和"变奏"关系。②

依此来理解意识形态的运行方式就会发现,新闻记忆根据不同时期、阶段、事件的不同要求,将道德、正义、变革、秩序、英雄等意识形态核心主题,运用特定的叙事技巧进行故事讲述,从而不断生产既具有可识别性"主题"又呈现出差异性"变奏"曲目的神话,以此来维持意识形态的持续、稳定运行。就像有关灾难、危机的新闻记忆,总是离不开英雄——"9·11"中的消防英雄③,新冠疫情中的医护英雄④,以及全体民众英雄——的神话一样。因为,英雄的故事虽然各不相同,关于英雄主题的神话却总有相似性,譬如英雄的神话不仅与灾难、危机有关,更与拯救、秩序回归有关。换句话来说,在新闻记忆中,英雄的光芒和力量对冲、稀释,甚至遮蔽了灾难、危机的破坏和创伤,在巧妙地传达主导阶级意识形态观念的同时,有效地修复和维护了现存社会秩序。

因此,神话在形式上是最适合于意识形态颠倒和操控的工具。意识形态的颠倒性界定了我们这一社会:在人类交流的一切层面当中,神话操纵了从反自然到伪自然的颠倒过程。世界提供给神话的,是历史真实,我们根据人们造成这种真实或使用这种真实的方式来界定它,尽管这需要回溯到相当久远处。而神话回馈(给世界)的,则是这一真实的自然形象。⑤

2. 自然化:意识形态的呈现效果

有研究指出:一套成功的意识形态,首先,必须经过心理说服的过程,使群众认同其理念,这是意识形态确立的首要步骤——符号化(symbolization)的步骤;尔后,必须透过政治强制的过程,使个人或集团与意识形态不相容的欲望或需求,以及与意识形态相左的理论或信仰,完全从群众的公共沟通

---

① 鲁勒:《每日新闻、永恒故事:新闻报道中的神话角色》,尹宏毅、周俐梅译,北京:清华大学出版社,2013 年,第 12 页。

② 布鲁门伯格:《神话研究(上)》,胡继华译,上海:上海人民出版社,2012 年,第 36 页。

③ Kitch, C. (2018). Journalism as memory. In Vos, T. P. (ed.). *Journalism, handbooks of communication science* (pp. 169-186). Boston/ Berlin: Walter de Gruyter.

④ 李红涛、韩婕:《新冠中的非典往事:历史类比、记忆加冕与瘟疫想象》,《新闻记者》2020 年第 10 期。

⑤ 巴特:《神话修辞学》,屠友祥译,上海:上海人民出版社,2016 年,第 173 页。

系统中排除掉，这是意识形态非符号化（desymbolization）的步骤；最后，意识形态会被塑造成独立于个人之外，不以个人意志为转移的客观存在，它成为一种典范（paradigm），并且为个人或集团的思想行为形构了一个背景世界，使个人或集团从事价值判断或对周遭环境进行认知、评估时，不自觉地以它作为依据，亦即此时意识形态犹如自然般地对人产生命运的因果作用，此即是意识形态典型化的步骤。① 由此可见，作为社会复杂的观念系统，意识形态在社会中运行的过程，亦是其不断自然化（naturalization）的过程，或者说，意识形态最终是以一种自然天成而非强制性接受的状态存在于社会生活中的。

　　新闻记忆的意识形态自然化有两种方式，一种是经过上述符号化到典范化的过程，也就是首先将某些象征符号与意识形态的特定主题、内涵进行关联，使意识形态符号化，然后通过意识形态符号的不断调用和循环流通，在社会群体中建立特定符号与意识形态的认知、情感联系，最后，这些象征符号成为相应意识形态的图式，退隐为不再突出、不引人注意的背景、幕布式的存在，达到将意识形态自然化的目的。

　　另一种自然化意识形态的方式，类似于日常民族主义的存在方式。比利格（Michael Billig）将"庸常民族主义"定义为一种"意识形态习惯的方式，这种习惯使已建立的民族……得以再生产"。② 这一概念将我们的注意力转移到常规的、没有标记的、习惯性的方式上。因此，日常民族主义的最终形象不是"带着热情、有意识挥舞的旗帜，而是悬挂在公共建筑物上不被注意的旗帜"③。这也是新闻记忆呈现意识形态的一种方式：对某个背景的简单交代，对某个细节看似不经意的提及，或者新闻镜头对某个表情瞬间的停留，又或是对某个不起眼角落的一晃而过，等等。换句话来说，新闻记忆中的意识形态，绝大多数时候不是通过敲锣打鼓、高喊口号的方式表达的，而是通过细节、常规的方式，悄无声息地渗透和弥散的。

　　无论是意识形态以符号化的框架、图式的形式被自然化，还是以庸常民族主义的常规、习惯的形式被自然化，都反映和揭示了新闻记忆中意识形态

---

① 李英明：《哈贝马斯》，台北：东大图书股份有限公司，1986 年，第 79 页。
② Billig, M.（1995）. *Banal nationalism*（p.53）. London：Sage.
③ Billig, M.（1995）. *Banal nationalism*（p.8）. London：Sage.

无所不在的渗透性、主导性,及其存在方式的自然化、合意性。较之于权力总是有一些集中展示的时刻和方式,意识形态的运行大多是静水深流的、渗透性的,二者共同构成了记忆政治的不同表达形式,形塑和改造着新闻记忆场域的图景与地形。但是,无论是权力的表达,还是意识形态的渗透,都不是绝对主导的,而是面临着激烈的斗争。记忆不仅是斗争的场域,也构成斗争的因素。正如有研究指出的,记忆是斗争中非常重要的因素,如果一个人控制着人们的记忆,那就控制了他们的动力和经验,以及他们过去斗争的知识。①

---

① Foucault, M. (1977). Film and popular memory. *Edinburgh Magazine*, 2, 22.

第六章　新闻记忆的伦理

人类学家玛丽·道格拉斯（Mary Douglas）敏锐地指出，"任何机制想要维持良好状况，就必须控制其成员的记忆"，只有掌握了记忆，一个机制——比如国家，才能使其成员"忘记不合乎其正义形象的经验，使他们想起能够维系住自我欣赏观念的事件"。①

人与人，事件与对事件的记忆是以非均等的、不可预测的方式被制造出来的。在这种情况下，中介者的作用需要更严格的审查。换句话来说，把关人在决定呈现什么，看到什么，以及什么不可以被看到上具有越来越重要的责任，因为平常和非常的定期记录都很重要。② 由于一方面，新闻记忆在集体记忆、民族国家记忆、社会历史记忆中具有不可替代的地位和作用，另一方面，新闻记忆文本及实践所产生的问题，无论对个体，还是对集体与社会，都具有消极、负面的影响，从而使新闻记忆伦理问题成为一个迫切且不容回避的重要问题摆在新闻记忆研究者面前。

有研究明确指出，既有的主流记忆研究范式，在遮蔽记忆研究的其他面相的同时，也阻碍了我们对记忆其他方面，如对记忆的伦理学问题的关注。③ 新闻记忆伦理问题的提出，既是不断发展的新闻记忆实践所暴露出来的问题的反映，也是新闻记忆研究在理论发展过程中反省与自觉的一种体现。

记忆伦理的知名研究者玛格利特（Avishay Margaret）在对记忆的伦理问题进行系统性研究时，首先提出的就是记忆伦理存在与否的问题：存在记忆的伦理吗？或者说有作为个人的微观记忆伦理和作为集体的宏观记忆伦

---

① 阿普尔比、亨特、雅各布：《历史的真相》，刘北成、薛绚译，上海：上海人民出版社，2011年，第93页。

② Hoskins，A.（2010）．Media，memory and emergence．*Media Development*，57(2)，15-18．

③ 刘亚秋：《从集体记忆到个体记忆：对社会记忆研究的一个反思》，《社会》2010年第5期。

理吗? ……我们有义务记住过去的人和事物吗? 如果有的话,该义务的性质是什么? 存在关于记住或忘记道德赞美或道德谴责的适当主体吗? 谁是那个有记住义务的"我们":"我们"作为集体还是"我们"作为某种集体的构成性要素使我们有义务记住集体中的每一个人? ……我的结论是存在记忆的伦理。① 有研究对记忆伦理概念进行了明确界定:记忆伦理(ethics of memory)指的是个体或群体应该记住什么或遗忘什么,他们应该做什么来使其被记忆和被遗忘,以及他们应如何回应记忆所引起的需求。②

那么,何谓新闻记忆伦理呢? 其与记忆伦理和新闻伦理有何关系? 很显然,新闻记忆伦理概念的界定,既应建基于记忆伦理之上,又应表现出其作为新闻伦理的重要形式,具有区别于记忆伦理和新闻伦理的差异性内涵。一方面,新闻记忆较之于其他记忆实践活动,具有制度化、规程性等记忆生产特征,因此,新闻记忆伦理具有机构、组织伦理的基本特征。另一方面,新闻记忆关注的是新闻的生产和组织所生成的记忆文本,以及记忆实践系统的运行,因此,新闻记忆伦理较之于新闻伦理,应该更加关注记忆与遗忘、历史与现实等关系。在此基础上,本书将新闻记忆伦理界定为,新闻记忆伦理指的是新闻业在制度性、规程性的记忆实践活动中,应该调节和处理的诸如记忆与遗忘、历史与现实等基本关系,及其应遵守和依循的基本规范。

对新闻记忆伦理问题的探讨,以对伦理失范现象的分析为起点,总结、概括新闻记忆伦理失范的主要表征;随后结合新闻伦理与记忆伦理的共同性要求,重点论证新闻记忆伦理的主要规范原则;最后以伦理实现为分析的落脚点,阐述记忆伦理的实现路径。

第一节　新闻记忆的伦理失范表征

显然,对失范的界定源于假定的规范前提。就如有研究指出的,没有一个社会是没有指导行为的规范的。但在民间习俗、风俗习惯,以及制度控制

---

① 玛格利特:《记忆的伦理》,贺海仁译,北京:清华大学出版社,2015年,第8页。
② Thompson, J. (2009). Apology, historical obligations and the ethics of memory. *Memory Studies*, 2(2), 195-210.

与文化价值等级结构最高目标的有效整合程度上,各个社会的确是不同的。[①] 也许还应该补充的是,即使是在同一社会的不同场域内,风俗、习惯、文化、制度等不同性质和来源的规范,其发挥作用的方式和效力亦是不尽相同的。

新闻记忆的伦理失范,指的是新闻记忆实践偏离新闻记忆伦理规范或新闻记忆伦理规范(部分)缺失的状态或情形。按照集体记忆的观点来看,记忆总是特定的历史时代与特定社会利益、兴趣和需要的产物。作为特定历史时期及社会"忠实记录者"的新闻,其记忆文本或记忆实践必然反映出特定时代与社会的特征,因而也带来新闻记忆的伦理失范所烙刻下的时代性与阶段性印记。但是,正如新闻记忆也表现了记忆、历史的延续一样,新闻记忆的伦理失范问题不仅有其阶段性的特点,还具有相当程度上的共性特征。本章对新闻记忆伦理失范现象的探讨更多是基于对其主要的共性问题,而非个别、特殊性问题的省察与反思。

新闻伦理和记忆伦理都是具有明确规范的伦理体系,但是在新闻记忆的实践过程中,由于新闻业并无明确宣称、自觉要求的记忆实践意识,以及政治、经济、技术及新闻业自身等因素的影响,新闻记忆实践出现了偏离记忆伦理规范或(部分)规范缺失的情形。

一、记忆失真

新闻,顾名思义,通常是真实和准确的。[②] 其特点是其所遵循的特殊原则,比如,新闻报道以真实性(authenticity)来战胜对其接受的抵制,采访利用真实对话的吸引力等。[③] 由此可见,追求真实、真相,既是新闻实践必须遵循的原则,亦构成其根本特征。

记忆失真是那些曾经被媒介记忆的信息,或是在今天的媒介记忆空间里被人为包裹、隐藏和歪曲,或是在时间的长河中听任其慢慢消退而变得模

---

① 默顿:《社会理论和社会结构》,唐少杰、齐心等译,南京:译林出版社,2015 年,第 264 页。

② Vos, T. P. (2018). Journalism. In Vos, T. P. (ed.). *Journalism, handbooks of communication science* (pp. 1-17). Boston/ Berlin: Walter de Gruyter.

③ Pöttker, H. (2003). News and its communicative quality: The inverted pyramid—when and why did it appear?. *Journalism Studies*, 4(4), 501-511.

糊不清，抑或是因为旧有的记忆不能被完整呈现而扭曲了它本来的意义。①无论记忆失真是有意的还是无意的，是时间因素还是人为因素，是自然的消退还是故意的扭曲，其本质乃在于记忆与原始对象、本初意义之间的偏差和距离。

1. 记忆失真的主要类型

记忆失真，反映的是记忆文本、记忆实践与记忆对象的一种偏差、偏离、不（完全）符合的关系状态，也可以理解为记忆活动对记忆对象的一种虚假的、非真实的记忆呈现与保存状态。这种虚假的、非真实的记忆呈现与保存状态，大致可以概括为两种主要类型：一是局部的记忆失真，即无论是记忆文本，还是记忆实践，其所保存的都只是部分真实的记忆对象，而不是对记忆对象完整、全面的记忆与呈现。局部失真有多种表现形式，如主体真实、细节失真，或是部分真实、部分失真，等等。局部记忆失真是新闻记忆实践中一种最常见的情形。一方面，新闻之区别于小说、戏剧、影视剧等虚构性文本的根本乃在于真实，也可以说，真实性要求构成了新闻记忆实践的基本底色。另一方面，新闻记忆实践囿于信源、文本、技术等条件限制，以及政治、经济、社会文化等因素的影响，无法实现对记忆对象完整、全面的记忆呈现和表达，因此，局部记忆失真就成为一种在理想规范与特定现实之间折中、调和的必然选择——既不失去新闻真实的基本信仰，又妥协于现实的新闻实践需要。

二是完全的记忆失真，即对记忆对象的一种彻底、完全虚假的反映与记忆，可以表现为记忆的想象、记忆的杜撰等形式。如果说局部的记忆失真，更多表现为细节、部分的失真的话，那完全的记忆失真就表现为彻底、完全的虚假和杜撰，也就是俗称的黑白颠倒、是非颠倒。完全的记忆失真，既源自互联网、手机等为新闻生产提供的技术便利性，又受到市场、经济利益的加持和驱动，在此背景下，诸如未经核实将微信截屏"新闻化"，或是迎合民众的情绪和倾向颠倒新闻事实，甚至无中生有杜撰、臆造新闻等现象在新闻

---

① 邵鹏：《媒介记忆理论：人类一切记忆研究的核心与纽带》，杭州：浙江大学出版社，2016年，第236页。

业中屡见不鲜。① 尽管这些记忆失真现象并不占据主流,但影响非常恶劣。

2.记忆失真的存在形态

记忆失真贯穿于新闻记忆生产、实践的全过程。一是源头性的记忆失真。正如有研究指出的,有时候,一个特定的记者真的就出现在"历史展开"的现场,然而更多的时候,获得历史事件主要"目击者"身份的记者事实上并不在事件现场。② 记者通过采访现场的亲历者、目击者、见证人,并将亲历者、目击者、见证人的叙述、回忆呈现在新闻文本中,来制造一种真实报道的感觉。随着互联网和手机的普及,数字见证与传统的新闻媒体见证功能不相上下。③ 但是很显然,作为亲历者、见证者、目击者的新闻信源,无论是从主观的意图和能力,还是从客观的条件和基础来看,都没有办法,也不可能做到对新闻现场的完全摄录和原样记忆,由此也就带来了新闻记忆的源头性失真。不仅如此,在日益加剧的经济和时间压力,以及越来越丰富的易于获取的文本条件下,记者越来越多地依赖各种来源,其中包括公共关系发言人、政治行动者和其他媒体渠道等所提供的文本材料来建构部分报道,④这一新闻实践愈益依赖特定来源的现实亦提示了记忆失真风险的存在。因为不同来源总是基于各自的利益诉求来提供文本材料,其记忆的选择与遗忘、态度和倾向必然体现、反映在其所提供的源文本中,记忆失真在所难免。此外,甚至是数据新闻、算法新闻、机器写作新闻等机器、程序主导的新闻实践,亦无法回避技术"黑箱"⑤的操纵与控制。也就是说,无论是作为新闻信息源头的人、组织或机构,还是控制数据、算法新闻输出的机器、程序、技术,都无法回避记忆失真的问题和现实。

---

① 年度传媒伦理研究课题组、王侠:《2018 年传媒伦理问题研究报告》,《新闻记者》2019 年第 1 期。

② Kitch, C. (2018). Journalism as memory. In Vos, T. P. (ed.). *Journalism, handbooks of communication science*(pp. 169-186). Boston/ Berlin: Walter de Gruyter.

③ Reading, A. (2010). The globytal: Towards an understanding of globalised memories in the digital age. In Maj, A., & Riha, D. (eds.). *Digital memories: Exploring critical issues*(pp. 31-40). Oxford: Inter-Disciplinary Press.

④ Phillips, A. (2010). Old sources: New bottles. In Fenton, N. (ed.). *New media, old news: Journalism and democracy in the digital age*(pp. 87-101). London: Sage.

⑤ Domingo, D., & Wiard, V. (2016). News Networks. In Witschge, T., Anderson, C. W., Domingo, D., & Hermida, A. (eds.). *The SAGE handbook of digital journalism*(pp. 397-409). London: Sage.

　　二是机构性的记忆失真。新闻记忆的生产,绝大多数时候都是机构性、组织性的生产活动。新闻机构的组织、市场、专业等的定位,新闻机构的信念、理想和价值追求等都会影响新闻记忆实践。只不过这种影响通常是以常规、惯例的方式存在,也就是通过新闻编辑室、记者所接受的新闻教育等新闻系统内部约定、习惯的方式,潜移默化地影响新闻记忆的选择与组织。因此,机构性记忆失真是一种结构性的记忆问题,不仅体现出新闻机构、组织的定位差异,亦反映了新闻媒体的系统性控制方式——无论是新闻编辑室内部的习惯、常规,还是新闻教育课程的培养、训练,都处于新闻媒体的生产系统和教育系统内部,既不被外人所知晓,亦不易被(未来的)新闻从业者所反感和排斥,有利于结构化思维、行动的形塑与再造。

　　三是社会性的记忆失真。特定的社会历史阶段或时期有可能使新闻业失去其作为特定系统的独立性与自足性,使其丧失追求职业价值规范与理想的动力。比如,新闻业在危机时期会主动担当起社会动员、社会整合,并将整个民族国家团结起来的责任。① 社会危机不仅增加了媒体大量调用过去记忆的机会,也改变了记者或新闻媒体将自身视作民族国家一员,而不是监督者、对立者的立场和规范,由此所带来的新闻呈现中的记忆与遗忘、凸显与忽略,就是一种典型的社会性记忆失真。这种社会性的记忆失真可能是强制性的,也可能是自愿的,但都反映出新闻界作为社会结构的组成部分、特定场域,面对社会系统的变化状态所进行的主动调整和适应,折射出其对社会系统变化的警觉与自觉,以及服务于社会系统整体的价值倾向。

　　总之,无论是源头性的记忆失真,还是机构性的记忆失真,抑或是社会性的记忆失真,都可以视作是"虚假记忆综合征"(false memory syndrome)②的一种表现形态,反映了新闻记忆实践所受到的多种因素对记忆真实性的控制和影响。

---

① Waisbord, S. (2002). Journalism, risk and patriotism. In Zelizer, B. & Allan, S. *Journalism after September* 11(pp. 273-291). New York: Routledge.

② Garde-Hansen, J. (2011). *Media and memory*(p. 24). Edinburgh: Edinburgh University Press.

二、新闻失忆

有研究将新闻媒介定义为资本主义现代性的失忆装置（amnesiac devices）。① 与新闻的记忆失真相比，新闻失忆，或者说新闻遗忘，是一种更可怕的情形。遗忘属于记忆及其对过去忠实性的问题域。② 或者说，人们感到遗忘是记忆可靠性的一个妨碍。记忆，至少最初，把自己规定为和遗忘的斗争。③

1.记忆的黑暗与记忆的空白

如果说记忆失真是记忆实践对于所记忆对象的一种非真实的记忆呈现与保存，无论这种呈现是局部失真的，还是完全虚假的，至少反映了客观对象之存在。但是新闻失忆，或者说新闻遗忘，则是完全无视客观对象的存在，对其不予记忆、反映与呈现，就仿佛其根本不存在一样。

新闻失忆有两种表现形式：记忆的黑暗与记忆的空白。遗忘与黑暗有着内在的联系。④ 记忆的黑暗是完全的遗忘，因为权力关系等的影响，其往往成为被打压或主体有意遗漏的那一种声音。⑤ 有研究在分析比较了"隐秘的沉默"（covert silence）与"公开的沉默"（overt silence）后指出，与公开的沉默所意味的显著的无声和遗忘相比，隐秘的沉默是一种"被许多记忆性的谈话和表征所覆盖、遮蔽"⑥的沉默，是一种以嘈杂、喧哗来掩饰、屏蔽不同声音的遗忘，因而，也是一种将遗忘置于记忆的阴影之下，通过记忆遮蔽遗忘的手段。

从某种意义上说，记忆的黑暗是一种让人无法觉察到遗忘的记忆操纵手段。特别是对诸如历史记忆、非亲身经历的记忆来说，绝大多数公众获得的是进入新闻报道视野和流通领域的被记住的对象，但却无法、无从，最终甚至无意获得记忆黑暗与否的判断。

① Allen，M. J. (2016). The poverty of memory：For political economy in memory studies. *Memory Studies*，9(4)，371-375.

② 利科：《记忆，历史，遗忘》，李彦岑、陈颖译，上海：华东师范大学出版社，2018年，第556页。

③ 利科：《记忆，历史，遗忘》，李彦岑、陈颖译，上海：华东师范大学出版社，2018年，第557页。

④ 黑尔德：《时间现象学的基本概念》，靳希平等译，上海：上海译文出版社，2009年，第105页。

⑤ 刘亚秋：《从集体记忆到个体记忆：对社会记忆研究的一个反思》，《社会》2010年第5期。

⑥ Vinitzky-Seroussi，V.，& Teeger，C.（2010）. Unpacking the unspoken：Silence in collective memory and forgetting. *Social Forces*，88(3)，1103-1122.

记忆的空白则是记忆中部分或整体信息的隐匿、丢弃或抹去。记忆的黑暗与记忆的空白都是相对于已经生成、形成的记忆而言。如果说记忆的黑暗是通过有意的遗漏和隐秘的沉默来达成的话，那记忆的空白则通过抹去、丢失部分或整体信息的方式来实现。在新闻记忆实践中，最常见的记忆的空白是对诸如敏感信息、关键细节等的排除和忽略。较之于记忆黑暗的无法察觉，记忆的空白可以通过对记忆链条或记忆结构进行整体的、历史的省察、比对等来发现或识别。

随着用户生产内容越来越多地进入新闻记忆实践中，随着长尾记忆带来更多样化的记忆生态图景，各种差异化的利益诉求和声音获得了前所未有的被倾听、可表达的平台和机会，记忆的黑暗与记忆的空白的失忆操控将变得不再那么容易。

2.结构性遗忘与技术性遗忘

无论是记忆的黑暗，还是记忆的空白，显然都是新闻界有意为之。"结构性遗忘"一词表明，失忆现象绝非自然天成，而是充满各种组织性的人为介入。[①] 就像有研究指出的，新闻业的"把关"不仅塑造了我们对当前现实的看法，而且也塑造了在将来成为记忆和历史素材的记录。基于这些原因，新闻选择的研究不仅思考新闻"制造"什么，而且思考新闻"不制造"什么。因为，我们不可能记住所有的事情。为了便于理解，对事件的新闻解释必须以事件本身没有的方式进行结构化和简化，随着时间的推移，进一步的"细节丢失"加剧了这种简化。甚至后来，摘要（或回顾性）新闻报道只叙述那些有积极意义的记忆，最终导致了康纳顿（Paul Connerton）所称的"结构性遗忘"（structural amnesia）[②]。

结构性遗忘反映了新闻与社会的结构性关系。就如有研究指出的，那些在日常新闻活动中被不断运用的规则和资源，就形成了新闻生产的结构。[③]"结构作为被循环反复组织起来的一系列规则或资源，在作为记忆痕迹的具体体现和具有协调作用之外，还超越了时空的限制"，成为新闻实践

---

① 夏春祥：《新闻与记忆：传播史研究的文化取径》，《国际新闻界》2009 年第 4 期。

② Connerton, P. (2009). *How modernity forgets*(p. 2). Cambridge: Cambridge University Press.

③ 黄旦：《导读：新闻与社会现实》，塔奇曼：《做新闻》，麻争旗等译，北京：华夏出版社，2008 年，第 13 页。

活动的情境。而"社会行动者的日常活动总是以较大的社会系统的结构性特征为依据,并通过自己的活动再生产后者"。结构也因此获得二重性特征,既是人们实践的中介,也是人们实践的结果,同时具有制约性和使动性。① 新闻记忆实践体现了这种结构二重性,一方面,作为规则和资源的新闻实践结构使某些记忆被选择和被凸显;另一方面,这种选择和凸显又不断地再生产出新的记忆实践,从而使被放弃和被忽略的遗忘结构化。

与结构性遗忘的社会性、结构性操纵不同,技术性遗忘是技术应用所造成的技术性、隐蔽性的遗忘。技术性遗忘是不同技术工具、手段、方法在新闻记忆文本和实践中所表现出来的记忆与遗忘的技术偏向差异,如报纸擅长观念的表达和讨论,电视新闻强烈地作用于视听感官刺激,数据新闻以数据的呈现、分析和可视化为特征,VR、AR新闻注重沉浸式体验和感受,等等。新闻记忆实践所采用的不同技术在带来新闻记忆文本的不同技术效果的同时,也会产生不同的记忆和遗忘的技术偏向。在新闻记忆实践中,无论是记忆对象的选取,还是记忆主题的设定,都必须契合特定平台、工具的技术属性与表达优势,从而导致某些对象、主题在新闻记忆中的"技术性遗忘"。

结构性遗忘与技术性遗忘共同造就了新闻遗忘与新闻记忆的相伴相随。有研究曾明确指出,记忆是一个记忆与遗忘相互交织的复杂过程。② 也有研究指出,记忆也只有基于遗忘才是可能的,而不是相反。③ 或者说,国家、政权、社区和个人都积极地遗忘、操纵记忆、阻止记忆和要求失忆,因此,记忆和遗忘被认为是一种共生关系。④ 也可以说,新闻失忆与新闻记忆相互交织、共生共存。

————————

　① 吉登斯:《社会的构成:结构化理论纲要》,李康、李猛译,北京:中国人民大学出版社,2016年,第22-24页。

　② Kyriakidou, M. (2014). Distant suffering in audience memory: The moral hierarchy of remembering. *International Journal of Communication*, 8(1), 1474-1494.

　③ 海德格尔:《存在与时间》,陈嘉映、王庆节合译,北京:生活・读书・新知三联书店,2006年,第386页。

　④ Garde-Hansen, J. (2011). *Media and memory* (p. 25). Edinburgh: Edinburgh University Press.

三、记忆失序

与记忆失真和新闻失忆侧重于从记忆实践与记忆对象之间的符合程度、关系的角度来解析新闻记忆的问题不同，记忆失序主要是从新闻记忆最终所呈现出的整体结构、秩序状态的层面进行问题描述。

新闻业对现实世界的报道，通过本地新闻、全国新闻、世界新闻等的区域分类，通过政治新闻、经济新闻、社会新闻、娱乐新闻等的主题分类，将外部世界秩序化地呈现出来。这是新闻记忆对当下、现实世界的秩序化。同时，新闻媒体还通过对历史阶段的前后接续的报道，通过对历史故事、历史人物所处历史背景的钩沉等，将过去的、历史的世界秩序化，客观上形成了新闻记忆对现实社会与历史的过去的秩序化效果。由是观之，新闻记忆失序就是从现实社会与历史的过去双重秩序层面对既有记忆秩序的侵扰与破坏。记忆失序主要表现为记忆的爆炸与记忆的固化。

1. 记忆的爆炸

记忆的爆炸是从作为记忆工具与载体的媒介所具有的强大的存储、记录能力，从新闻记忆史不断丰富和发展记忆手段、存储介质的角度，对当下由于新闻无所不在、无所不记所造成的记忆与回忆信息的过量堆积现象的一种形象化表述。

记忆不断被每天的媒体和技术（及隐喻）更新。[①] 无数的人类故事、个人回忆录、见证和创伤记忆出现在公共空间——出现在媒体、政治甚至科学中。[②] 记忆的爆炸反映了人类记忆的尴尬状态，一方面是公众对遗忘的焦虑的蔓延，另一方面则是新媒体带给我们较之于过去丰富得多的存储手段和记忆空间，所以，一切都被媒介记录下来，但却仅仅是被技术记录，而非人类记忆。就如有研究指出的，我们今天所称的记忆，实际上是由庞大得令人头晕目眩的材料积累和深不可测的资料库构成的，这些资料库储存着我们无法记住的东西，对我们可能需要回忆的东西进行无边无际的编目。[③]

---

① Hajek, A., Lohmeier, C., & Pentzold, C. (2016). *Memory in a mediated world: Remembrance and reconstruction*(p. 15). London: Palgrave Macmillan.

② Huyssen, A. (2003). *Present pasts: Urban palimpsests and the politics of memory*(p. 7). California: Stanford University Press.

③ 诺拉主编：《记忆之场》，黄艳红等译，南京：南京大学出版社，2017年，第14页。

记忆的爆炸不仅表现在互联网、手机等技术应用所带来的记忆空间的高度开放和空前丰富上，还表现在记忆内容、表现手段、连接方式的不断更新、迭代上。如果说电报使新闻成为一种易腐烂的商品，使新闻的保质期和商业价值以日（天）为单位进行计算的话，那么，互联网、数字技术则加速了新闻的持续更新，使新闻的时间价值以分、秒为单位来衡量，在加快新闻更新、替换的同时，使新闻对于社会现实与过往历史的记忆变得更具流动性、液态化。就如马克思所言，"一切坚固的东西都变得烟消云散了"，过去与现在、历史与现实之间的界限不再泾渭分明，而是处于不断的生成、转化中。或者说，在"流动的现代性"中，变化就是恒久性，而不确定性就是确定性。① 从而使新闻与旧闻之间，过去与现在之间，历史与现实之间变得既相互转化，又相互替代、淘汰、覆盖，最终形成记忆的爆炸，消解了记忆的主体确证价值与意义深度。

　　2. 记忆的固化

　　值得注意的是，在表面看来无限丰富的新闻记忆背后，是新闻记忆实质层面的固化与狭隘化。② 从表面来看，新闻记忆的事实、细节、活动是无限丰富、变化多样的，即使是有关同一历史证据的引述与借用，也是基于不同的新闻背景或语境。但是，就如有研究指出的，虽然新闻报道的事件看起来是各不相同的，将其纳入其中的文化诠释框架或价值观却是熟悉的、共同的。③ 新闻记忆的固化首先就表现在新闻通过对记忆对象的选择、记忆材料的组合等来重复和强化共同的价值观。也可以说，在过去话语的竞争和斗争中，占据支配、优势地位的话语会驱逐、排斥处于从属、弱势地位的话语，从而使那些被驱逐的、遭排斥的过去不仅变得没有意义，也变得不可见，最终导致新闻记忆更多是对主流价值观的重申和强化，也就是新闻记忆的固化。

　　记忆的固化还表现为新闻界在对特定报道对象、议题进行阐释时所使用的大致相似的框架、修辞与叙事方式，最终导致新闻记忆的狭隘化。换句话说，虽然记忆的固化是以重申和强化主流价值观为核心的，但是其手段和

---

　　①　鲍曼：《流动的现代性》，欧阳景根译，北京：中国人民大学出版社，2017年，第5页。

　　②　阿斯曼：《回忆有多真实？》韦尔策编，《社会记忆：历史、回忆、传承》，季斌等译，北京：北京大学出版社，2007年，第57-74页。

　　③　Kitch, C. (1999). Twentieth-century tales: Newsmagazines and American memory. *Journalism & Communication Monographs*, 1(2), 119-155.

方式是以累积、沉淀下来的框架、模板、模式来对现在进行塑造的。也就是说，记忆的固化并非否认现实的多样化与事实的差异性，而是以持续、一致的框架、修辞、叙事来架构和形塑新闻记忆，从而以表面上的多样性事实掩盖主导性框架、修辞的单一性、支配性。

不仅如此，记忆的固化还表现为记忆路径的依赖。有研究者通过对德国二战反思史的研究发现，虽然在每年二战战败纪念日所开展的纪念活动中，德国人的纪念方式、其所使用的词汇以及话语模式都具有鲜明的时代特征，但是其与前一次的纪念都有着极为深刻的关系。在此意义上，该研究指出，记忆的构建有一种路径依赖（path-dependent）效应，对同一个历史事件，我们曾经的记忆与叙述方式影响着今天的记忆。[①] 路径依赖反映出新闻记忆中现在与过去之间相互渗透、相互影响的关系。一方面，新闻媒体在过去报道经历和经验的基础上进行现在的报道，表面看来这是新闻媒体过去对现在的渗透和影响，是新闻媒体系统内部影响的交互作用，但实际上还反映了社会、文化、历史对新闻媒体持续、潜在的影响；另一方面，社会公众基于过去的新闻媒体接触经历和体验来选择、接触现在的新闻媒体报道，这是新闻媒体的过去对外部公众现在的渗透和影响，是新闻媒体系统外部影响的交互作用，同样反映了新闻媒体系统与整个社会、文化系统的相互影响。正是现在和过去同时在新闻媒体系统内、外的交互渗透与作用，决定了新闻媒体的记忆路径依赖，最终带来无论是新闻记忆实践，还是新闻记忆文本，抑或是新闻记忆接受都既是记忆固化的环节和过程，又循环和再生产着记忆的固化。

记忆的爆炸导致新闻记忆以一种野蛮生长、四处侵袭的姿态侵入公共记忆空间，破坏、损毁了现实记忆和历史记忆的秩序感与有序性。记忆的固化则导致新闻记忆以一种刻板化、模式化的记忆面目呈现，以单一性牺牲、统摄了差异性，削弱和减损了记忆的生动、丰富与多样化色彩，是一种深层次的记忆失序——单一的重复造就的并非秩序，而是秩序的偏离与异轨。

---

① Olick, J. K. (eds.)(2003). *States of memory: Continuities, conflicts, and transformations in national retrospection*(p.8). Durham: Duke University Press.

第二节　新闻记忆的伦理规范原则

康德在《道德形而上学原理》的前言中明确指出,此书的主要目的是"找出并确立道德的最高原则"①。康德批判指出,传统道德原则的确立,往往是在外在力量的影响下形成的,把应该发自心灵深处的道德力量完全转变成了一种外在的控制,这就使得道德原则变成了一个依附于非本质性力量的实用性工具。这是对人的主体性和自由的消解,是人放弃自我立法原则的退却。康德认为,道德原则只能依据"内生变量",即纯粹理性来确立。②

康德以后的哲学一再反复地声称伦理学是规范科学,与"事实科学"完全不同,它不问"什么情况下一种品行被判断为善?",也不问"它为什么被判断为善?"——这些问题针对的是纯粹的事实和对事实的解释;它问的是,"这一品行有什么理由被判断为善?"它原则上不关心事实上赞同什么,而是问,"什么东西绝对值得赞同?"与康德将道德视作是绝对命令不同,有研究指出,道德要求的立法者是人类社会,事实上,社会被赋予了必要的统治手段以使道德命令成为可能。因此我们有理由说,道德向人们提出要求:他应该按一定的方式去行为。③ 在斯密看来,道德一般准则的形成是建立在经验的基础之上的:我们对他人行为的不断观察,不知不觉引导我们为自己形成了某些关于什么该做或什么应该避免的普遍准则。④ 无论是作为内心法则的道德原则,还是作为在社会经验中形成的道德的普遍准则,尽管不同的学者对道德准则、道德规范的起源有着不同的理解。但是在有关道德规范的语言呈现上,他们的观点是一致的,即道德准则具有要求的特征,它作为一种"应当"(应该)出现在我们面前。

有关伦理规范的普遍原则的形成,社会既是设置道德要求的立法者,那么对于社会要求的观察与经验就构成了规范作用的基本过程。但伦理规范

---

① 康德:《道德形而上学原理》,苗力田译,上海:上海人民出版社,2002年,第6页。
② 廖申白:《历史上最具影响力的伦理学名著27种》,西安:陕西人民出版社,2007年,第177页。
③ 石里克:《伦理学问题》,孙美堂译,北京:华夏出版社,2001年,第87页。
④ 斯密:《道德情操论》,余涌译,北京:中国社会科学出版社,2003年,第170页。

所追求的终极目标应该指向人类内心的法度。如果能像康德所言:道德就是一个有理性东西能够作为自在目的而存在的唯一条件,因为只有通过道德,他才能成为目的王国的一个立法成员。① 那么,就真正达到了规范不是对人的约束与限制,而是给予和实现人的自由的境界。而对于新闻媒体来说,新闻伦理不是对传媒的束缚,而是一种解放②的说法也就并非矫情之辞。

新闻记忆的伦理规范,是新闻伦理规范与记忆伦理规范有机结合的产物,是新闻业在进行新闻记忆实践过程中,社会对其所提出来的道德要求,也是新闻系统自身对记忆实践的运行及其结果进行省察的一种自觉要求,反映了外部的社会要求与新闻媒体及其从业人员内部自律的统一。作为规范具体内容和要求的规范原则,则是新闻业及其从业人员在具体的记忆实践过程中应当尊重、遵守的行为准则。从新闻记忆的伦理规范层面来看,主要的规范原则是真实、信任和责任。

一、真 实

说真话的理念深深地扎根于大多数的文化传统中。事实上,真理是可能的这一理念在科学的实践中被接受,它给予科学以极大的权威性。如果我们接受有意义的世界,我们就接受了关于真实世界的事实、解释经验一致性的理论和真理存在的观念。③ 新闻"伟业"正是奠基于这一对真实、真理的理解之上。新闻作为记忆建构的场域被认为是理所当然的,就像空气或水一样,④由此不仅从新闻层面,也从记忆层面对新闻记忆提出了真实这一基本要求。就像空气或水需要纯净一样,新闻和记忆亦需要真实。

1.记忆真实的内涵

在客观性新闻观念中,记者被假定为记录者、观察者和抄写员,其工作是观察所谓的"真实世界"中的客观事件,可靠地报道事件的发展。⑤ 真实,体现了新闻文本作为记者实践的产物,以及记者作为客观世界的旁观者、见

---

① 康德:《道德形而上学原理》,苗力田译,上海:上海人民出版社,2002 年,第 42 页。

② 王卉:《商业化背景下的新闻伦理》,上海:上海三联书店,2015 年,第 15 页。

③ 桑德斯:《道德与新闻》,洪伟等译,上海:复旦大学出版社,2007 年,第 56 页。

④ Kitch, C. (2008). Placing journalism inside memory and memory studies. *Memory Studies*, 1(3), 311-320.

⑤ Zelizer, B. (2017). *What journalism could be*. Malden: Polity Press.

证者、记录者的基本要求。就像有研究指出的，"见证"本身体现的就是"真实"，不一定是所有的事实和细节都确凿无疑，但一定是把真实的道义原则放在第一，就是"我承诺绝对不说假话"。① 因此，理解新闻记忆的真实性规范，就应该从记者作为旁观者、记录者、见证者的角度，从新闻报道即记忆实践的角度，来考察新闻记忆的文本、实践与记忆对象的相符程度及关系。

首先，新闻记忆的真实意味着所记忆对象之客观、实际存在，而不是独撰、想象、虚构的不实之物；其次，新闻记忆的真实还意味着记忆实践对客观对象的忠实、冷静、完整、全面地记录与保存，不断章取义、以偏概全；最后，新闻记忆的真实亦意味着记忆最终呈现的形态，即记忆的物质表达形式，应力避主观倾向与态度立场的侵扰，合理选取、运用多种形式（组合）来达到最佳真实的效果。或者说，在新闻记忆的真实性要求中，不仅包括忠实地反映的内涵，还包括客观地呈现的内涵。

因为记忆不仅是一个精神问题，也是一个物质问题。② 新闻以何种形式呈现，如报纸的图文编排、电视的视听符号流、数据新闻的可视化图表等，都会影响记忆的物质形态及其真实性效果。就如有研究指出的，在新闻的"真相等级"③中，生动、具体的照片和影像较之于抽象的文字，"在技术上是最可靠的表现视觉真实的手段"④，是"可靠的见证人"和"真相的证明"⑤。只有适应不同记忆对象、主题的要求，恰当地选择、安排合适的表现手段和呈现形式，才能使新闻记忆文本拥有更高的"真相等级"。当新闻记忆的文本生产完成，进入流通环节，不同文本形态所具有的真实性表征效果，同样会影响新闻记忆的接受。换句话来说，不同文本形态所具有的"真相等级"差异，作为某种共同的认知、观念，不仅为新闻记忆的生产者所拥有，亦被新闻记忆的接受者所认同。

---

① 徐贲：《人以什么理由来记忆》，长春：吉林出版集团有限责任公司，2008 年，第 250 页。

② Huyssen，A.（2016）. Memory things and their temporality. *Memory Studies*，9(1)，107-110.

③ Tirohl，B.（2000）. The photo-journalist and the changing news image. *New Media & Society*，2(3)，335-352.

④ Dondis，D. A.（1973）. *A primer of visual literacy*(pp. 69-70). London：MIT Press.

⑤ Kitch，C.（2008）. Placing journalism inside memory and memory studies. *Memory Studies*，1(3)，311-320.

2.记忆真实的要求

新闻记忆对真实的规范性要求,主要表现在三个方面。一是事实真实,这是体现记忆真实的关键所在。记忆基于事实。① 新闻记忆应忠实于客观事实,通过尽可能丰富的事实、细节等来呈现记忆对象,不可以价值判断来替代事实呈现。二是关系真实,这是实现记忆真实的根本所在。因为任何记忆对象都处于特定的自然、历史、社会、文化的结构与关系中,这就要求对其真实性的理解同样置于系统性的结构与关系中。通过对其独特性与普遍性、偶然性与规律性等关系的思考,有助于我们从现象到本质去把握记忆对象的真实性特征。三是手段真实,这是记忆真实的形式性要求,即呈现记忆对象的手段、方式应是合宜的、适当的、恰切的,既不虚张声势、哗众取宠,也不故弄玄虚、装腔作势。

真实的规范性要求应贯穿于新闻记忆实践的全过程。首先,重点要把关的是新闻记忆来源的真实性问题。随着记者越来越多地依赖各种来源,②其中包括公共关系发言人,政治行动者和其他媒体渠道等所提供的文本材料来建构部分报道,无论是信源资质的审核,其是否具有代表性的考察,还是信源所提供的信息真实性核查等,都成为从源头保证记忆信息真实性的必要措施。不仅如此,随着愈益增多的用户生产内容参与到新闻记忆实践过程中,对用户生产内容的核实、验证,亦成为增强记忆真实性的重要举措。

此外,在记忆实践过程中,还要特别注意处理好整体与局部、历史与现实、快与慢的关系。新闻固然追求速度,但不可速度至上,满足于片面的、局部的事实供给。越是社会危机时刻,越是社会不稳定时期,就越需要新闻更深入地分析、解释及背景阐述,以及对整体与局部、过去与现在的综合考量与把握。换句话来说,新闻记忆的真实性要求必须置于记忆实践的过程中,通过强调记忆实践来突出记忆非常活跃的一面,从而将记忆定义为一个动态的过程。③

---

① 赵静蓉著:《文化记忆与身份认同》,北京:生活·读书·新知三联书店,2015年,第44页。

② Phillips, A. (2010). Old sources: New bottles. In Fenton, N. (ed.). *New media, old news: Journalism and democracy in the digital age* (pp. 87-101). London: Sage.

③ Sturken, M. (2008). Memory, consumerism and media: Reflections on the emergence of the field. *Memory Studies*, 1(1), 73-78.

二、责　任

如果规范只以避免外界批评为目的,假定就难以谓之充分。这是规范的力量之所在,也正是规范的限度所在。我们应对规范目前的成就表示尊敬,但新闻遵从了规范,并非等于担当了责任。[①] 康德认为责任是一切道德价值的泉源,合乎责任原则的行为虽不必然善良,但违反责任原则的行为却肯定都是邪恶,在责任面前一切其他动机都黯然失色。对人来说责任具有一种必要性,也可称之为自我强制性或约束性,所以在伦理学上,责任和义务两者并没有什么本质不同,都是一个人必须去做的事情。[②]

对于无法直接经历的历史与世界而言——很显然,能够亲历的历史与世界总是极为有限的——记者以及新闻媒体的报道往往构成绝大多数人对之产生注意与记忆的来源。即使是对于那些重大事件的亲历者来说,新闻媒体后来的报道也会成为其关于事件记忆的一部分,模糊甚至替代其亲身经历的记忆。[③] 因此,新闻被称作是历史的初稿,[④]同时也是记忆的初稿,[⑤]这样的说法就完全可以理解了。

1. 为了谁的记忆的责任

媒体记忆之与历史、现实高度的关联性,以及基于现实的利益、需要和兴趣等的建构性,使得记忆成为应该被记忆的斗争和反对遗忘的斗争。小说家米兰·昆德拉曾说,人们抵抗权势的斗争乃是记忆抵抗遗忘的斗争。昆德拉把这种抗争设想成独立目击者和操纵证据的官方力量间的抗争。[⑥]那么,记者和新闻界是作为独立的目击者,还是作为操纵证据的官方力量,抑或二者兼具,似乎就成为新闻记忆必须面对的现实。由此也提出了新闻

---

① 施拉姆:《大众传播的责任》,陈建云:《中外新闻学名著导读》,杭州:浙江大学出版社,2005年,第295页。

② 康德:《道德形而上学原理》,苗力田译,上海:上海人民出版社,2002年,第5-6页。

③ Sturken, M. (1997). *Tangled Memories*: *The Vietnam War*, *the AIDS Epidemic*, *and the politics of remembering*. Berkeley: University of California Press.

④ Zelizer, B. (2008). Why memory's work on journalism does not reflect journalism's work on memory. *Memory Studies*, 1(1), 79-87.

⑤ Kitch, C. (2008). Placing journalism inside memory and memory studies. *Memory Studies*, 1(3), 311-320.

⑥ 阿普尔比、亨特、雅各布:《历史的真相》,刘北成、薛绚译,上海:上海人民出版社,2011年,第232页。

记忆伦理的根本性问题——记忆忠诚于谁,对谁负责的问题。这涉及记忆伦理的本质,即记忆为了谁,或者说为了谁的记忆的问题。

这一问题指出了新闻记忆的责任立场之所在,即以谁的立场来记忆,记忆对谁负责的问题。正如有研究指出的,记忆的责任,不仅是保存已经过去的事实的物质、书写或其他形式的痕迹,而且是保持对这些不再存在,但已经存在过的他者的负有债务感。或者说,记忆的责任就是通过记忆,公正地对待每一个异于自身的他者的责任。[①] 由此来看,新闻媒体作为社会公共领域,作为一种制度性的公共记忆机构,首先,其记忆应忠诚于社会公共利益,即最大多数人的利益的最大化[②];其次,其记忆还应公正地对待每一个社会成员,担负起对社会中曾经存在过的个体、机构、组织等的记忆责任;最后,新闻记忆还应更多地吸收、采纳"长尾"记忆,让更多普通、平凡的身影和声音被更多的人、更久远的时代所看到和听到。

2. 记忆什么的责任

解决了记忆对谁负责的问题,接下来,新闻记忆的责任要面对的就是应该记住什么,或者说"有道德责任"记忆什么的问题。玛格利特指出,对我们来说,需要甄别的问题是人类应当记住什么,而不是记住什么是对人类有利的。[③] 记住什么的问题,是一个必然涉及记忆与遗忘的关系处理的问题。对于新闻记忆来说,世上的善行与可爱、美好的事情固然需要记住,但更应记住而不是遗忘的,是人世的灾难、创伤与苦痛。诚如有研究所言,人类应当记住道德上的梦魇而不是胜利的精彩瞬间。[④] 正是悲与痛在教会我们珍惜幸福、守卫道德底线的同时,映衬出善行的可贵与美好。

在"流动性"的状况下,一切都有可能发生,但一切又都不能充满自信与确定性地去应对。这就导致了不确定性,同时还导致了无知感(不可能知道将要发生什么)、无力感(不可能阻止它发生),以及一种难以捉摸和四处弥散的、难以确认和定位的担忧,一种没有靠山却绝望地寻找靠山的担忧。生活在流动现代性的条件下比得上在危机四伏的雷区行走:每个人都知道爆

---

① 利科:《记忆,历史,遗忘》,李彦岑、陈颖译,上海:华东师范大学出版社,2018 年,第 112 页。
② 罗尔斯:《作为公平的正义:正义新论》,姚大志译,上海:上海三联书店,2002 年,第 22 页。
③ 玛格利特:《记忆的伦理》,贺海仁译,北京:清华大学出版社,2015 年,第 73 页。
④ 玛格利特:《记忆的伦理》,贺海仁译,北京:清华大学出版社,2015 年,第 73 页。

炸可能在任一时刻任一地点发生,但却没人知道这一时刻何时到来,这一地点又在何处。[①] 在此意义上,创伤记忆、灾难记忆、危机记忆对于人类的生存和发展就是至关重要的。一方面,过去的灾难和创伤可以为处理、应对类似的情形提供可资借鉴的经验;另一方面,灾难、创伤的记忆也能够为社会避免类似情况再次发生提供最生动、鲜活和广为传播的教训。也就是说,灾难、创伤和危机的记忆能够从经验和教训两个角度为人类提供镜鉴和参考,以最终实现社会秩序和安全的再造与维护。

3. 如何记忆的责任

相对于前述为了谁的记忆和记忆什么的问题,如何记忆的问题是一个技术操作层面的问题,即新闻以什么方式去呈现、表达记忆的问题。客观、公正、冷静、不偏不倚等可能是最常见的技术指南,但此处需要特别指出的是,新闻记忆的技术,应当是有生命、有温度,能让人感受到爱与温暖的技术。这就要求新闻记忆要真诚,因为这是见证故事的叙述者与倾听者,即作者与读者之间价值合约的一个重要内容。[②] 真诚意味着良善的道德初衷、平等的生命意识、尊重的思考与表达,意味着可以体味与感受到的善意。

在创伤、灾难记忆中,有些记者或媒体反复采访、报道受害者、遇难者,将其痛苦和创伤的经历一遍遍公开、重复,表面看来好像满足了公众的信息需求,是对受害者、遇难者的关心,实则是利用他人的苦痛和创伤牟利。新闻对于那些经历创伤和痛苦的个体的记忆应遵循自愿、节制、适度原则,即在创伤个体愿意公开自身经历的前提下,新闻报道还应特别注意隐私保护和适度、节制,以避免二次伤害。同时,对创伤、灾难的记忆不能仅停留在重复灾难、苦痛的经历层面,还应深入灾难、危机的背后,探究、思考其深层次的原因。只有深刻地记取导致灾难、危机发生的原因,才能在未来避免类似悲剧的再次发生。因此,将灾难、危机的回顾性(retrospective)记忆转变为集体在未来规避类似风险、危机的前瞻性(prospective)记忆,其根本在于总结原因,并基于过去的义务和承诺,对需要做的事情进行记忆。[③]

---

① 鲍曼:《流动的现代性》,欧阳景根译,北京:中国人民大学出版社,2017 年,第 12 页。

② 徐贲:《人以什么理由来记忆》,长春:吉林出版集团有限责任公司,2008 年,第 250 页。

③ Tenenboim-Weinblatt, K.（2013）. Bridging collective memories and public agendas: Toward a theory of mediated prospective memory. *Communication Theory*, 23(2), 91-111.

此外，新闻记忆的责任还包括如何回应新闻记忆的需求与问题。这是新闻记忆系统与整个社会记忆系统，以及新闻系统与外部社会系统之间的沟通与互动问题，也是新闻应有的一种记忆责任意识，即对新闻记忆在社会记忆系统中的认识与定位，以及新闻记忆回应相关记忆需求等问题给予足够的重视。新闻业应通过担负起作为社会公共记忆的权威代理人的责任，及时地回应社会记忆需求，有效地调整与改进可能存在问题的记忆实践。

三、信　任

如果说，真实是新闻记忆伦理规范的认识论要求，责任是新闻记忆伦理规范的德性要求，那么，信任则是新闻记忆伦理规范希冀达到的效果。

信任是新闻业这座大厦得以平地而起的全部基础：当我们看到有关非洲艾滋病的新闻报道时，当我们收听到足球赛况的最终结果时，或者当我们从报纸上看到利率下降的消息时，我们完全相信别人的陈述。[①] 正是在公众和社会对新闻信任的基础上，新闻记忆的版图无远弗届，新闻记忆的权威毋庸置疑。

1. 信任的内涵

记者和媒体宣称，其作为外部世界的旁观者及事件和活动现场的目击者，是冷静的观察者与客观的记录者。这既是其作为公共记忆代理人的身份要求，也显示了新闻行业独有的身份特权，即代替社会中大多数人去见证、观察、记录与思考。新闻自由的权利之基首先在于公众信任其对权利的代为使用，从而将权利交付给媒体，并信任媒体为其所呈现的新闻，是一种公正无私、真实可靠的公共产品。在此意义上，布尔迪厄将象征资本视作是一种"集体信仰"，是一种"信任资本"。[②] "信任资本"一词敏锐地把握住了诸如新闻之类的文化产品之所以能创造市场价值的根本。无论是新闻的市场价值追求，还是其职业理想与社会价值的实现，最基本的前提乃在于获得公众与社会的信任、信赖与认可。

信任是一种放心的委托与交付。对于亲身感知范围之外的世界的认知

---

① 桑德斯：《道德与新闻》，洪伟等译，上海：复旦大学出版社，2007 年，第 151 页。

② 宫留记：《资本：社会实践工具——布尔迪厄的资本理论》，开封：河南大学出版社，2010 年，第 157 页。

和判断,绝大多数情况下,我们是把所信任的人的观察作为自己的观察的,我们看电视时就会出现这种情况。① 不独是看电视,所有新闻信息接受与消费的前提,相当程度上都是基于这一信任与托付。对可能的见证人,我对他这个人的态度先于我对他见证的态度,我相信他这个人,于是我相信他所说的话。② 这就说明,新闻媒体作为集体记忆、公共记忆的代理人与见证人,其真实、可靠、权威的形象,会直接影响甚至决定社会公众对新闻记忆可信度的判断。因此,应力避可能损害新闻界形象的行为。因为,一旦新闻实践活动遭受可能的质疑与怀疑,不独是某一新闻机构,甚至是整个新闻系统,都可能如多米诺骨牌效应般,其长期精心建立的信任大厦瞬间面临倾颓翻覆的风险。因此,信任的建立固然不易,但其垮塌与倾覆却可能是轻而易举、转瞬之间的事情。所以,信任应该成为新闻界最宝贵的财富,也应该成为新闻业始终秉持的信仰。

2.信任的取得

新闻记忆是一个尤显信任之重要的实践领域,因为在新闻记忆实践中,记忆与遗忘不仅仅是记住什么、忘记什么那么简单的事情,而是在存在论层面关乎存在与否的问题。在一个"从占有向显现普遍转向"③的时代,在一个人与事物的存在都高度依赖媒介展现的时代,存在就不仅是客观存在层面的问题,还是媒介表达层面的问题。因为只有通过媒介符号去展示、显现了的存在才是能被社会公众感知、确认的存在。在此意义上,新闻记忆就不仅仅是保存的记忆,还是存在的记忆,是对存在的确认与标度。

要获得信任,新闻记忆首先就应该是善的记忆。柏拉图在《理想国》中描绘了三类善,最美好的那一类善,是我们既爱其本身,又爱其带来的结果的善。④ 由此来理解新闻记忆的善,就应该是我们既爱新闻记忆的实践活动本身,又爱新闻记忆的实践和文本所带来的结果。这是对新闻记忆的最高要求。这一要求提出,要将记忆行为本身与记忆行为产生的结果共同置于爱的框架中去统筹考虑和安排。也许善的记忆,特别是最美好、最高级的善

---

① 玛格利特:《记忆的伦理》,贺海仁译,北京:清华大学出版社,2015 年,第 168 页。
② 徐贲:《人以什么理由来记忆》,长春:吉林出版集团有限责任公司,2008 年,第 256 页。
③ 德波:《景观社会》,王昭风译,南京:南京大学出版社,2006 年,第 6 页。
④ 柏拉图:《理想国》,谢善元译,上海:上海译文出版社,2016 年,第 60-61 页。

的记忆可能更多停留在理想层面,但是良心的记忆,却应该成为新闻记忆获得信任之可行、必行之路。

美国宗教伦理学家巴特莱提出了一个以"良心"为中心的伦理学体系,其认为,良心是一种最高的权威,是一种至高无上的道德能力,良心几乎在一切情况下都起着明显的决定性的作用。充分发挥人的良心的作用,就可以克服一切邪恶的、不正义的东西,获得善良的、正义的东西。① 良心的记忆是真实、准确的记忆,而不是扭曲、变形的记忆;是出于公道、公共利益的记忆,而不是利欲熏心、权力胁迫的记忆。

在新闻记忆的伦理规范原则中,真实是新闻记忆伦理的认识论原则,责任是新闻记忆伦理的德性原则,信任则是新闻记忆伦理希冀达到的效果原则。道德规范是一种非制度化的规范,并非使用强制性手段为自己开辟道路,而是主要借助传统习惯、社会舆论和内心信念来实现。教育、宣传、大众传播媒介等常常是道德规范转化为人们实际行动的重要手段。② 在此意义上,新闻记忆的伦理规范就不仅是对其作为社会公共记忆、集体记忆之重要代理人所提出来的要求,还在于新闻界须以自身对于记忆伦理规范的尊重与遵守,向社会彰显其践行伦理规则的道德示范之形象,如此方能不负其作为社会道德规范之重要传播手段的社会之信任与重托。

第三节　新闻记忆的伦理实现

亚里士多德指出,认为最高的善在于具有德性还是在于实现活动,认为善在于拥有它的状态还是在于行动,这两者是很不同的。因为,一种东西你可能拥有而不产生任何结果,就如一个人睡着了或因为其他原因而不去运用他的能力时一样。但是,实现活动不可能是不行动的,它必定是要去做,并且要做得好。③ 不仅是新闻记忆伦理,对于所有社会伦理道德来说,最高的善都是做的善、行动的善、实现了的善。新闻界要在记忆实践中秉持记忆

---

① 罗国杰:《传统伦理与现代社会》,北京:中国人民大学出版社,2012年,第137页。
② 罗国杰:《伦理学》,北京:人民出版社,2014年,第47-57页。
③ 亚里士多德:《尼各马可伦理学》,廖申白译注,北京:商务印书馆,2003年,第23页。

伦理规范原则,将具体的伦理规范要求融入日常的、持续性的记忆实践中去,以实现善的新闻记忆。

一、意识自觉的实现

与宣布一个人什么时候该承担责任的问题相比,他自己觉得什么时候该承担责任的问题要重要得多。[①] 此话意指,相对于来自外部的强制、压迫,源于自身的对诸如责任、义务的伦理自觉意识,在实现对其道德行为的指引与规范上,作用力和影响力更大。要实现新闻记忆的伦理规范与要求,新闻业及其从业者至少应具备如下的自觉意识。

1. 记忆自觉意识

在较长一段时间里,新闻媒体和记者都认为,"新闻的重点是此时此地,而不是彼时那地。……在这方面,过去似乎超出了记者在完成其工作目标方面能够和应该做的范围"。[②] 同时,新闻中客观、自然、事实的范式的持续,使人们将新闻工作理解为一个透明的信息转化过程,导致其在主流的集体记忆研究话语中仅被视为中介性的载体。[③] 也就是说,不仅记者并未将其新闻实践活动与记忆实践联系起来,就是记忆研究领域,亦并未给予新闻记忆实践应有的重视。

但事实是,新闻这种形式与过去是紧密相连的。过去提供了一个比较的观点、一个类比的机会、一个怀旧的邀请,以及对早期事件的修正。新闻对过去的回顾表明,新闻参与了记忆,尽管记者没有坚持,甚或未必意识到其存在。一旦记者开始决定将哪些故事放在哪里进行报道,以及运用何种手段进行传播,他们就会发现自己正处于记忆的工作领域。[④] 就如有研究明确指出的,文化和集体记忆不仅由新闻所塑造,其还包括了新闻的记忆:作为一个社会,我们记得重要的广播、标志性的广播主持人,甚至是媒体本身

---

① 石里克:《伦理学问题》,孙美堂译,北京:华夏出版社,2001 年,第 120 页。

② Zelizer, B. (1993). Journalists as interpretive communities. *Critical Studies in Mass Communication*, 10(3), 219-237.

③ Meyers, O. (2007). Memory in journalism and the memory of journalism: Israeli journalists and the constructed legacy of "Haolam Hazeh". *Journal of Communication*, 57(4), 719-738.

④ Zelizer, B. (2008). Why memory's work on journalism does not reflect journalism's work on memory. *Memory Studies*, 1(1), 79-87.

(如主要报纸头版的外观或晚间新闻广播的主题音乐)。①

记者和整个新闻界应该认识到,作为社会集体和公共记忆关键而重要的代理人,其新闻实践也是一种记忆实践,要注重见证的真实性与权威性,从而保证新闻记忆的品质是可信赖的。如此来看,就不应再将新闻视作是易碎品,而应从记忆史的角度,将其视作类似于文物、遗址之类显示记忆存在、负载文化内涵的重要的记忆之场。换句话来说,新闻不仅是报道当下的文本和实践,其还是存储过去、记忆文化的表征与活动。有关过去与现在、历史与现实的对话、争议、斗争甚至冲突,都会在新闻记忆的文本和实践中留下痕迹,从而体现出新闻记忆场域动态、变化的本质。

2.历史自觉意识

记忆滋养了历史,反过来,历史又哺育了记忆,记忆力图捍卫过去以便为现在、将来服务。② 从历史学的角度来看,新闻共有记忆所有可疑的品质:因为它只是"初稿",所以不修改很容易出错;新闻不同于历史,是易犯错的和暂时性的。而从记忆研究的角度来看,新闻看起来很像历史:它是由专业的企业生产的,公开的,重视信源和确定的规则的,其剩余物(residues)是相对永久的。③ 但是,在新闻记者或媒体看来,他们既没有谈论过去,也没有将过去视作其职权范围的一部分,他们只是当下的传播者。④

客观事实是,新闻媒体成为专业历史与大众历史共享的空间,被视作是"公共历史学家"(public historians)⑤、"通俗历史学家"(popular

---

① Olick, J. K. (2014). Reflections on the underdeveloped relations between journalism and memory studies. In Zelizer, B. , & Tenenboim-Weinblatt, K. *Journalism and memory*(pp. 17-31). New York: Palgrave Macmillan.

② 勒高夫:《历史与记忆》,方仁杰、倪复生译,北京:中国人民大学出版社,2010年,第113页。

③ Olick, J. K. (2014). Reflections on the underdeveloped relations between journalism and memory studies. In Zelizer, B. , & Tenenboim-Weinblatt, K. *Journalism and memory*(pp. 17-31). New York: Palgrave Macmillan.

④ Zelizer, B. (2008). Why memory's work on journalism does not reflect journalism's work on memory. *Memory Studies*, 1(1), 79-87.

⑤ Kitch, C. (1999). Twentieth-century tales: Newsmagazines and American memory. *Journalism & Communication Monographs*, 1(2), 119-155.

historians)①，以及"即时历史学家"(instant historians)②。历史学家夏皮拉就此写道，"虽然更多的档案被打开，更多的信息被历史学家所掌握，但实际上历史学家塑造过去的权力更小了。相反，报纸和电视成为关于过去的权威的讲述者和公共记忆的塑造者"③。

　　记者和新闻界对此应该有清醒的认识，即新闻实践活动，不仅是记忆的实践，还是历史普及与展示的实践，甚至在很多情况下，新闻被直接当作历史而为社会公众所了解和记忆。因此，作为共享历史一部分的新闻记忆，就应该有特别明确的证据意识，这是体现历史专业性的重要途径。如果人们所说、所想、所做以及所经历的事情没有留下任何痕迹，那么这些事情就好像从来没有存在过。至关重要的因素是当前的证据，而不是过去的存在这一事实。④ 只有到了有人历史地思索它时，证据才成为证据。否则它就仅仅是被知觉到的事实而已，而在历史上却是沉默无言的。⑤

　　从某种程度上说，新闻报道所选取和突出的事实，其所采纳的报道框架、模板及其所展示的标题、图片等，一方面是基于过去报道的惯例、常规，以及类似报道的历史，另一方面，则会在未来积淀为特定事件、时期、社会历史的有价值、有意义的细节和事实，转变为具有高度真相等级的历史的证据。因此，新闻记忆的实践，要特别注意事实证据的搜集、查找、比对与核实，并注重证据使用的确当性、有效性、可信度与权威性，如此才能将新闻转变为证据，才能明确其在历史中的位置及相关关系。

　　3.时间自觉意识

　　"阅读小说和报纸的行为建立了一种基于牛顿学说时间概念的新的精神共同体……近代形成的历史时间概念是直线的，不是循环的；是现世的，不是宗教的；是普世的，不是哪个时代、民族、信仰各自持有的。最主要的

---

　　① Edgerton, G. (2000). Television as historian: An introduction. *Film & History*, 30(1), 7-12.

　　② Zelizer, B. (2014). Memory as foreground, journalism as background. In Zelizer, B., & Tenenboim-Weinblatt, K. *Journalism and memory*(pp. 32-49). New York: Palgrave Macmillan.

　　③ Shapira, A. (1996). Historiography and memory: Latrun 1948. *Jewish Social Studies*, 3 (1), 20-61.

　　④ 埃尔顿：《历史学的实践》，刘耀辉译，北京：北京大学出版社，2008年，第8页。

　　⑤ 科林武德：《历史的观念》，何兆武、张文杰译，北京：商务印书馆，2009年，第346页。

是,时间是有方向的。"①这一有方向的时间观以对过去、现在、未来所进行的人为切割与划分而体现出来。奥古斯丁对作为"流光的相续"的时间体系进行了深刻阐释,其认为,我们只生活在现在,"时间分过去、现在和将来三类是不确当的。或许说,时间分过去的现在、现在的现在和将来的现在三类,比较确当。这三类存在于我们心中……过去事物的现在是记忆,现在事物的现在是直接感觉,将来事物的现在是期望"②。

新闻以其记忆实践活动,成为加工时间的重要媒介与标定时间的重要尺度。一方面,新闻记忆总是表现为对某些时间所进行的特别的加工、处理与呈现,如新闻对现在、当下、此时此刻的追逐,就表现出鲜明的现在论(presentism)倾向。另一方面,新闻记忆以对现世时间特别地加工、处理与呈现,使其成为时间的标尺,成为标定时间的重要尺度,如电视对黄金时间与非黄金时间的人为区分。随着时间的流逝,新闻记忆甚至会替代对时间的记忆,如肯尼迪总统遇刺、阿姆斯特朗登月等,越来越多重要的历史瞬间以新闻报道来命名,新闻记忆的时间遮蔽了真实世界的时间。

记者和整个新闻界应该意识到,新闻记忆实践是时间性的实践。新闻虽是现世时间的记录,却是来自过去,并会沉积为未来参考的时间。因此,就要有线性的、连续性的时间意识,也就是一种整体性的时间意识,一种将现在置于与过去、未来的联系中的时间意识。此外,还要意识到,作为具有标定时间功能的记忆实践,须要忠实于时间,而不能随意篡改、消除时间。时间的维度,既是不忘过去的维度,也是关注现在的维度,同时还是面向未来的维度。新闻记忆的实践应置于时间的维度中,这是应有的时间自觉意识。

二、技术路径的实现

如果说意识自觉是行为实现的前提和准备的话,那么,技术设计与路径选择则是行为实现的重点和关键。新闻记忆要成为社会与集体善的记忆、良心的记忆,仅有意识的自觉与准备是远远不够的,还必须通过选择合宜的

---

① 阿普尔比、亨特、雅各布:《历史的真相》,刘北成、薛绚译,上海:上海人民出版社,2011年,第50页。

② 奥古斯丁:《忏悔录》,周士良译,北京:商务印书馆,2009年,第263页。

路径,运用确当的技术,才能做且做好,才能达至最高的善。

1. 记忆的分工

分工的概念充当了马克思的社会理论中的组织性观念。① 现代社会的一个重要特点就是,社会劳动分工的扩大化与精细化。作为自然的劳动分工,指的是"根据性别、习惯和能力的考虑对劳动所作的分工。……作为社会的劳动分工则是按照等级、阶级、职业等对劳动所作的分工,它是由社会所固定形成的由某个集团进行某种确定的劳动"。② 新闻媒体的诞生,以及专业记者的出现,固然是社会分工的结果。但同时,新闻媒体又以其机构内、系统内的分工来适应自身发展和社会公众的要求。

新闻机构需要在很短的时间内、运用有限的人力资源去完成新闻生产,所以效率是非常重要的。笼统地说,新闻机构提高工作效率的方法,亦和很多工厂或其他重视效率的机构一样,经常涉及的是如何有效地分工。③ 如果说分工带来了经济收益,这当然是很可能的。但是,在任何情况下,分工都超出了纯粹经济利益的范围,构成了社会和道德秩序本身。④ 有了分工,个人才会摆脱孤立的状态,而形成相互间的联系;有了分工,人们才会同舟共济,而不一意孤行。或者说,分工是社会存在的一个必不可少的条件。社会的凝聚性是完全依靠,或至少主要依靠劳动分工来维持的,社会构成的本质特性也是由分工决定的。⑤

由此来理解记者及其记忆实践活动在整个社会记忆系统中的角色分工和功能作用可以发现,不仅记者充当着社会公共记忆、集体记忆的代理人角色,其新闻实践所生成的新闻文本作为公共记忆、集体记忆的重要记忆文本,亦具有广泛流通、普遍接受的记忆表达与记忆传承作用。此外,新闻记忆实践活动在调用、转化过去的过程中,亦构成凝聚社会集体,连接过去、现在与未来的构成性、基础性活动,体现了新闻记忆在社会记忆分工系统中的角色与功能。

① 怀特:《元史学:19世纪欧洲的历史想象》,陈新译,南京:译林出版社,2004年,第418页。
② 马尔库塞:《现代文明与人的困境》,李小兵等译,上海:三联书店上海分店,1989年,第250页。
③ 甘斯:《什么在决定新闻》,石琳、李红涛译,北京:北京大学出版社,2009年,第6-7页。
④ 涂尔干:《社会分工论》,渠东译,北京:生活·读书·新知三联书店,2000年,第24页。
⑤ 涂尔干:《社会分工论》,渠东译,北京:生活·读书·新知三联书店,2000年,第26页。

新闻记忆是一种公共记忆，如同公共领域一样，需要公开的、公共的对话与交流，需要理性的批判精神。作为公共记忆的新闻记忆就决不能变成记者或媒体独家的、自我中心的记忆，而应通过社会公众的参与、批判与监督，将公共记忆建设为一种共享的记忆、分享的记忆。分享的记忆不单是个人记忆的聚合，记忆必须在公共空间中有自由交流，才会成为分享的记忆。分享的记忆融合和标定事件记忆者的不同角度。①

新闻记忆具备成为分享的记忆的良好条件。新闻记忆可以广泛撷取记忆来源，使其在记忆来源的多样化中，克服记忆来源的单一性及其可能带来的误导与偏见。此外，新闻业发达的记忆传播网络，多种多样的记忆、记录手段，丰富而全面的记忆技术装备等，都为其在社会记忆系统中自由、公开地交流与对话创造了无可比拟的优越条件。正如有研究指出的，全球化不仅意味着人与物的流动，也意味着数据的流动。数字媒体技术和数字化使数据记录的抓取、存储、管理和重组成为可能，其可以全球连接、跨媒体复制，且成本更低。② 在互联网、移动通信的背景下，一方面，公民新闻通过提供第一人称目击证人的叙述、录音或录像、手机和数码相机的快照，通过博客、维基百科、个人网页、社交网站和网络社区在网上分享，使普通公民参与到新闻制作过程中，从而将新闻机构置于一种比较尴尬的境地——依赖业余材料来讲述发生在现场的事情。③ 另一方面，全球数字记忆场域④不仅标志着来自遥远距离的事件在互联网空间中的汇聚、集合、装配和再生产，更标示着跨越民族国家、不同文化边界的个人、群体在网络记忆空间中的协作与竞争。

分享的记忆是以现代社会记忆分工为基础的。换句话来说，在现代社会里，每个人不必，也不可能有机会去亲自见证公共事件，但必须有别的人、旁的人来亲自见证，必须有自由畅通的渠道让人们分享这种见证。在单个新闻机构的记忆生产实践中，可以通过广泛采纳记忆来源，如来自官方的记

① 徐贲：《人以什么理由来记忆》，长春：吉林出版集团有限责任公司，2008 年，第 8-9 页。
② Urry, J. (2007). *Mobilities*. London：Polity Press.
③ Zelizer, B., & Allan, S. (2010). *Keywords in news and journalism studies*(p. 18). New York：Open University Press.
④ Reading, A. (2011). Memory and digital media：Six dynamics of the globital memory field. In Neiger, M., Meyers, O., & Zandberg, E. *On media memory：Collective memory in a new media age*(pp. 241-252). New York：Palgrave Macmillan.

忆、民间的记忆,机构的记忆、群体的记忆,亲历者的记忆、旁观者的记忆等,以实现记忆来源的多样化,最大限度地追求新闻记忆的真实、准确、可靠和可信。在整个新闻记忆系统内,则可以一方面基于不同媒介技术属性上的差异进行记忆的分工,如报纸对文字、图片信息的记忆,广播对声音信息的记忆,电视对影像信息的记忆等,搭建起一个技术手段多样的新闻记忆平台。另一方面还可以基于不同新闻媒体的类型、层级的差异进行记忆的分工,如主流新闻媒体对重大事件的记忆,都市类媒体对日常生活的记忆;国家级新闻媒体对民族、国家的记忆,地方媒体对地区、地方的记忆;综合类新闻媒体对社会整体状况的记忆,行业类媒体对特定行业的记忆,等等,最终形成一个立体化、多层次、多层级的新闻媒体记忆系统。

前述新闻记忆的分工主要指向共时性的记忆分工,即已知时间点发生的劳动分工,但记忆的劳动分工同时还指向历时性的劳动分工[①]。我们的记忆与上一代人的记忆具有关联性,前代人的记忆又与其上一代人的记忆有关联,依次类推。就如有研究指出的,"世代记忆"(generational memory)不仅将个人与家庭历史的记忆联系起来,还将其与社会历史的记忆联系起来。[②] 因此,理解历时性的记忆分工,就需要超越家庭内部代际之间的记忆接续,将社会不同代际之间的记忆遗产传承作为每一代人的责任。有研究指出,债责和遗产息息相关。我们对那些和我们同属的、先我们离世的人是负债的。[③] 而遗产则直接从通过继承获得的财产转向了构成我们自身的财产。[④] 以此来认识历时性的记忆分工就会发现,我们不仅对过去、以前世代的记忆负有债责,我们所继承的过去世代的记忆亦是构成我们自身的基础和前提。

"后记忆"概念指出了接受创伤经历的问题,亦即将他人的记忆作为自己可能拥有的经历,并将它们铭刻在自己的生活故事中。或者说,"后记忆"指出了一个与受压迫或受迫害的他者的伦理关系问题。[⑤] 作为社会公共记

---

①　玛格利特:《记忆的伦理》,贺海仁译,北京:清华大学出版社,2015 年,第 53 页。

②　Hareven, T. K. (1978). The search for generational memory: Tribal rites in industrial society. *Daedalus*, 107(4), 137-149.

③　利科:《记忆,历史,遗忘》,李彦岑、陈颖译,上海:华东师范大学出版社,2018 年,第 112 页。

④　诺拉主编:《记忆之场》,黄艳红等译,南京:南京大学出版社,2017 年,第 73 页。

⑤　Hirsch, M. (2001). Surviving images: Holocaust photographs and the work of postmemory. *Yale Journal of Criticism*, 14(1), 5-37.

忆、集体记忆的新闻，不仅在记忆遗产的传承上负有债责，在创伤经历的表达与接受上，亦负有对受压迫或受迫害者的责任。

整体而言，不同时代、不同历史发展阶段的新闻，其所反映、生产与建构的记忆，并不是完全脱离、割裂了与此前时代记忆的联系和关系的。共时性的记忆分工，对新闻提出了记忆的制造与更新的要求，而历时性的记忆分工，则对新闻提出了记忆的延续与传承的要求，正是在延续与更新中，新闻记忆既实现了社会集体记忆的接力，又实现了社会集体记忆的再造。

2. 记忆权威的建构

权威（authority），指人们接受为合法的而不是强迫的权力。[①] 记忆权威，主要指记忆主体拥有的一种可靠、信任、不容置疑的声望与威望。对于记忆权威的形成来说，先赋性的权威主要是技术性的，如摄影、摄像技术，以其对客观对象高度清晰的物理还原，造成了照片、影像是一种真实、准确、可靠的记忆的印象，这是技术赋予的权威。在一个社会系统的发展似乎由科技进步的逻辑来决定的时代，技术成为社会不容置疑的权威，有研究称其为技术统治。技术统治的意识同以往的一切意识形态相比，"意识形态性较少"，因为它没有那种看不见的迷惑人的力量。另一方面，当今的那种占主导地位的，并把科学变成偶像，因而变得更加脆弱的隐形意识形态，比之旧式的意识形态更加难以抗拒。更为重要的是，技术统治论的命题作为隐形意识形态，甚至可以渗透到非政治化的广大居民的意识中，并且可以使合法性的力量得到发展。[②]

虽然记忆的技术手段的权威性，表面看来好像是技术所赋予的合法性力量，但从深层来看，依然属于社会生成的技术统治、技术神话，或者说技术意识形态的一部分。因此，从其本质上来说，还是社会赋予的。因此，有关记忆权威的生成问题，从根本上来说，仍然是一个社会赋予、社会建构的问题。

记忆权威的建构，除了充分利用已经成为技术意识形态一部分的技术性权威，还要注意作为记忆代理人的记者和新闻机构的身份权威的建构。

---

① 麦休尼斯：《社会学》，风笑天等译，北京：中国人民大学出版社，2014年，第442页。
② 哈贝马斯：《作为"意识形态"的技术与科学》，李黎、郭官义译，上海：学林出版社，1999年，第63、69页。

在集体记忆的建构、维持和动员的过程中,新闻业是一个"重要和关键的"代理人①,其扮演着舞台、演员和导演的三重角色——作为舞台,其为其他参与者服务;作为演员,其通过制作新闻和娱乐节目,显示其与过去的关系;作为导演,其可以决定谁有权登台、表演多长时间,以及以什么样的框架对其进行记忆叙事。②

新闻记忆的权威性建构,首先体现在对当下、现实的权威性见证上。有研究指出,见证具有两个相关联的方面,一方面是对所述事件的事实层面上的实在性的肯定,另一方面是基于作者的经验来证明这一讲述的真实性,即讲述的被假定的可靠性。③ 当记者或新闻媒体以见证者的身份进行新闻报道时,其是相对于所有当事人的第三方,这一对话结构立刻将信用维度突显了出来:见证者要求被信任。他不仅想说:"我曾在那儿",他还想说:"请相信我。"于是,见证不仅是得到证实的,而且是被信任的。④

新闻记忆的权威性建构,还体现在当新闻记忆的产品被保存和使用后,可以变成公共历史和教育的一种形式,具有长期、持久的权威性价值。正如有研究指出的,历史学家们常常依赖新闻内容作为事实的主要原材料。比如旧报纸的头版、新闻片或电视新闻片段,这些保存下来的新闻产品成为博物馆里常见的历史证据和特权形式的纪实真相。⑤ 将新闻记忆转变为历史证据的,不仅有诸如摄影、摄像等新闻技术的真实性力量的驱动,亦与前文所述的记者和新闻界不断建构、维护记忆权威性的努力密不可分。

身份权威是以记者和新闻媒体的形象权威为基础的,也就是作为记忆代理机构,社会公众对记者和媒体历史的、整体的形象评价,如是客观中立的,还是具有党派倾向的;是追求商业利益的,还是公共利益的代言人等。形象权威是基于过去的记忆实践所形成的印象。因此,仅有形象权威是不够的,因为那仅代表过去。身份权威的核心、关键还在于记忆实践的操作和

① Kitch, C. (2008). Placing journalism inside memory and memory studies. *Memory Studies*, 1(3), 311-320.
② Neiger, M. (2020). Theorizing media memory: Six elements defining the role of the media in shaping collective memory in the digital age. *Sociology Compass*, 14(3), 1-11.
③ 利科:《记忆,历史,遗忘》,李彦岑、陈颖译,上海:华东师范大学出版社,2018 年,第 212 页。
④ 利科:《记忆,历史,遗忘》,李彦岑、陈颖译,上海:华东师范大学出版社,2018 年,第 213 页。
⑤ Kitch, C. (2018). Journalism as memory. In Vos, T. P. (ed.). *Journalism, handbooks of communication science* (pp. 169-186). Boston/ Berlin: Walter de Gruyter.

运行,尤其要注意采纳多样化的记忆来源,避免对官方记忆来源的过度依赖。因为官方记忆来源的方便性、易得性,使得新闻机构变成了权威新闻源的拥护者。① 社会上最有权力及资源的机构,如政府、大商业公司等,成为新闻的最主要的定义者。相反,社会上被边缘化的社群,以及没有太多资源的公民组织,往往没有在传媒里发声的机会。换句话说,传媒有向建制倾斜的倾向。② 新闻记忆应力避这种倾向。

现代社会中的新闻业正在成为一种社会制度,一种社会结构性力量③。大多数关于社会制度的研究都强调其持久性。毕竟,一个制度的关键在于它相对抵制变革。否则,它就不会成为一个制度。在对新闻的制度研究中,这无疑是正确的。④ 现代新闻业就是这样一个制度体系。⑤ 因此,新闻记忆作为一种制度性的记忆,以及社会结构化记忆的一部分,应以对记忆真实性、准确性、可靠性的追求来建立记忆的制度性权威,时时警惕可能对记忆权威造成威胁、破坏的倾向和可能,如商业利益的渗透与侵袭,权力的干扰与操控等。此外,记忆权威的建构还是一个长期持续的、动态调整的过程,需要精心、细致的呵护与维护。

当然,新闻记忆伦理的实现,其技术路径不仅包括记忆的分工、记忆权威的建构,还涉及整个新闻记忆系统的整体性操作。应建立一种整体、系统的意识,通过建立伦理行为的评价机制,通过确立记忆伦理典范,通过定期、系统的交流,树立先进典型,强化伦理意识,扬善抑恶,奖善罚恶。诚如有研究指出的,如果善意的情感和相互依存的态度没有得到培养,那么,任何群体在其生活中要实现团结与和谐都是不可能的。⑥

---

① 桑德斯:《道德与新闻》,洪伟等译,上海:复旦大学出版社,2007 年,第 149 页。

② 甘斯:《什么在决定新闻》,石琳、李红涛译,北京:北京大学出版社,2009 年,第 8 页。

③ 黄旦:《传者图像:新闻专业主义的建构与消解》,上海:复旦大学出版社,2005 年,第 124 页。

④ Lowrey, W. (2011). Institutionalism, news organizations and innovation. *Journalism Studies*, 12(1), 64-79.

⑤ Ryfe, D. M. (2016). News institutions. In Witschge, T., Anderson, C. W., Domingo, D., & Hermida, A. (eds.). *The SAGE handbook of digital journalism* (pp. 370-382). London: Sage.

⑥ 尼布尔:《道德的人与不道德的社会》,蒋庆等译,贵阳:贵州人民出版社,2007 年,第 161 页。

余 论

集体的典型做法是,以发生在过去的事件作为自己统一性和独特性的支撑点。社会需要"过去",首先是因为社会要借此进行自我定义。[①] 与社会需要过去来定义自我不同,新闻似乎与过去无关。只要新闻业一直存在,普遍的假设是,它提供了最初而不是最终的历史的草稿。[②] 在这种分工的背景,新闻业已经被视为一种环境,其重点是这里和现在。但是,过去并非像新闻所声称的那样与其无关,恰恰相反,新闻充满了自己的制度历史以及更广泛的历史伟大时刻的参考[③],也可以说,新闻充满了过去。

作为现代性的意义生产实践,新闻是这个世界最重要的文本系统。[④] 其不仅以自身文本形态的定型和变化标记、见证了新闻业所经历的诞生、发展历史,亦以其对现代主义意识形态的普及,成为社会现代化过程的记忆标签。新闻记忆的实践过程,既是专业社群与非专业社群,其内部和彼此之间不断合作与竞争的过程,亦是一个客观的记录与积极的参与,具身性的复杂体验与去具身性的中介的、技术的实践相互嵌入、混合、作用的动态、复杂的过程,其中既有过去的结构性的存在,亦受到现在的利益和需求的制约。

新闻记忆是一个社会结构意义上的网络,其由若干节点构成,既包括目击者和记者、受众和用户等人类行动者,也包括物质、技术等非人类行动体。

---

① 阿斯曼:《回忆空间》,潘璐译,北京:北京大学出版社,2016年,第136页。

② Zelizer, B. (2008). Why memory's work on journalism does not reflect journalism's work on memory. *Memory Studies*, 1(1), 79-87.

③ Kitch,C. (2014). Historical authority and the 'potent journalistic reputation': A longer view of legacy-making in American news media. In Zelizer, B., & Tenenboim-Weinblatt, K. *Journalism and memory*(pp. 227-241). New York: Palgrave Macmillan.

④ Hartley, J. (1996). *Popular reality: Journalism, modernity, popular culture*(p. 32). London: Arnold.

这些网络节点之间的关系形态，固然以线性文本和线性实践所反映、缔结的线性关系为主导和稳定态，但随着新的更加多元、丰富的新闻记忆文本和实践的涌现，新闻记忆的网络节点之间拥有了超链接、交互性等更多样的关系形态。在此背景下，线性关系就成为以理性、逻辑、秩序为中心的现代性的象征，而超链接、交互性关系则意味着各类网络行动者身份、边界的不断模糊，以及颠覆理性、摧毁秩序的后现代社会的来临。

新闻业作为一个中观的场域，既由外部力量塑造，也具有特定空间的内部能动性。[①] 这个集体空间拥有协商的边界、合理性及内在的逻辑，体现了结构与能动性、自治与限制之间的相互作用。新闻记忆场域作为一个相对独立的场域，既在某种程度上按照自身场域逻辑独立运行，又受制于并体现出社会的政治、经济、技术等场域的影响和作用。因此，对新闻记忆场域的分析，就必然展示出新闻记忆之结构性与能动性、自治性与制约性的作用与统一。

记忆伦理是记忆研究中无法回避的问题。特别是对新闻记忆实践来说，应该记住什么或遗忘什么，应该做什么来使其被记忆和被遗忘，以及应该如何回应记忆所引起的需求等一系列问题，不仅是新闻记忆实践必须直面的问题，亦是其不断创造的问题。因为，新闻记忆不仅是一种社会伦理的示范性实践，亦以其失范所造成的社会公害而减损、贬抑了新闻记忆的系统性价值。在此意义上，论证新闻记忆的伦理规范原则，探讨新闻记忆伦理的实现路径，就成为思考新闻记忆实践伦理问题的必然要求。

以文本、实践、网络、场域、伦理为主要理论支点来架构全书，固然使本书聚焦清晰、层次分明，但也因此带来以关键词组织、布局内容的局限性。关键词在界定核心知识问题的同时，也限制和约束了知识组织的边界和范围。或者说，每一个关键词都构成了一个问题中心，相关内容都必须以此为中心进行选择和组织，进而决定了以关键词为中心的组织和讨论所具有的鲜明的问题中心性与论述相关性。也就是说，那些与关键词没有太大关系但仍具有一定价值的议题，以及那些可能涉及多个关键词的议题，很难被纳入以某一关键词为中心的组织结构中。

---

① Lowrey, W. (2018). Journalism as institution. In Tim P. Vos (Ed.). *Journalism, handbooks of communication science* (pp. 125-148). Boston/Berlin: Walter de Gruyter.

在当下数字化、网络化的背景下进行新闻记忆研究,无法忽视数字新闻记忆的问题。但是在本书的内容框架下,有关数字新闻记忆的讨论就只能拆解至文本、实践、网络、场域等关键词的组织结构中,无法对数字新闻记忆问题进行全面、系统地分析。当然,要实现对数字新闻记忆深入、全面的研究,仅安排某一章节的讨论显然是不够的,可能需要一个全新的研究框架和专题讨论的空间。因为本书主要是在制度性、机构性的新闻生产框架下讨论新闻记忆问题,所以有关数字新闻的新形态和新生态并不构成本书关注的核心。虽然在文本、实践、网络、场域等的讨论中,或多或少论及了数字新闻记忆问题,但仅仅是作为新现象、新趋势提及,并非专门聚焦和专题讨论。当然,这也为以后相关研究进行更深入的探讨提示了方向和可能性。

有关新闻记忆的研究,虽然有一些零散的,比如对新闻中过去的可见性、可供性,以及纪念性新闻的记忆研究,但是对新闻记忆进行系统、全面分析的研究尚不多见,因此,以记忆研究和新闻研究中最核心的关键词来架构、组织内容,不仅有利于集中呈现新闻记忆最重要的研究议题,通过以关键词为中心的组织论述,还能实现对新闻记忆领域最重要议题的集中、深入思考。或者说,聚焦核心而不是面面俱到,正是本书的最大特色。在围绕中心展开论述的过程中,本书更关注的是要点之间在逻辑关系和结构层次上的恰切性与合理性,有关例证也多依此组织。因此,本书既没有具体案例的详述和展开,亦少见对国内案例的引用与列举,并不是厚此薄彼,仅仅是研究需要使然。

事实上,国内有关新闻记忆的研究,大多聚焦于纪念性新闻、新闻记忆社群等领域,有关时间(过去、现在和未来)在新闻中更具细粒度的实证分析、过去可供性与技术可供性的关系等更深入、更细致的研究,以及对数字化、网络化的数字记忆实践所提出的新方法论和新问题域的研究尚不多见,这些都有待今后更专门、更深入的探究和思考。毋宁说,本书在系统性的思考新闻记忆问题上,更多是一种探索和尝试。在此过程中所反映、暴露出来的问题和不足,亦成为日后研究更进一步完善、丰富的指引和路标。毕竟,记忆的研究亦是一种研究的记忆,在标志过去记忆形成的同时,亦预示着新的记忆的开始。

参考文献

一、中文文献

[1] 阿贝尔,等.世界新闻简史[M].许崇山,等,译.北京:中国新闻出版社,1985年.

[2] 阿达托.完美图像[M].张博,王敦,译.北京:北京大学出版社,2015年.

[3] 阿尔都塞.哲学与政治[M].陈越,编译.长春:吉林人民出版社,2011年.

[4] 阿普尔比,亨特,雅各布.历史的真相[M].刘北成,薛绚,译.上海:上海人民出版社,2011年.

[5] 阿斯曼.回忆空间[M].潘璐,译.北京:北京大学出版社,2016年.

[6] 阿斯曼.文化记忆[M].金寿福,黄晓晨,译.北京:北京大学出版社,2015年.

[7] 阿特休尔.权力的媒介[M].黄煜,裘志康,译.北京:华夏出版社,1989年.

[8] 埃尔,纽宁主编.文化记忆研究指南[M].李恭忠,李霞,译.南京:南京大学出版社,2021年.

[9] 埃尔顿.历史学的实践[M].刘耀辉,译.北京:北京大学出版社,2008年.

[10] 埃默里,等.美国新闻史[M].展江,殷文,译.北京:新华出版社,2001年.

[11] 安德森.想象的共同体[M].吴叡人,译.上海:上海人民出版社,2005年.

[12] 奥古斯丁.忏悔录[M].周士良,译.北京:商务印书馆,2009年.

[13] 巴特.神话修辞学[M].屠友祥,译.上海:上海人民出版社,2016年.

[14] 巴特莱特.记忆:一个实验的和社会的心理学研究[M].黎炜,译.杭州:

浙江教育出版社,1998 年.

[15] 白红义.记者节话语中的角色模范:中国新闻业的记忆机会结构研究（2000—2018）[J].国际新闻界,2019(9).

[16] 白红义.记者作为阐释性记忆共同体:"南都口述史"研究[J].国际新闻界,2015(12).

[17] 白红义.新闻权威、职业偶像与集体记忆的建构:报人江艺平退休的纪念话语研究[J].国际新闻界,2014(6).

[18] 白红义.新闻研究:经典概念与前沿问题[M].上海:上海交通大学出版社,2018 年.

[19] 柏拉图.柏拉图全集·第 2 卷[M].王晓朝,译.北京:人民出版社,2003 年.

[20] 柏拉图.理想国[M].谢善元,译.上海:上海译文出版社,2016 年.

[21] 鲍曼.工作、消费主义和新穷人[M].郭楠,译.上海:上海社会科学院出版社,2021 年.

[22] 鲍曼.流动的现代性[M].欧阳景根,译.北京:中国人民大学出版社,2017 年.

[23] 贝塔朗菲.一般系统论[M].林康义,魏宏森,等,译.北京:清华大学出版社,1987 年.

[24] 波德里亚.消费社会[M].刘成富,全志刚,译.南京:南京大学出版社,2000 年.

[25] 伯克.历史学与社会理论[M].李康,译.上海:上海人民出版社,2019 年.

[26] 伯克.图像证史[M].杨豫,译.北京:北京大学出版社,2018 年.

[27] 布鲁门伯格.神话研究(上)[M].胡继华,译.上海:上海人民出版社,2012 年.

[28] 布洛赫.历史学家的技艺[M].张和声,译.北京:北京师范大学出版社,2014 年.

[29] 蔡雯,郭翠玲.从"公共新闻"到"公民新闻"[J].新闻记者,2008(8).

[30] 常江,田浩.建设性新闻生产实践体系:以介入性取代客观性[J].中国出版,2020(8).

[31] 陈楚洁.媒体记忆中的边界区分、职业怀旧与文化权威——以央视原台

长杨伟光逝世的纪念话语为例[J].国际新闻界,2015(12).

[32]陈建云.中外新闻学名著导读[M].杭州:浙江大学出版社,2005年.

[33]陈力丹.世界新闻传播史(第三版)[M].上海:上海交通大学出版社,
2016年.

[34]陈阳.框架分析:一个亟待澄清的理论概念[J].国际新闻界,2007(4).

[35]德波.景观社会[M].王昭风,译.南京:南京大学出版社,2006年.

[36]德布雷.图像的生与死[M].黄迅余,黄建华,译.上海:华东师范大学出
版社,2014年.

[37]德拉埃斯马.记忆的风景[M].张朝霞,译.北京:北京联合出版公司,
2014年.

[38]德拉埃斯马.记忆的隐喻:心灵的观念史[M].乔修峰,译.广州:花城出
版社,2009年.

[39]德里克.后革命时代的中国[M].上海:上海人民出版社,2015年.

[40]福柯.福柯集[M].杜小珍,编选.上海:上海远东出版社,2003年.

[41]富兰克林,等.新闻学关键概念[M].诸葛蔚东,等,译.北京:北京大学
出版社,2008年.

[42]盖恩·比尔.新媒介:关键概念[M].刘君,周竞男,译.上海:复旦大学
出版社,2015年.

[43]甘斯.什么在决定新闻[M].石琳,李红涛,译.北京:北京大学出版社,
2009年.

[44]格尔茨.地方知识——阐释人类学论文集[M].杨德睿,译.北京:商务
印书馆,2014年.

[45]格尔茨.文化的解释[M].韩莉,译.南京:译林出版社,1999年.

[46]葛兰西.狱中札记[M].葆煦,译.北京:人民出版社,1983年.

[47]宫留记.资本:社会实践工具——布尔迪厄的资本理论[M].开封:河南
大学出版社,2010年.

[48]龚新琼.新闻与记忆:回归媒体记忆研究的核心议题[J].新闻界,2017
(11).

[49]顾铮编译.西方摄影文论选[M].杭州:浙江摄影出版社,2007年.

[50]哈贝马斯.后民族结构[M].曹卫东,译.上海:上海人民出版社,
2002年.

［51］哈贝马斯.交往行为理论(第 1 卷)［M］.曹卫东,译.北京:生活·读书·新知三联书店,2004 年.

［52］哈贝马斯.作为"意识形态"的技术与科学［M］.李黎,郭官义,译.上海:学林出版社,1999 年.

［53］哈贝马斯,等.文化现代性精粹读本［M］.北京:中国人民大学出版社,2006 年.

［54］哈布瓦赫.论集体记忆［M］.毕然,郭金华,译.上海:上海人民出版社,2002 年.

［55］哈克特,赵月枝.维系民主:西方政治与新闻客观性［M］.沈荟,周雨,译.北京:清华大学出版社,2005 年.

［56］哈维.后现代的状况［M］.阎嘉,译.北京:商务印书馆,2003 年.

［57］海德格尔.存在与时间［M］.陈嘉映,王庆节,译.北京:生活·读书·新知三联书店,2006 年.

［58］赫勒.日常生活［M］.衣俊卿,译.重庆:重庆出版社,2010 年.

［59］黑尔德.时间现象学的基本概念［M］.靳希平,等,译.上海:上海译文出版社,2009 年.

［60］怀特.元史学:19 世纪欧洲的历史想象［M］.陈新,译.南京:译林出版社,2004 年.

［61］黄旦.传者图像:新闻专业主义的建构与消解［M］.上海:复旦大学出版社,2005 年.

［62］吉登斯.社会的构成:结构化理论纲要［M］.李康,李猛,译.北京:中国人民大学出版社,2016 年.

［63］吉登斯.社会学(第 4 版)［M］.赵旭东,等,译.北京:北京大学出版社,2003 年.

［64］吉登斯.现代性的后果［M］.田禾,译.南京:译林出版社,2011 年.

［65］卡斯特.网络社会的崛起［M］.夏铸九,等,译.北京:社会科学文献出版社,2001 年.

［66］凯瑞.作为文化的传播［M］.丁未,译.北京:中国人民大学出版社,2019 年.

［67］康德.道德形而上学原理［M］.苗力田,译.上海:上海人民出版社,2002 年.

[68] 康纳顿.社会如何记忆[M].纳日碧力戈,译.上海:上海人民出版社,
2000 年.

[69] 柯兰,芬顿,弗里德曼.互联网的误读[M].何道宽,译.北京:中国人民
大学出版社,2014 年.

[70] 科林武德.历史的观念[M].何兆武,张文杰,译.北京:商务印书馆,
2009 年.

[71] 科泽.仪式,政治与权力[M].王海洲,译.南京:江苏人民出版社,
2014 年.

[72] 克内尔,纳塞希.卢曼社会系统理论导引[M].鲁贵显,译.台北:巨流图
书公司,1998 年.

[73] 郎劲松,初广志.传媒伦理学导论[M].杭州:浙江大学出版社,2007 年.

[74] 勒高夫.历史与记忆[M].方仁杰,倪复生,译.北京:中国人民大学出版
社,2010 年.

[75] 李彬.全球新闻传播史[M].北京:清华大学出版社,2005 年.

[76] 李红涛,韩婕.新冠中的"非典"往事:历史类比、记忆加冕与瘟疫想象
[J].新闻记者,2020(10).

[77] 李红涛,黄顺铭.新闻生产即记忆实践——媒体记忆领域的边界与批判
性议题[J].新闻记者,2015(7).

[78] 李红涛.已结束的"战争""走不出的"迷宫——"SARS 十年"纪念报道
中的隐喻运用与媒体记忆[J].新闻记者,2014(4).

[79] 李红涛.昨天的历史 今天的新闻——媒体记忆、集体认同和文化权威
[J].当代传播,2013 (5).

[80] 李茂政.当代新闻学[M].台北 :正中书局,1987 年.

[81] 李斯特,等.新媒体批判导论(第 2 版)[M].吴炜华,付晓光,译.上海:
复旦大学出版社,2016 年.

[82] 李英明.哈贝马斯[M].台北:东大图书股份有限公司,1986 年.

[83] 利科.记忆,历史,遗忘[M].李彦岑,陈颖,译.上海:华东师范大学出版
社,2018 年.

[84] 廖申白.历史上最具影响力的伦理学名著 27 种[M].西安:陕西人民出
版社,2007 年.

[85] 列斐伏尔.马克思的社会学[M].谢永康,毛林林,译.北京:北京师范大

学出版社,2013 年.

[86] 刘亚秋.从集体记忆到个体记忆:对社会记忆研究的一个反思[J].社
会,2010(5).

[87] 鲁勒.每日新闻、永恒故事:新闻报道中的神话角色[M].尹宏毅,周俐
梅,译.北京:清华大学出版社,2013 年.

[88] 罗尔斯.作为公平的正义:正义新论[M].姚大志,译.上海:上海三联书
店,2002 年.

[89] 罗国杰.传统伦理与现代社会[M].北京:中国人民大学出版社,
2012 年.

[90] 罗国杰.伦理学[M].北京:人民出版社,2014 年.

[91] 马尔库塞.现代文明与人的困境[M].李小兵,等,译.上海:三联书店上
海分店,1989 年.

[92] 玛格利特.记忆的伦理[M].贺海仁,译.北京:清华大学出版社,
2015 年.

[93] 麦休尼斯.社会学[M].风笑天,等,译.北京:中国人民大学出版社,
2014 年.

[94] 默顿.社会理论和社会结构[M].唐少杰,齐心,等,译.南京:译林出版
社,2015 年.

[95] 尼布尔.道德的人与不道德的社会[M].蒋庆,等,译.贵阳:贵州人民出
版社,2007 年.

[96] 年度传媒伦理研究课题组,王侠.2018 年传媒伦理问题研究报告[J].新
闻记者,2019(1).

[97] 诺拉主编.记忆之场[M].黄艳红,等,译.南京:南京大学出版社,
2017 年.

[98] 诺沃特尼.时间:现代与后现代经验[M].金梦兰,张网成,译.北京:北
京师范大学出版社,2011 年.

[99] 桑德斯.道德与新闻[M].洪伟,等,译.上海:复旦大学出版社,2007 年.

[100] 邵鹏.媒介记忆理论:人类一切记忆研究的核心与纽带[M].杭州:浙
江大学出版社,2016 年.

[101] 邵鹏.新闻报道:诉说过去反映当下昭示未来的媒介记忆[J].当代传
播,2016(5).

[102] 石里克.伦理学问题[M].孙美堂,译.北京:华夏出版社,2001 年.

[103] 舒茨.社会世界的意义构成[M].游淙祺,译.北京:商务印书馆, 2012 年.

[104] 舒德森.发掘新闻[M].陈昌凤,常江,译.北京:北京大学出版社, 2009 年.

[105] 舒德森.新闻社会学[M].徐桂权,译.北京:华夏出版社,2010 年

[106] 斯蒂芬斯.新闻的历史[M].陈继静,译.北京:北京大学出版社, 2014 年.

[107] 斯密.道德情操论[M].余涌,译.北京:中国社会科学出版社,2003 年.

[108] 隋岩,唐忠敏.网络叙事的生成机制及其群体传播的互文性[J].中国 社会科学,2020(10).

[109] 塔奇曼.做新闻[M].麻争旗,等,译.北京:华夏出版社,2008 年.

[110] 汤普森.意识形态理论研究[M].郭世平,等,译.北京:社会科学文献 出版社,2013 年.

[111] 汤普森.意识形态与现代文化[M].高铦,译.南京:译林出版社, 2005 年.

[112] 唐士哲.重构媒介?"中介"与"媒介化"概念爬梳[J].新闻学研究, 2014(121).

[113] 特纳.象征之林[M].赵玉燕,等,译.北京:商务印书馆,2012 年.

[114] 特纳.仪式过程[M].黄剑波,柳博赟,译.北京:中国人民大学出版社, 2006 年.

[115] 特纳编.Blackwell 社会理论指南(第 2 版)[M].李康,译.上海:上海 人民出版社,2003 年.

[116] 涂尔干.社会分工论[M].渠东,译.北京:生活·读书·新知三联书 店,2000 年.

[117] 涂尔干.宗教生活的基本形式[M].渠东,汲喆,译.北京:商务印书馆, 2011 年.

[118] 汪民安.现代性[M].桂林:广西师范大学出版社,2005 年.

[119] 王卉.商业化背景下的新闻伦理[M].上海:上海三联书店,2015 年.

[120] 王鹏令.时一空论稿[M].北京:人民出版社,1985 年.

[121] 王润.个人奋斗与时代变革:恢复高考 40 周年的文化记忆与阐释社群

建构[J].新闻与传播研究,2018(11).

[122] 韦尔策编.社会记忆:历史、回忆、传承[M].季斌,等,译.北京:北京大学出版社,2007年.

[123] 翁.口语文化与书面文化:语词的技术化[M].何道宽,译.北京:北京大学出版社,2008年.

[124] 沃尔—乔根森,哈奇尼编著.当代新闻学核心[M].张小娅,译.北京:清华大学出版社,2014年.

[125] 吴国盛.时间的观念[M].北京:中国社会科学出版社,1996年.

[126] 吴琼."上帝住在细节中"——阿比·瓦尔堡图像学的思想脉络[J].文艺研究,2016(1).

[127] 夏春祥.新闻与记忆:传播史研究的文化取径[J].国际新闻界,2009(4).

[128] 徐贲.人以什么理由来记忆[M].长春:吉林出版集团有限责任公司,2008年.

[129] 亚里士多德.尼各马可伦理学[M].廖申白,译注.北京:商务印书馆,2003年.

[130] 杨琴,尹秀婉.历史记忆的新闻表达:十七年间中国主流媒体对民国图景的建构[J].四川大学学报(哲学社会科学版),2015(6).

[131] 杨琴.新闻叙事与文化记忆——史态类新闻研究[D].成都:四川大学,2007年.

[132] 叶芝.记忆的艺术[M].钱彦,姚了了,译.北京:人民文学出版社,2018年.

[133] 曾庆香,李秀莉,吴晓虹.永恒故事:社会记忆对新闻框架和舆论爆点的形塑——以"江歌案"为例[J].新闻与传播研究,2020(1).

[134] 张志安,甘晨.作为社会史与新闻史双重叙事者的阐释社群——中国新闻界对孙志刚事件的集体记忆研究[J].新闻与传播研究,2014(1).

[135] 赵静蓉.文化记忆与身份认同[M].北京:生活·读书·新知三联书店,2015年.

[136] 赵炎秋.媒介与媒体:传媒的两种涵义及其区分[J].湖南社会科学,2009(5).

[137] 赵毅衡.论"伴随文本"——扩展"文本间性"的一种方式[J].文艺理论

研究,2010(2).

[138] 中国大百科全书·新闻出版[M].北京:中国大百科全书出版社,
1990 年.

[139] 周海燕."赵占魁运动":新闻生产中工人模范的社会记忆重构[J].新
闻记者,2012(1).

[140] 周海燕.吴满有:从记忆到遗忘——《解放日报》首个"典型报道"的新
闻生产与社会记忆建构[J].江苏社会科学,2012(6).

[141] 周启超.现代斯拉夫文论导引[M].开封:河南大学出版社,2011 年.

二、英文文献

[1] Ahva, L. (2017). Practice theory for journalism studies. *Journalism Studies*, 18(12), 1523-1541.

[2] Alexander, J. C. (ed.) (2004). Cultural trauma and collective identity. Berkeley: University of California Press.

[3] Allan, S. (2006). Online news. Milton Keynes: Open University Press.

[4] Allan, S., & Zelizer, B. (eds.) (2004). Reporting war: Journalism in wartime. New York: Routledge.

[5] Allen, M. J. (2011). Remembering the 2005 London bombings: Media, memory, commemoration. *Memory Studies*, 4(3), 263-268.

[6] Allen, M. J. (2016). The poverty of memory: For political economy in memory studies. *Memory Studies*, 9(4), 371-375.

[7] Altschull, J. H. (1990). From Milton to McLuhan: The ideas behind American journalism, New York: Longman.

[8] Ananny, M., & Finn, M. (2020). Anticipatory news infrastructures: Seeing journalism's expectations of future publics in its sociotechnical systems. *New Media & Society*, 22(9), 1600-1618.

[9] Anderson, B. (1983). Imagined Communities. London: Verso.

[10] Anderson, C. (2007). The long tail: How endless choice is creating unlimited demand, London: Random House Books.

[11] Anderson, C. W. (2013). Towards a sociology of computational and

algorithmic journalism. *New Media & Society*, 15(7), 1005-1021.

[12] Anderson, C. W., Bell, E., & Shirky, C. (2012). Post-industrial journalism: Adapting to the present. New York: Tow Center.

[13] Angel, A. (2016). Media and the construction of memory: The case of the Arboleda massacre in Colombia. *Catalan Journal of Communication & Cultural Studies*, 8(2), 301-308.

[14] Bakker, P. (2012). Aggregation, content farms and huffinization: The rise of low-pay and no-pay journalism. *Journalism Practice*, 6(5-6), 627-637.

[15] Bakker, P. (2014). Mr. Gates returns. *Journalism Studies*, 15(5), 596-606.

[16] Baldasty, G. J. (1992). The commercialization of news in the nineteenth century. Madison: University of Wisconsin Press.

[17] Barnhurst, K. G. (2011). The problem of modern time in American journalism. *KronoScope*, 11(1-2), 98-123.

[18] Barnhurst, K. G. (2013). Newspapers experiment online: Story content after a decade on the web. *Journalism*, 14(1), 3-21.

[19] Barnhurst, K. G., & Mutz, D. (1997). American journalism and the decline of event centered reporting. *Journal of Communication*, 47(4), 27-53.

[20] Barnhurst, K. G., & Ningingale, A. W. (2018). Time, realism, news. *Journalism*, 19(1), 7-20.

[21] Bartlett, F. C. (1932). Remembering: A study in experimental and social psychology. Cambridge: Cambridge University Press.

[22] Benkler, Y. (2011). A free irresponsible press: Wikileaks and the battle over the soul of the networked fourth estate. *Harvard Civil Rights-Civil Liberties Law Review*, 46(2), 311-397.

[23] Benson, R. (2006). News media as a "journalistic field": What Bourdieu adds to new institutionalism, and vice versa. *Political Communication*, 23(2), 187-202.

[24] Benson, R. D., & Neveu, E. (eds.) (2005). Bourdieu and the

journalistic field. Cambridge: Polity.

[25] Berkowitz, D. (2010). The ironic hero of Virginia Tech: Healing trauma through mythical narrative and collective memory. *Journalism*, 11(6), 643-659.

[26] Bijker, W. E., Hughes, T. P., & Pinch, T. J. (eds.) (1987). The social construction of technological systems. Cambridge: MIT Press.

[27] Billig, M. (1995). Banal nationalism. London: Sage.

[28] Bird, E. (ed.) (2009). The anthropology of news and journalism: Global perspectives. Bloomington: Indiana University Press.

[29] Boczkowski, P. (2010). News at work: Imitation in an age of information abundance. Chicago: University of Chicago Press.

[30] Boczkowski, P. (2015). The material turn in the study of journalism: Some hopeful and cautionary remarks from an early explorer. *Journalism*, 16(1), 65-68.

[31] Boczkowski, P., & Papacharissi, Z. (eds.) (2018). Trump and the media. Cambridge: MIT Press.

[32] Bødker, H., & Sonnevend, J. (2018). The shifting temporalities of journalism. *Journalism*, 19(1), 3-6.

[33] Bolin, G. (2012). The labour of media use: The two active audiences. *Information, Communication & Society*, 15 (6), 796-814.

[34] Bourdieu, P. (1993). The field of cultural production. Cambridge: Polity.

[35] Bourdieu, P. (1998). On television. New York: New Press.

[36] Brabazon, T. (2005). From revolution to revelation: Generation X, popular memory and cultural studies. Aldershot: Ashgate.

[37] Brown, B. (2001). Thing theory. *Critical Inquiry*, 28(1), 1-22.

[38] Brown, R. & Kulik, J. (1977). Flashbulb memories. *Cognition*, 5, 73-99.

[39] Bruns, A. (2005). Gatewatching: Collaborative online news production. New York: Peter Lang.

［40］Bury，J. B. (1932). The idea of progress: An inquiry into its origins and growth, New York: Dover.

［41］Caple, H. (2013). Photojournalism: A social semiotic approach. London: Palgrave Macmillan.

［42］Carey, J. W. (1989). Communication as culture. Boston: Unwin Hyman.

［43］Carey, J. W. (2007). A short history of journalism for journalists. *Harvard International Journal of Press/Politics*, 12(1), 3-16.

［44］Carey, J. W. (ed.) (1988). Media, myths and narratives. Beverly Hills: Sage.

［45］Carlson, M. (2007). Making memories matter: Journalistic authority and the memorializing discourse around Mary Mcgrory and David Brinkley. *Journalism*, 8 (2), 165-183.

［46］Carlson, M. (2010). Embodying deep throat: Mark Felt and the collective memory of Watergate. *Critical Studies in Media Communication*, 27(3), 235-250.

［47］Carlson, M. (2012). Rethinking journalistic authority: Walter Cronkite and ritual in television news. *Journalism Studies*, 13(4), 483-498.

［48］Carlson, M. (2016). Metajournalistic discourse and the meanings of journalism: Definitional control, boundary work, and legitimation. *Communication Theory*, 26(4), 349-368.

［49］Carlson, M. (2019). The perpetual failure of journalism. *Journalism*, 20(1), 95-97.

［50］Carlson, M., & Lewis, S. (2015). Boundaries of journalism: Professionalism, practices and participation. New York: Routledge.

［51］Carrington, P. J., & Scott, J. (eds.) (2011). The SAGE handbook of social network analysis. London: Sage.

［52］Casey, E. S. (1987). Remembering: A phenomenological study. Bloomington: Indiana University Press.

［53］Castells, M. (1997). The power of identity. Oxford: Blackwell.

[54] Castells, M. (2010). The rise of the network society (3rd ed). Cambridge: Blackwell.

[55] Chalaby, J. (1998). The invention of journalism, New York: Palgrave Macmillan.

[56] Clemens, E., & Cook, J. (1999). Politics and institutionalism: Explaining durability and change. *Annual Review of Sociology*, 25 (1), 441-466.

[57] Cohen, N. S. (2015). Entrepreneurial journalism and the precarious state of media work. *The South Atlantic Quarterly*, 114 (3), 513-533.

[58] Conboy, M. (2004). Journalism: A Critical History. London: Sage.

[59] Connerton, P. (2009). How modernity forgets. Cambridge: Cambridge University Press.

[60] Conway, B. (2010). Commemoration and bloody sunday. London: Palgrave Macmillan.

[61] Cooter, R. (1988). Expressive law and economics. *Journal of Legal Studies*, 27(2), 585-608.

[62] Cottle, S. (2007). Ethnography and news production: New (s) developments in the field. *Sociology Compass*, 1(1), 1-16.

[63] Couldry, N. (2004). Theorising media as practice. *Social Semiotics*, 14(2), 115-132.

[64] Coyle, M., Garside, P., Kelsall, M., & Peck, J. (eds.) (1990). Encyclopedia of literature and criticism. London: Routledge.

[65] Craft, S., & Davis, C. N. (2016). Principles of American journalism: An introduction (2nd ed). New York: Routledge.

[66] Craft, S., Barnhurst, K. G., Brennen, B., Glasse, T. L., Hanitzsch, T., & Singer, J. B. (2014). Trajectories. *Journalism Studies*, 15(6), 689-710.

[67] Dahlgren, P., & Sparks, C. (eds.) (1992). Journalism and popular culture. London: Sage.

[68] Dayan, D., & Katz, E. (1992). Media events: The live broadcasting

of history. Cambridge: Harvard University Press.

[69] De Burgh, H. (2008). Investigative journalism (2nd ed). Oxon: Routledge.

[70] Derrida, J. (1984). Signéponge/Signsponge. New York: Columbia University Press.

[71] Deuze, M. (2005). What is journalism? Professional identity and ideology of journalists reconsidered. *Journalism*, 6(4), 443-465.

[72] Deuze, M., & Witschge, T. (2018). Beyond journalism: Theorizing the transformation of journalism. *Journalism*, 19(2), 161-181.

[73] Domingo, D., & Paterson, C. (eds.) (2011). Making online news. New York: Peter Lang.

[74] Dondis, D. A. (1973). A primer of visual literacy. London: MIT Press.

[75] Dunwoody, S., Becker, L. B., McLeod, D. M., & Kosicki, G. M. (eds.) (2004). The evolution of key mass communication concepts. Cresskill: Hampton Press.

[76] Edgerton, G. R. (2000). Television as historian: An introduction. *Film & History*, 30(1), 7-12.

[77] Edgerton, G. R., & Rollins, P. C. (eds.) (2001). Television histories: Shaping collective memory in the media age. Lexington: University Press of Kentucky.

[78] Edy, J. A. (1999). Journalistic Uses of Collective Memory. *Journal of Communication*, 49(2), 71-85.

[79] Edy, J. A. (2005). Trends in American collective memory: The lessons of Vietnam. *International Communication Association*, 1-28.

[80] Edy, J. A., & Daradanova, M. (2006). Reporting the present through the lens of the past: From Challenger to Columbia. *Journalism*, 7(2), 131-151.

[81] Ekdale, B., Tully, S. H., & Singer, J. B. (2015). Newswork within a culture of job insecurity. *Journalism Practice*, 9(3), 383-398.

[82] Entman，R. (1993). Framing: Towards clarification of a fractured paradigm. *Journal of Communication*，43(4)，51-58.

[83] Erll，A.，& Rigney，A. (2009). Mediation，remediation，and the dynamics of cultural memory. Berlin: Walter de Gruyter.

[84] Fenton，N. (ed.) (2010). New media，old news: Journalism and democracy in the digital age. London: Sage.

[85] Fentress，J.，& Wickham，C. (1992). Social memory. Oxford: Blackwell.

[86] Fink，K.，& Schudson，M. (2014). The rise of contextual journalism，1950s-2000s. *Journalism*，15(1)，3-20.

[87] Fisher，W. R. (1985). The narrative paradigm: In the beginning. *Journal of Communication*，35(4)，74-89.

[88] Fiske，J. (1994). Media matters. Minneapolis: University of Minnesota Press.

[89] Foucault，M. (1977). Film and popular memory. *Edinburgh Magazine*，2，22.

[90] Gamson，W. (1992). Talking politics. Cambridge: Cambridge University Press.

[91] Garde-Hansen，J. (2011). Media and memory. Edinburgh: Edinburgh University Press.

[92] Garde-Hansen，J.，Hoskins，A.，& Reading，A. (2009). Save as… digital memories. London: Palgrave Macmillan.

[93] Gensburger，S. (2016). Halbwachs' studies in collective memory: A founding text for contemporary "memory studies"?. *Journal of Classical Sociology*，16(4)，396-413.

[94] Gitlin，T. (2003). The whole world is watching: Mass media in the making & unmaking of the new left. Berkeley: University of California Press.

[95] Goffman，E. (1974). Framing analysis: An essay on the organization of experience. New York: Harper & Row.

[96] Gombrich，E. H. (1999). Aby Warburg: His aims and methods.

Journal of the Warburg and Courtauld Institutes, 62, 268-282.

[97] Grusin, R. (2010). Premediation: Affect and mediality after 9/11. New York: Palgrave Macmillan.

[98] Grusin, R. , & Bolter, J. D. (1999). Remediation: Understanding new media. Cambridge: MIT Press.

[99] Haagerup, U. (2017). Constructive news: How to save the media and democracy with journalism of tomorrow. Aarhus: Aarhus University Press.

[100] Haak, B. Van der, Parks, M. , & Castells, M. (2012). The future of journalism: Networked journalism. *International Journal of Communication*, 6, 2923-2938.

[101] Habermas, J. (1989). The structural transformation of the public sphere. Cambridge: MIT Press.

[102] Hacking, I. (1995). Rewriting the soul: Multiple personality and the science of memory. Princeton: Princeton University Press.

[103] Hajek, A. , Lohmeier, C. , & Pentzold, C. (2016). Memory in a mediated world: Remembrance and reconstruction. London: Palgrave Macmillan.

[104] Halbwachs, M. (1992). On collective memory. Chicago: University of Chicago Press.

[105] Hall, J. D. (1998). 'You must remember this': Autobiography as social critique. *The Journal of American History*, 85(2), 439-465.

[106] Hall, S. (ed.) (1997). Representation: Cultural representations and signifying practices. London: Sage.

[107] Hall, S. , & Gieben, B. (eds.) (1992). Formations of modernity. Cambridge: Polity Press.

[108] Hanitzsch, T. , & Vos, T. P. (2017). Journalistic roles and the struggle over institutional identity: The discursive constitution of journalism. *Communication Theory*, 27(2), 115-135.

[109] Hansen, A. S. (2011). Past and present pasts: Historical labours in modern China. *Memory Studies*, 4(4), 360-369.

[110] Hansen, K. R. (2016). News from the future: A corpus linguistic analysis of future-oriented, unreal and counterfactual news discourse. *Discourse & Communication*, 10(2), 115-136.

[111] Harcup, T. & O' Neill, D. (2017). What is news?. *Journalism Studies*, 18(12), 1470-1488.

[112] Hareven, T. K. (1978). The search for generational memory: Tribal rites in industrial society. *Daedalus*, 107(4), 137-149.

[113] Hartley, J. (1996). Popular reality: Journalism, modernity, popular culture. London: Arnold.

[114] Hartmann, M. (2009). The changing urban landscapes of media consumption and production. *European Journal of Communication*, 24(4), 421-436.

[115] Harvey, D. (1989). The condition of postmodernity: An enquiry into the origins of cultural change. Oxford: Blackwell.

[116] Hemmingway, E. (2005). PDP, the news production network and the transformation of news. *Convergence*, 11(3), 8-27.

[117] Hemmingway, E. (2008). Into the newsroom: Exploring the digital production of regional television news. London: Routledge.

[118] Hirsch, M. (1997). Family frames: Photography, narrative, and postmemory. Cambridge: Harvard University Press.

[119] Hirsch, M. (2001). Surviving images: Holocaust photographs and the work of postmemory. *Yale Journal of Criticism*, 14(1), 5-37.

[120] Honderich, T. (2005). The Oxford companion to philosophy. Oxford: Oxford University Press.

[121] Horsti, K. (2017). Communicative memory of irregular migration: the re-circulation of news images on YouTube. *Memory Studies*, 10(2): 112-129.

[122] Hoskins, A. (2010). Media, memory and emergence. *Media Development*, 57(2), 15-18.

[123] Hoskins, A. (2011). 7/7 and connective memory: Interactional trajectories of remembering in post-scarcity culture. *Memory*

Studies，4(3)，269-280.

[124] Hoskins，A. (2011). Media，memory，metaphor：Remembering and the connective turn. *Parallax*，17(4)，19-31.

[125] Høyer，S.，& Pöttker，H.(eds.)(2005). Diffusion of the news paradigm. Gothenborg：Nordicom.

[126] Huang Dan.(2016). Historical constructions of journalistic communication in China：On three definitions of news. *Critical Studies in Media Communication*，33(3)，215-231.

[127] Hume，J.(2010). Memory matters：The evolution of scholarship in collective memory and mass communication. *The Review of Communication*，10(3)，181-196.

[128] Hutchby，I.(2001). Technologies，texts and affordances. *Sociology*，35(2)，441-456.

[129] Hutton，P. H.(1997). Mnemonic schemes in the new history of memory. *History & Theory*，36(3)，378-391.

[130] Huyssen，A.(1995). Twilight memories：Marking time in a culture of amnesia. London：Routledge.

[131] Huyssen，A.(2000). Present pasts：Media，politics，amnesia. *Public Culture*，12(1)，21-38.

[132] Huyssen，A.(2003). Present pasts：Urban palimpsests and the politics of memory. California：Stanford University Press.

[133] Huyssen，A.(2016). Memory things and their temporality. *Memory Studies*，9(1)，107-110.

[134] Johnston，L.(2016). Social news = journalism evolution? How the integration of UGC into newswork helps and hinders the role of the journalist. *Digital Journalism*，4(7)，899-909.

[135] Kammen，M.(1991). Mystic cords of memory：The transformation of tradition in American culture. New York：Alfred A. Knopf.

[136] Kansteiner，W.(2002). Finding meaning in memory：A methodological critique of collective memory studies. *History & Theory*，41(2)，179-197.

[137] Kaplan, D. (2009). The songs of the Siren: Engineering national time on Israeli radio. *Cultural Anthropology*, 24, 313-345.

[138] Kempf, W. (2007). Peace journalism: A tightrope walk between advocacy journalism and constructive conflict coverage. *Conflict & communication online*, 6(2).

[139] Kierkegaard, S. (1843/1997). Søren Kierkegaards Skrifter. Copenhagen: Søren Kierkegaard Research Center.

[140] Kitch, C. (1999). Twentieth-century tales: Newsmagazines and American memory. *Journalism & Communication Monographs*, 1 (2), 119-155.

[141] Kitch, C. (2000). 'A news of feeling as well as fact': Mourning and memorial in American newsmagazines. *Journalism*, 1 (2), 171-195.

[142] Kitch, C. (2002). Anniversary journalism, collective memory, and the cultural authority to tell the story of the American past. *Journal of Popular Culture*, 36 (1), 44-67.

[143] Kitch, C. (2003). "Mourning in America": Ritual, redemption, and recovery in news narrative after september 11. *Journalism Studies*, 4(2), 213-224.

[144] Kitch, C. (2005). Pages from the past: History & memory in American magazines. Chapel Hill: University of North Carolina Press.

[145] Kitch, C. (2006). "Useful memory" in Time Inc. magazines: Summary journalism and the popular construction of history. *Journalism Studies*, 7(1), 105-122.

[146] Kitch, C. (2008). Placing journalism inside memory and memory studies. *Memory Studies*, 1(3), 311-320.

[147] Kitzinger, J. (2000). Media templates: Patterns of association and the (re)construction of meaning over time. *Media, Culture & Society*, 22(1), 61-84.

[148] Kligler-Vilenchik, N., Tsfati Y., & Meyers, O. (2014). Setting

the collective memory agenda: Examining mainstream media influence on individuals' perceptions of the past. *Memory Studies*, 7 (4), 484-499.

[149] Klinenberg, E. (2005). Convergence: News production in a digital age. *Annals of the American Academy of Political and Social Science*, 597, 48-64.

[150] Kreiss, D. (2015). Afterword. *Journalism*, 16(1), 153-156.

[151] Kyriakidou, M. (2014). Distant suffering in audience memory: The moral hierarchy of remembering. *International Journal of Communication*, 8(1), 1474-1494.

[152] Lagerkvist, A. (2014). A quest for communitas: Rethinking mediated memory existentially. *Nordicom Review*, 35 (SI), 205-218.

[153] Landsberg, A. (2004). Prosthetic memory: The transformation of American remembrance in the age of mass culture. New York: Columbia University Press.

[154] Lang, K., & Lang, G. E. (1989). Collective memory and the news. *Communication*, 11, 123-139.

[155] Latour, B. (2005). Reassembling the social. Oxford: Oxford University Press.

[156] Latour, B. (2011). Networks, societies, spheres: Reflections of an Actor-Network theorist. *International Journal of Communication*, 5(1), 796-810.

[157] Lawrence, J. S., & Timberg, B. (1979). News and mythic selectivity: Mayaguez, Entebbe, Mogadishu. *Journal of American Culture*, 2, 321-330.

[158] Le Masurier, M. (2015). What is slow journalism?. *Journalism Practice*, 9(2), 138-152.

[159] Lee-Wright, P., Phillips, A., & Witschge, T. (2012). Changing journalism. London: Routledge.

[160] Levin, A. K. (2007). Defining memory: Local museums and the

construction of history in America's changing communities. Lanham: Altamira Press.

[161] Levy, D. , & Sznaider, N. (2006). The Holocaust and memory in the global age. Philadelphia: Temple University Press.

[162] Lewis, S. C. , & Usher, N. (2013). Open source and journalism: Toward new frameworks for imagining news innovation. *Media, Culture & Society*, 35(5), 602-619.

[163] Lewis, S. C. , & Westlund, O. (2015). Actors, actants, audiences, and activities in cross-media news work. *Digital Journalism*, 3(1), 19-37.

[164] Li, H. , & Svarverud, R. (2018). When London hit the headlines: Historical analogy and the Chinese media discourse on air pollution. *The China Quarterly*, 234, 357-376.

[165] Lovell, T. (1980). Pictures of reality: Aesthetics, politics and pleasure, London: British Film Institute.

[166] Lowrey, W. (2011). Institutionalism, news organizations and innovation. *Journalism Studies*, 12(1), 64-79.

[167] Lule, J. (2001). Daily news, eternal stories: The mythological role of journalism. New York: Guilford Press.

[168] Maj, A. , & Riha, D. (eds.) (2010). Digital memories: Exploring critical issues. Oxford: Inter-Disciplinary Press.

[169] Martin, J. L. (2003). What is field theory?. *American Journal of Sociology*, 109(1), 1-49.

[170] Martinec, R. , & Salway, A. (2005). A system for image-text relations in new (and old) media. *Visual Communication*, 4(3), 337-371.

[171] McChesney, R. (2007). Communication revolution: Critical junctures and the future of media. New York: New Press.

[172] McIntyre, K. , & Gyldensted, C. (2017). Constructive journalism: An introduction and practical guide for applying positive psychology techniques to news production. *The Journal of Media Innovations*,

4(2), 20-34.

[173] McIntyre, K. , & Sobel, M. (2018). Reconstructing Rwanda: How Rwandan reporters use constructive journalism to promote peace. *Journalism Studies*, 19(14), 2126-2147.

[174] McKee, A. (2003). Textual analysis: A beginner's guide. CA: Sage Publications.

[175] McLuhan, M. (1994). Understanding media: The extensions of man. Cambridge: MIT Press.

[176] McNair, B. (1998). The sociology of journalism. London: Arnold.

[177] McQuail, D. (1992). Media performance: Mass communication and the public interes. London: Sage.

[178] Merrin, W. (2014). Media studies 2. 0. New York: Routledge.

[179] Meyers, C. (ed.) (2010). Journalism ethics: A philosophical approach. New York: Oxford University Press.

[180] Meyers, O. (2007). Memory in journalism and the memory of journalism: Israeli journalists and the constructed legacy of "Haolam Hazeh". *Journal of Communication*, 57(4), 719-738.

[181] Meyers, O. , Neiger, M. , & Zandberg, E. (2011). Structuring the sacred: Media professionalism and the production of mediated Holocaust memory. *The Communication Review*, 14(2), 123-144.

[182] Meyers, O. , Zandberg, E. & Neiger, M. (2014). Communicating awe: Media memory and Holocaust commemoration. Houndmills: Palgrave Macmillan.

[183] Minahen, C. D. (1994). Figuring things: Char, Ponge, and poetry in the twentieth century. KY: Lexington.

[184] Mindich, D. T. Z. (1998). Just the facts: How "objectivity" came to define American journalism. New York: New York University Press.

[185] Misztal, B. (2003). Theories of social remembering. Maidenhead: Open University Press.

[186] Molotch, H. , & Lester, M. (1974). News as purposive behavior:

On the strategic use of routine events, accidents, and scandals. *American Sociological Review*, 39(1), 101-112.

[187] Morris-Suzuki, T. (2005). The past within us: Media, memory, history. London: Verso Books.

[188] Neff, G., Jordan, T., McVeigh-Schultz, J., & Gillespie, T. (2012). Affordances, technical agency, and the politics of technologies of cultural production. *Journal of Broadcasting & Electronic Media*, 56(2), 299-313.

[189] Neiger, M. (2007). Media oracles: The cultural significance and political import of news referring to future events. *Journalism*, 8 (3), 309-321.

[190] Neiger, M. (2012). The future is present: The media as an agent of collective vision. ICA.

[191] Neiger, M. (2020). Theorizing media memory: Six elements defining the role of the media in shaping collective memory in the digital age. *Sociology Compass*, 14(3), 1-11.

[192] Neiger, M., & Roeh, I. (2003). The secular holy scriptures: The role of the holy day literary supplement in the Israeli Press and culture. *Journalism*, 4(4), 477-489.

[193] Neiger, M., & Tenenboim-Weinblatt, K. (2016). Understanding journalism through a nuanced deconstruction of temporal layers in news narratives. *Journal of Communication*, 66 (1), 139-160.

[194] Neiger, M., Meyers, O., & Zandberg, E. (2011). On media memory: Collective memory in a new media age. New York: Palgrave Macmillan.

[195] Nerone, J. (2013). The historical roots of the normative model of journalism. *Journalism*, 14(4), 446-458.

[196] Nerone, J. (2015). Journalism's crisis of hegemony. *Javnost-The Public*, 22(4), 313-327.

[197] Nora, P. (1989). Between memory and history: Les Lieux de Mémoire. *Representations*, 26, 16-17.

[198] Olick, J. K. (1999). Collective memory: The two cultures. *Sociological Theory*, 17(3), 333-348.

[199] Olick, J. K. (2007). The politics of regret: Collective memory in the age of atrocity. New York: Routledge.

[200] Olick, J. K. (ed.) (2003). States of memory: Continuities, conflicts, and transformations in national retrospection. Durham: Duke University Press.

[201] Olick, J. K., & Robbins, J. (1998). Social memory studies: From "collective memory" to the historical sociology of mnemonic practices. *Annual Review of Sociology*, 24(1), 105-140.

[202] Olick, J. K., Vinitzky-Seroussi, V., & Levy, D. (eds.) (2011). The collective memory reader. New York: Oxford University Press.

[203] Pan, Z. & Kosicki, G. (1993), Framing analysis: An approach to news discourse. *Political Communication*, 10(1), 55-75.

[204] Papacharissi, Z. (2015). Toward new journalism(s): Affective news, hybridity, and liminal spaces. *Journalism Studies*, 16(1), 27-40.

[205] Park, R. E. (1940). News as a form of knowledge: A chapter in the sociology of knowledge. *American Journal of Sociology*, 45(5), 669-686.

[206] Pasley, J. L. (2001). "The tyranny of printers": Newspaper politics in the early American republic. Charlottesville: University Press of Virginia.

[207] Patterson, T. E. (1998). Time and news: The media's limitations as an instrument of democracy. *International Political Science Review*, 19(1), 55-68.

[208] Paul, F., & Amit, P. (2009). Media witnessing: Testimony in the age of mass communication. Basingstoke: Palgrave Macmillan.

[209] Plesner, U. (2009). An actor-network perspective on changing work practices: Communication technologies as actants in newswork, *Journalism*, 10(5), 604-626.

[210] Pöttker, H. (2003), News and its communicative quality: The inverted pyramid—when and why did it appear?. *Journalism Studies*, 4(4), 501-511.

[211] Radstone, S. (2000). Memory and methodology. London: Berg Publishers.

[212] Rantanen, T. (2009). When news was new. Chichester: Wiley-Blackwell.

[213] Reading, A. (2011). The London bombings: Mobile witnessing, mortal bodies and globital time. *Memory Studies*, 4(3), 298-311.

[214] Reese, S. D., & Shoemaker, P. J. (2016). A media sociology for the networked public sphere: The hierarchy of influences model. *Mass Communication & Society*, 19(4), 389-410.

[215] Robinson, S. (2009). "If you had been with us": Mainstream journalists and citizen journalists jockey for authority over the collective memory of Hurricane Katrina. *New Media & Society*, 11(5), 795-814.

[216] Rosen, J. (2003). Emerging alternatives terms of authority. *Columbia Journalism Review*, 5.

[217] Rosenstone, R. R. (1994). Revisioning history: Film and the construction of a new past. Princeton: Princeton University Press.

[218] Rosenthal, A. (ed.) (1999). Why docudrama? Fact-fiction on film and television. Carbondale: Southern Illinois University Press.

[219] Ryfe, D. M. (2006). Guest editor's introduction: New institutionalism and the news. *Political Communication*, 23(2), 135-144.

[220] Ryfe, D. M. (2012). Can journalism survive?. Cambridge: Polity Press.

[221] Salgado, S., & Strömbäck, J. (2012). Interpretive journalism: A review of concepts, operationalizations and key findings. *Journalism*, 13(2), 144-161.

[222] Samuel, R (1994), Theatres of memory. London: Verso.

[223] Schacter, D. L. (ed.) (1995). Memory distortion: How minds, brains, and societies reconstruct the past. Cambridge: Harvard University Press.

[224] Schatzki, T. R. (2005). Peripheral vision: The sites of organizations. *Organization Studies*, 26(3), 465-484.

[225] Schatzki, T. R., Cetina, K. K., & Von Savigny, E. (eds.) (2001). The practice turn in contemporary theory. London: Routledge.

[226] Schieder, T. (1978). The role of historical consciousness in political action. *History and Theory*, 17(4), 1-18.

[227] Schivelbusch, W. (1986). The railway journey: The industrialization of time and space in the nineteenth century. Berkeley: University of California Press.

[228] Schudson, M. (1978). Discovering the news: A social history of American newspapers. New York: Basic Book.

[229] Schudson, M. (1982). The politics of narrative form: The emergence of news conventions in print and television. *Daedalus*, 3(4), 97-112.

[230] Schudson, M. (1992). Watergate in American memory: How we remember, forget, and reconstruct the past. New York: Basic Books.

[231] Schudson, M. (1997). Lives, laws and language: Commemorative versus non-commemorative forms of effective public memory. *The Communication Review*, 2(1), 3-17.

[232] Schudson, M. (2001). The objectivity norm in American journalism. *Journalism*, 2(2), 149-170.

[233] Schudson, M. (2012). The sociology of news (2nd ed). New York: W. W. Norton & Company.

[234] Schwartz, B. (1982). The social context of commemoration: A study in collective memory. *Social Forces*, 61(2), 374-402.

[235] Schwartz, B. (1988). Frame images: Towards a semiotics of

collective memory. *Semiotica*，121(1/2)，1-40.

[236] Schwartz，B. (1991). Social change and collective memory: The democratization of George Washington. *American Sociological Review*，56(2)，221-236.

[237] Schwartz，B. (1996). Memory as a cultural system: Abraham Lincoln in World War II. *American Sociological Review*，61(5)，908-927.

[238] Schwartz，B. (1997). Collective memory and history: How Abraham Lincoln became a symbol of racial equality. *The Sociological Quarterly*，38(3)，469-496.

[239] Scott，J. (2000). Social network analysis: A handbook (2nd ed). London: Sage.

[240] Seixas，P. (ed.) (2004). Theorizing historical consciousness. Toronto: University of Toronto Press.

[241] Selznick，P. (1992). The moral commonwealth: Social theory and the promise of community. Berkeley: University of California Press.

[242] Shapira，A. (1996). Historiography and memory: Latrun 1948. *Jewish Social Studies*，3(1)，20-61.

[243] Shapiro，B. J. (2000). A culture of fact. Ithaca: Cornell University Press.

[244] Shapiro，I. (2014). Why democracies need a functional definition of journalism now more than ever. *Journalism Studies*，15(5)，555-565.

[245] Shaw，R. E. & Bransford，J. (eds.) (1977). Perceiving, acting, and knowing: Toward an ecological psychology. Hillsdale: Erlbaum.

[246] Shoemaker，P. & Reese，S. (1996). Mediating the message: Theories of influence on mass media content. NY: Longman.

[247] Shoemaker，P. J.，Tankard，J. W.，& Dominic L. L. (2004). How to build social science theories. Thousand Oaks: Sage.

[248] Shoemaker，P. J.，& Cohen，A. A. (2006). News around the

world: Content, practitioners, and the public. New York: Routledge.

[249] Silverstone, R. (1994). Television and everyday life. London: Routledge.

[250] Simpson, D. (2006). 9/11: The culture of commemoration. Chicago: University of Chicago Press.

[251] Smit, R., Heinrich, A., & Broersma, M. (2017). Witnessing in the new memory ecology: Memory construction of the Syrian conflict on YouTube. *New Media & Society*, 19(2), 289-307.

[252] Smith, B. (1966). Memory. London: Allen and Unwin.

[253] Smythe, D. W. (1977). Communications: Blindspot of western Marxism. *Canadian Journal of Political and Society Theory*, 1 (3), 1-28.

[254] Sonnevend, J. (2016). Stories without borders: The Berlin Wall and the making of a global iconic event. New York: Oxford University Press.

[255] Sparrow, B. H. (1999). Uncertain guardians: The news media as a political institution. Baltimore: John Hopkins University Press.

[256] Sparrow, B. H. (2006). A research agenda for an institutional media. *Political Communication*, 23(2), 145-157.

[257] Steffens, L. (1931). The autobiography of Lincoln Steffens. New York: Harcourt Brace.

[258] Sturken, M. (1997). Tangled memories: The Vietnam War, the AIDS epidemic, and the politics of remembering. Berkeley: University of California Press.

[259] Sturken, M. (2008). Memory, consumerism and media: Reflections on the emergence of the field. *Memory Studies*, 1(1), 73-78.

[260] Szpunar, P. M., & Szpunar, K. K. (2016). Collective future thought: Concept, function, and implications for collective memory studies. *Memory Studies*, 9(4), 376-389.

[261] Tenenboim-Weinblatt, K. (2013). Bridging collective memories and

public agendas：Toward a theory of mediated prospective memory. *Communication Theory*，23(2)，91-111.

[262] Tenenboim-Weinblatt，K.，& Baden，C.（2018）. Journalistic transformation：How source texts are turned into news stories. *Journalism*，19(4)，481-499.

[263] Tenenboim-Weinblatt，K.，& Neiger，M.（2015）. Print is future，online is past：Cross-media analysis of temporal orientations in the news. *Communication Research*，42(8)，1047-1067.

[264] Tenenboim-Weinblatt，K.，& Neiger，M.（2018）. Temporal affordances in the news. *Journalism*，19(1)，37-55.

[265] Thompson，J.（2009）. Apology，historical obligations and the ethics of memory. *Memory Studies*，2(2)，195-210.

[266] Thompson，J. B.（1995）. The media and modernity：A social theory of the media. Stanford：Stanford University Press.

[267] Timothy，C.（2005）. Governing with the news：The news media as political institution. Chicago：University of Chicago Press.

[268] Tirohl，B.（2000）. The photo-journalist and the changing news image. *New Media & Society*，2(3)，335-352.

[269] Tirosh，N.（2018）. iNakba，mobile media and society's memory. *Mobile Media & Communication*，6(3)，350-366.

[270] Tolbert，P.，& Hall，R.（2009）. Organizations：Structures，processes and outcomes (10th ed). NJ：Pearson.

[271] Tuchman，G.（1978）. Making news. New York：Free Press.

[272] Tunstall，J.（1971）. Journalists at work. London：Constable.

[273] Turow，J.（1991）. The challenge of inference in interinstitutional research on mass communication. *Communication Research*，18，222-239.

[274] Urry，J.（2007）. Mobilities. London：Polity Press.

[275] Usher，N.（2014）. Making news at the New York Times. Ann Arbor：University of Michigan Press.

[276] Van Dalen，A.（2012）. The algorithms behind the headlines：How

machine-written news redefines the core skills of human journalists. *Journalism Practice*, 6(5-6), 648-658.

[277] Van Dijck, J. (2009). Users like you? theorizing agency in user-generated content. *Media Culture Society*, 31(1), 41-58.

[278] Van Dijk, T. (eds.) (2011). Discourse studies: A multidisciplinary approach. London: Sage.

[279] Van Gennep, A. (1960). The rites of passage. Chicago: University of Chicago Press.

[280] Van Leeuwen, T. (2008). Discourse and practice: New tools for critical discourse analysis. New York: Oxford University Press.

[281] Vinitzky-Seroussi, V., & Teeger, C. (2010). Unpacking the unspoken: Silence in collective memory and forgetting. *Social Forces*, 88(3), 1103-1122.

[282] Vos, T. P. (ed.) (2018). Journalism, handbooks of communication science. Boston/ Berlin: Walter de Gruyter.

[283] Wahl-Jorgensen, K., & Hanitzsch, T. (2009). The handbook of journalism studies. New York: Routledge.

[284] Wahl-Jorgensen, K., & Hanitzsch, T. (2020). The handbook of journalism studies (2nd ed). New York: Routledge.

[285] Ward, S. J. A. (2004). The invention of journalism ethics. Montreal and Kingston: McGill-Queen's University Press.

[286] Wardrip-Fruin, N., & Montfort, N. (eds.) (2003). The new media reader. Cambridge: MIT Press.

[287] Watson, B. R., & Chen, M. S. (2016). @Todayin1963: Commemorative journalism, digital collective remembering, and the March on Washington. *Journalism Studies*, 17(8), 1010-1029.

[288] Wellman, B., & Berkowitz, S. (1988). Social structures: A network approach. Cambridge: Cambridge University Press.

[289] Wertsch, J. V., & Roediger, E. L. (2008). Collective memory: Conceptual foundations and theoretical approaches. *Memory*, 16(3), 318-326.

[290] Westley, B. H., & MacLean, M. S. (1957). A conceptual model for communications research. *Journalism & Mass Communication Quarterly*, 34(1), 31-38.

[291] Wilkie, F. B. (1891). *Personal reminiscences of thirty-five years of journalism*. Chicago: F. J. Schulte.

[292] Williams, R. (2015). Keywords: A vocabulary of culture and society. New York: Oxford University Press.

[293] Wilson, C. (1985). The labor of words: Literary professionalism in the Progressive Era. Athens: University of Georgia Press.

[294] Winfield, B. H., & Hume, J. (2007). The continuous past: Historical referents in nineteenth-century American journalism. *Journalism & Communication Monographs*, 9(3), 119-174.

[295] Witschge, T., Anderson, C. W., Domingo, D., & Hermida, A. (eds.) (2016). The SAGE handbook of digital journalism. London: Sage.

[296] Xu, B. (2018). Commemorating a difficult disaster: Naturalizing and denaturalizing the 2008 Sichuan earthquake in China. *Memory Studies*, 11(4), 483-497.

[297] Young, A. F. (1999). The Shoemaker and the Tea Party: Memory and the American Revolution. Boston: Beacon Press.

[298] Zandberg, E. & Neiger, M. (2005). Between the nation and the profession: Journalists as members of contradicting communities. *Media Culture & Society*, 27(1), 131-141.

[299] Zandberg, E. (2006). The right to tell the (right) story: Journalism, authority and memory. *Media Culture & Society*, 32(1), 5-24.

[300] Zelizer, B. (1992). Covering the body: The Kennedy assassination, the media, and the shaping of collective memory. Chicago: University of Chicago Press.

[301] Zelizer, B. (1993). Journalists as interpretive communities. *Critical Studies in Mass Communication*, 10(3), 219-237.

[302] Zelizer, B. (1993). News: First or final draft of history?. *Mosaic*, 2, 2-3.

[303] Zelizer, B. (1995). Reading the past against the grain: The shape of memory studies. *Critical Studies in Mass Communication*, 12(2), 215-239.

[304] Zelizer, B. (1998). Remembering to forget: Holocaust memory through the camera's eye. Chicago: University of Chicago Press.

[305] Zelizer, B. (2004). Taking journalism seriously: News and the academy. Thousand Oaks: Sage.

[306] Zelizer, B. (2008). Why memory's work on journalism does not reflect journalism's work on memory. *Memory Studies*, 1(1), 79-87.

[307] Zelizer, B. (2010). About to die: How news images move the public. New York: Oxford University Press.

[308] Zelizer, B. (2016). Journalism's deep memory: Cold War mindedness and coverage of Islamic State. *International Journal of Communication*, 10, 6060-6089.

[309] Zelizer, B. (2017). What journalism could be. Malden: Polity Press.

[310] Zelizer, B. (2019). Why journalism is about more than digital technology. *Digital Journalism*, 7(3), 343-350.

[311] Zelizer, B. , & Allan, S. (2010). Keywords in news and journalism studies. New York: Open University Press.

[312] Zelizer, B. , & Tenenboim-Weinblatt, K. (2014). Journalism and memory. New York: Palgrave Macmillan.

[313] Zerubavel, E. (1996). Social memories: Steps to a sociology of the past. *Qualitative Sociology*, 19(3), 283-299.